Michael Henss

Mustang

Tibetisches Königreich im hohen Norden Nepals

Ein Reiseführer
mit Landes- und Kulturkunde

Fabr[illegible]ag
Ulm

Das **Titelbild** auf dem Einband
zeigt den **Chörten von Tsarang**

Auf der **Rückseite** des Einbandes:
Thangka des Lama **Ngorchen Künga Zangpo** (1382-1456),
Gründer und Abt des Sakya-Klosters Ngor bei Shigatse,
der als Missionar und Reformator den tibetischen Buddhismus in Mustang im 15. Jh. zu einer hohen Blüte führte. Es ist das einzige bekannte, noch aus der Epoche dieses bedeutenden Mönchsgelehrten stammende, wenngleich auch vielleicht nicht mehr zu Lebzeiten gemalte Bildnis.
(Malerei der Sakya-Schule, Südtibet, Mitte des 15. Jhs.; 87x72 cm, im Besitz des Autors).

Alle Fotos und Zeichnungen (sofern nicht in der Legende anders vermerkt) vom Autor.

Die vier Landkarten wurden nach Vorlagen des Autors M. Henss unter Hinzuziehung der Kartenskizzen von M. Peissel (1968) und B. Gibbons/S. Pritchard-Jones (1993) von Jürgen C. Aschoff angefertigt.

Einbandentwurf und Gesamtgestaltung: Jürgen C. Aschoff.

Dritte, überarbeitete und aktualisierte Auflage

1999

Fabri Verlag
Ulm

ISBN 3-9802975-1-9

Inhaltsverzeichnis

Vorwort

Diese gründliche und fundierte Publikation über das Gebiet von Mustang kommt zur rechten Zeit. Der Verfasser Michael Henss, Kunsthistoriker, hat schon seit einem Jahrzehnt einen international bekannten Namen als Begründer einer Organisation für anspruchsvolle Kulturreisen im Raum Indiens und des Himalaya (Indoculture Tours), als Autor von Fachbüchern über die Kunstschätze von Tibet und über das tibetisch-buddhistische Kalachakra-Einweihungsritual. Durch die Gründung der Fachbuchhandlung und des Antiquariats ASIATICA mit einem reichhaltigen Angebot von Literatur zu Reisen, Forschung, östlicher Kultur und Weisheit usw. aus dem gesamten asiatischen Raum und den regelmäßig erscheinenden Katalogen hat er für alle diesbezüglich Interessierten eine wahre Fundgrube geschaffen.

Die Erwartungen, die der Leser denn auch an die vorliegende Publikation stellt, sind entsprechend hoch. Und er wird nicht enttäuscht. Es ist eine sehr inhaltsreiche Monographie über das Gebiet von Mustang und nicht nur ein „Reiseführer“, wie der Autor bescheiden schreibt. Daß diese Monographie gerade jetzt erscheint, macht sie auch zu einer kulturellen Inventaraufnahme des Gebietes.

Die 1992 erfolgte Öffnung des Gebietes für Touristen muß einen mit Sorge erfüllen. Der plötzliche Zusammenprall von mittelalterlichen Verhältnissen mit westlichem Wohlstandstourismus wird wohl auch in Mustang die Erosion der kulturellen Werthaltungen einleiten und materiell zum (illegalen) Ausverkauf der Kulturgüter führen.

Mit dieser Monographie hat Michael Henss jener einmaligen Kultur ein Denkmal gesetzt.

Toni Hagen

Einführung

Mustang war seit Jahren schon ein Zauberwort für die vielen Freunde des Himalaya und der tibetischen Kultur. Nachdem früh schon Nepal vom Mount Everest bis zum Annapurna seine Tore für ausländische Besucher geöffnet hatte, Ladakh, das „Klein-Tibet“ im Westen, und Bhutan, das buddhistische Königreich im Osten, 1974 für Fremde zugänglich wurden, schien mit der Öffnung der „Verbotenen Stadt“ Lhasa im Jahre 1980 ein Höhepunkt gekommen, der für die folgende Zeit durch immer neue erreichbare Gebiete in Tibet wiederholbar bleiben sollte.

Noch aber gab es weiße Flecken auf der Karte der Himalaya-Sehnsucht. Das „Verbotene“ hatte längst seinen eigenen Reiz, zumals als „Königreich“. So war das „Verbotene Königreich“ Mythos, Legende und Vision zugleich, ein unerreichbares Utopia hinter den höchsten Gipfeln der Welt, ein Shangri-La jenseits von Raum und Zeit. Der Traum von einem tibetischen Arkadien blieb lebendig bis in die jüngste Gegenwart. Als nach den wenigen Einzelgängern der frühen Jahrzehnte vor einem Jahr die ersten Ausländer Mustang besuchen durften, waren es vor allem die „old hands“ des Himalaya, die lange schon auf diesen Moment gewartet hatten und nun eines der neben Dolpo letzten vermeintlichen „Paradiese“ vor Augen hatten. Das Land der grenzenlosen Horizonte hielt, was es nach den Vorstellungen der alpinen und kulturellen Grenzgänger zu versprechen schien. Und die Augen gingen auch demjenigen über, der vieles bereits zwischen Leh und Lhasa, zwischen Karakorum und Kailash gesehen hatte. Die Erwartungen waren hoch und wurden nicht enttäuscht. Die „Faszination Tibet“ übertraf vieles sogar noch. Kaum eine andere Landschaft im Himalaya ist so abwechslungsreich wie Mustang: die Formenvielfalt der Erosionen und Faltungen, der Farbenzauber der Felsklippen entlang der tiefsten Schlucht der Erde, bizarres Urgestein, atemberaubende Canyons, Dörfer wie aus dem Bilderbuch, Burgruinen in allen Phasen des Verfalls, grün oder gelb leuchtende Feldoasen, hochragende Wacholderbäume, rotfarbene Götterschreine, die umwallte, sechshundert Jahre alte Festungsstadt Lo Manthang, und über allem die weißen Kristallspitzen der Achttausender.

Aber auch jetzt, wo dieses tibetische Land der namenlosen Berge in Nepals hohem Norden erreichbar geworden ist, bleiben die Barrieren der tief eingekerbten Flußtäler und der meist brückenlosen Wasserläufe. Nicht ohne Mühe erreicht man nach tagelanger Wanderung das Land der Könige von Lo, einen der eindrucksvollsten Flecken im Herzen von Asien.

Bevor die nepalesische Regierung im Jahr 1992 Mustang für rund 500 ausländische Besucher im Jahr öffnete, durfte man – gewöhnlich bei Trekkings rund um das Annapurna-Massiv – bis Kagbeni wandern. Das eigentliche Mustang (Lo) rund um Lo Manthang und Tsarang war bisher nur für ganz wenige Fremde erreichbar.

Dem Reisenden steht bisher mit Ausnahme von Michel Peissels Buch „Das verbotene Königreich im Himalaya" (1968) keine einführende Literatur über Mustang zur Verfügung. Der Verfasser, der im Herbst 1992 dieses Land besuchen konnte, möchte mit dieser Schrift eine erste kleine Landes- und Kulturkunde samt Führer zu den hauptsächlichen Orten und Trekkingrouten für das kulturgeographisch und -historisch eigentliche Mustang (Lo) vorlegen. Dieser noch sehr unvollkommene Versuch gründet zwar auf einer möglichst umfassenden Auswertung aller bisherigen Veröffentlichungen zu diesem Gebiet, jedoch nur auf recht begrenzte, häufig zufällige Beobachtungen und Informationen vor Ort. Er soll insbesondere dem Reisenden eine erste Übersicht und Wegleitung sein. Die Öffnung des bisher „verbotenen Königreichs" wird erst künftig systematischere Recherchen ermöglichen und zweifellos zahlreiche Ergänzungen und Berichtigungen bringen; für solche Hinweise wären der Verfasser und der Verlag sehr dankbar.

Mein persönlicher Dank gilt Professor Toni Hagen, dem ersten Europäer, der Mustang offiziell besuchen konnte, und dem besten Kenner und engagierten Freund Nepals für sein Vorwort, ferner Frau Heidi Neumann für ihren Bericht über ein Totenritual in Lo Manthang sowie für einige zusätzliche Angaben zum Gesundheits- und Bildungswesen. Danken möchte ich auch den Teilnehmern meiner Reisegruppe vom vergangenen Herbst, die mit Elan, Geduld und so mancher Anstrengung die buchstäblichen Höhen und Tiefen auf dem Wege durch die faszinierende Berglandschaft von Mustang, einer der schönsten Regionen im ganzen Himalaya, mit mir gegangen sind.

Ein ganz besonderer Dank gilt Professor Jürgen C. Aschoff, dem Inhaber des Fabri-Verlags, passioniertem Himalaya-Liebhaber und -Kenner, der mit so viel Engagement, Sorgfalt und aktiver Teilnahme an Text und Gestaltung das Entstehen dieses kleinen Mustang-Handbuchs überhaupt erst ermöglicht hat.

Im Oktober 1993

Michael Henss

Die Entdeckung und Erforschung Mustangs

Als erster Ausländer, von dem wir heute wissen, muß kurz vor 1875 ein anonymer indischer Pandit Mustang erreicht haben. Er berichtet über den Lo-Raja, der an Nepal Tribut zahlte und auf alle aus Tibet kommenden Güter eine zehnprozentige Steuer erhob[1]. Der erste uns namentlich bekannte Fremde war der japanische Pilger **Ekai Kawaguchi**, der sich 1899 für ein ganzes Jahr in Mustang aufhielt. Das entsprechende Kapitel „Schönes Tsarang und schmutzige Tsarang-Einwohner" in seinem sonst so inhaltsreichen Tibet-Klassiker „Three Years in Tibet"[2] ist freilich recht wenig informativ. Ekai Kawaguchi, der als „chinesischer Lama" durch Tibet reiste und im Verdacht stand, ein Agent der Briten zu sein, betätigte sich für die Lopas auch als buddhistischer Seelsorger und studierte in Mustang religiöse Texte.

Im Juni 1907 gelangte **Sven Hedin**[3] von Tibet aus an die Grenze Mustangs, wo er auf dem Kore La, einem der Grenzpässe, notiert: „Die Aussicht ist staunenerregend, jedenfalls ein Relief, wie wir es lange nicht gesehen haben. ... Wir stehen auf der Grenze zwischen Tibet und Nepal. Hinter uns im Norden haben wir das flache, ebene Land am Südufer des Tsangpo. Vom Flusse sind wir nur 96 Meter nach dem Kore La, dessen Höhe 4661[4] Meter beträgt, hinaufgestiegen. Und vom Paß geht es Hals über Kopf nach dem Kali Gandaki hinab .. ." Bergab in das kleine Fürstentum ziehend trägt sich Sven Hedin „mit dem Gedanken, dem Könige des Südlandes einen Besuch abzustatten". Von den öden Hochflächen Tibets kommend sieht er hier erstmals wieder grüne Oasen und Bäume. Doch bei der keine zehn Kilometer von Lo Manthang entfernten Siedlung Namaschung kehrt der große Forscher wieder um, da er ursprünglich „vom Kore La nur nach Nepal hineinschauen" wollte und er auch befürchtet, in Mustang festgehalten und womöglich von den Tibetern an der Rückkehr gehindert zu werden.

1944 durchquerte der erste Europäer Mustang vom Kore La bis zum Thakkhola: der Deutsche **Hans Kopp**, der auf der berühmt gewordenen

[1] T. G. Montgomerie, London 1875.

[2] Madras 1909.

[3] Transhimalaja, Band 2, S. 60 ff, Leipzig 1909.

[4] Nach anderen Quellen 4480 m.

Flucht mit Heinrich Harrer und Peter Aufschnaiter von Indien nach Tibet sich in Tradün via Nepal abgesetzt hatte. Mehr als eine flüchtige Begegnung mit dem Raja in Lo Manthang und über medizinische Behandlung suchende Kranke erfährt man allerdings in seinem Buch „Sechsmal über den Himalaya“[5] nicht. Erst 1952 erreichten wieder zwei Fremde Mustang: der italienische Tibetologe **Giuseppe Tucci** und im gleichen Jahr der Schweizer Geologe **Toni Hagen**. Beide kommen bis Lo Manthang. Toni Hagens intensive Feldforschung im Rahmen eines „Report on the Geological Survey of Nepal“ im Auftrag des United Nations Program of Technical Assistance galt der detaillierten geologischen Erkundung des Mustang-Gebiets. In seinem Nepal-Buch[6] – noch immer ein vorzügliches Standardwerk – finden sich jedoch über diese Region nur knappe Bemerkungen. Auch G. Tucci[7] gibt lediglich einen eher flüchtigen Reisebericht über das nördliche Mustang.

1953 gelangt der Österreicher **Herbert Tichy**, ein geographisch ausgebildeter Reiseschriftsteller und Bergsteiger, über die gleiche Route via Manang und Muktinath in das seither legendäre Lo Manthang[8]. 1955 kommt eine deutsche alpine Expedition unter Leitung von **Heinz Steinmetz** auch nach Lo Manthang, das nur flüchtig beschrieben wird[9]. 1956 erreicht der britische Tibetologe **David Snellgrove**[10] während seiner Dolpo-Expedition auch die Hauptstadt des kleinen Himalaya-Königreichs. 1963 gelangt **Peter Aufschnaiter**, der nach seiner berühmt gewordenen Flucht mit Heinrich Harrer nach Tibet später in Nepal lebte und die Staatsangehörigkeit dieses Landes angenommen hatte, auf seinen Wanderungen bis Mustang. Einige seiner Aufnahmen von Lo Manthang und Luri Gömpa wurden zehn Jahre nach seinem Tod mit seinen Tagebüchern veröffentlicht[11]. Den ausführlichsten Bericht aber verdanken wir dem französischen Anthropologen und Abenteuerreisenden **Michel Peissel**, der sich 1964 über zwei Monate in Mustang bzw. Lo Manthang aufhalten konnte. Sein Buch „Das verbotene Königreich im Himalaya“ (Berlin 1968) ist bisher die noch immer informativste Darstellung zu Mustang.

---

[5] München 1955, Neuausgabe Berwang 1989, S. 172-178.

[6] Toni Hagen, Nepal. Königreich am Himalaya. Bern 1960.

[7] Journey to Mustang, Kathmandu 1977.

[8] Land der namenlosen Berge, Wien 1954.

[9] Nepal. Ein Sommer am Rande der Welt, Stuttgart 1956.

[10] Himalayan Pilgrimage, Oxford 1961.

[11] Peter Aufschnaiter. Sein Leben in Tibet. Innsbruck 1983.

1968 konnte der deutsche Geograph **Wolf Donner** Untersuchungen in Mustang durchführen[12]. Sehr verdienstvoll sind auch die Untersuchungen von **David Jackson** zur Geschichte und insbesondere zu bestimmten religiös-historischen Texten von Mustang[13]. Von wissenschaftlich großem Interesse sind die seit 1987 unter Leitung des deutschen Tibetologen **Dieter Schuh** durchgeführten Feldforschungen im südlichen Mustang zum Problem der Felshöhlen und die Siedlungs- und Bauaufnahmen in Kagbeni und Lo Manthang durch den für dasselbe „Nepal-German Project on High Mountain Archaeology" arbeitenden Architekten **Niels Gutschow**. Sie lassen als interdisziplinär angelegtes Projekt in den nächsten Jahren sicherlich bedeutende neue Erkenntnisse erwarten[14].

Typische Mustang-Siedlung bei Lo Manthang.

[12] Wolf Donner, 1968; 1972.

[13] The Mollas of Mustang, Dharamsala 1984.

[14] Hierzu wurde zwischen der Regierung von Nepal (Ministry of Education and Culture, Department of Archaeology) und dem Caulfield-Meisezahl-Institute for High Asian Studies in Bonn ein gemeinsames Forschungsprojekt vereinbart, das „Nepal-German Project on High Mountain Archaeology".

Geographie

Das seit 1992 für Ausländer zugängliche Mústang (engl. Moostang) wurde und wird nur von Fremden mit diesem Namen bezeichnet. Die Einheimischen nennen ihr Land im Norden des westlichen Nepal „Lo" (tib. *gLo-bo*) und dessen Hauptort, die Residenz einer Königsdynastie für fast 600 Jahre, Manthang bzw. Lo Manthang, die „Ebene der Sehnsucht (tib. *sMon-thang*) des Reiches Lo". Schon in den frühesten tibetischsprachigen Quellen von 652 (Dunhuang-Annalen) und auch in den 1478 verfaßten „Blauen Annalen", der bedeutendsten frühen Quellenschrift zur tibetischen Religions- und Kulturgeschichte, wird das Land „gLo-bo" genannt[15]. Die Bezeichnung Mönthang findet sich schon in alten lokalen Schriften. Mustang bzw. Mustangbhot, das „Land von Lo", nannten es die hinduistischen Nachbarn im Süden, wohl als nepalesische Umlautung von Manthang. Lo ist nach traditioneller Auffassung das Gebiet nördlich von Samar, im englischen Sprachgebrauch „Upper Mustang"[16], also die naturräumlich, ethnisch, sprachlich und kulturell „rein" tibetische Region des heutigen nepalesischen Verwaltungsdistrikts Mustang, das im Süden bis unterhalb der Dhaulagiri- und Annapurna-Massive reicht.

gLo-bo oder *bLo-bo* ist der Name eines bestimmten Gebietes und Volkes im westlichen Tibet, zu dem das Gebiet von Mustang damals zählte. In Ost-West-Richtung gesehen ist es zwischen Kyirong und Purang das einzige größere Siedlungsareal der tibetischstämmigen Himalayabewohner, der „Bhotias", wie sie von Nepalis und Indern genannt werden.

Nach drei Seiten ist Mustang klar definiert: im Westen grenzt es an das über nur wenige, deutlich über 5000 m hohe Pässe erreichbare Dolpo, im Osten an das gleichfalls stark ansteigende und an Schneebergen reiche Manang – beides sind ebenfalls ethnisch und kulturell tibetische Gebiete – und im Norden grenzt es an Tibet (VR China), wo bis 4200 m hohe Pässe die Grenzgebirge der Transhimalayaketten fast auf der Höhe der zentralen Mustangebene durchbrechen und einen natürlichen Zugang zum „Dach der Welt" schaffen. Es ist dies aber auch eher eine hi-

---

[15] Zur Frage des Namens vergl. David Jackson. 1984, p. 5-7. - George N. Roerich, The Blue Annals, Calcutta 1949, sowie Reprints 1976, 1979, 1988, p. 1029.

[16] In Texten der westtibetischen Ngari-Herrscher tauchen die Bezeichnungen *gLo-bo stod* für das nördliche Mustang und *gLo-bo smad* für die südliche Region einschließlich Kagbeni und Muktinath schon im 13. Jh. auf.

storisch-politische Grenze, denn hier wird besonders deutlich, wie sehr Mustang geographisch und damit eng zusammenhängend auch ethnisch, kulturgeschichtlich und religiös ein Teil Tibets ist, obgleich es seit dem späten 14. Jh. ein selbständiges Königreich war. Nach Süden ist die kulturgeographische Grenze eher fließend. Während das einstige Königreich Lo bis südlich von Gemi reichte, erstreckt sich der geschlossene tibetisch-buddhistische Siedlungsraum entsprechend der ariden Landschaft am Oberlauf des Kali-Gandaki-Flusses bis auf die ungefähre Höhe von Kagbeni, wohingegen man die südlichsten lamaistischen Zentren und Sakralbauten noch bis unterhalb von Tukche (Tukucha) im Ort Larchung findet. Hier trifft man freilich keine „Lopas“ (Einwohner von Lo) mehr an, sondern die nicht zu den Bhotias zählenden tibetischsprechenden Thakalis.

Politisch gehört Mustang zu Nepal, geographisch jedoch zur Randzone des tibetischen Hochlandes. Es liegt nördlich der Himalaya-Hauptkette und damit jenseits der Monsungrenze. Wegen seiner vegetationsarmen, felsig-wüstenartigen Bodengestalt und seines ariden Klimas hat man diese vom Ganesh Himal bis zum westlichsten Nepal reichende Region als „Nordhimalayische Trockenzone“[17] oder auch als den „Inneren Himalaya“[18] bezeichnet. Die hier vom Dhaulagiri-Annapurna-Massiv gebildete Himalaya-Hauptkette trennt die Trockenzone von Mustang vom übrigen „Monsun-Nepal“. Im Gegensatz aber zum naturräumlich noch isolierteren Dolpo liegt es nicht parallel zwischen Himalaya und tibetischem Randgebirge, sondern in der Nord-Südrichtung des die gesamte Topographie so prägenden Kali-Gandaki-Durchbruchs, also quer zu den Himalaya-Ketten. Letztere sind in ganz West-Nepal nicht identisch mit der Grenze zu Tibet (China), die von dem auch als „Transhimalaya“ bezeichneten „Tibetischen Randgebirge“ markiert wird, den erdgeschichtlich ältesten Bergzügen im ganzen Himalaya. Hier steigen die Berge auf nepalesischem Gebiet (Mustang) im Westen bis 6295 m, nach Osten bis 6726 m an, während die nach Tibet führenden Pässe nur ca. 4250 bis 4500 m ü. M. erreichen. Kein Zugang zu Tibet ist im gesamten Himalaya leichter als hier!

Die vegetationsgeographisch-klimatische Grenze des so charakterisierten Mustang verläuft nach Süden etwa auf der Höhe bzw. unterhalb von Jomosom. Die historisch-politische Grenze des einst unabhängigen Königreiches Lo lag ungefähr zwischen Samar und Gemi. Dieses eigentliche

[17] Wolf Donner, Wiesbaden 1972.
[18] Toni Hagen, Bern 1960.

Mustang, „Upper Lo“ (tib. *gLo stod*), wurde schon im 13. Jh. begriffsmäßig gegen den südlichen Teil, „Lower Lo“ (tib. *gLo smad*), unterschieden. Wie schon in der Einführung angesprochen, verläuft die primär durch die religiöse Zugehörigkeit zum tibetischen Buddhismus definierte kulturgeographische Grenze von Mustang nach Süden unterhalb von Marpha. Die administrative Grenze des heutigen Distrikts Mustang liegt noch weiter südlich.

80 km nördlich der Dhaulagiri-Annapurna-Kette bildet die niedrige Barriere der Hauptwasserscheide zwischen Tsangpo und Ganges die politische Grenze zu Tibet. Das durch den Sangdak La (5110 m) markierte westliche Randgebirge (Chharkabhot) des Thakkhola Grabens – wie man den ganzen vom Oberlauf des Kali Gandaki geformten Durchbruch nennt – grenzt Mustang gegen Dolpo ab. Im Osten bildet das über den Thorong La (5140 m) passierbare, ebenfalls bis 6000 bis 6500 m ansteigende Randgebirge die Barriere nach Manang (Manangbhot).

Die Gesamtfläche des Distrikts Mustang beträgt gemäß Angaben des Statistical Year-book of Nepal (1991) 3573 km^2, davon entfallen rund zwei Drittel auf das Territorium nördlich der Dhaulagiri-Annapurna-Kette. Ob die von derselben Quelle angegebene Einwohnerzahl von 12.930 verläßlich ist[19], erscheint angesichts anderer, zwischen ca. 17.000 und ca. 23.000 Einwohnern liegenden Schätzungen und einer „Zählung“ von 1967 (24.389 Einwohner bei 8413 Familien) fraglich.

Geologie

Der rund 80 km in Nord-Süd-Richtung von der tibetischen Grenze bis zum nördlichen Fuß der Himalaya-Hauptkette verlaufende Thakkhola Graben charakterisiert die Erdgeschichte von Mustang. So nennen die Nepalis das gesamte Tal das „Tal des Roten Flusses“ (von thak = rot, khola = Fluß), obgleich es so nur für den südlichen, etwa 30 km langen Teil zutrifft, wo das Nepaliwort „Khola“ in Gebrauch ist. Tatsächlich sind auch die roten Gesteinsformationen in den Canyon-Einschnitten und bei den ariden

---

[19] Danach leben im Distrikt (?) Mustang 2919 Bhotia, 4142 Gurung, 2414 Thakali und 2670 Nepali, vgl. auch unten den Abschnitt „Bevölkerung und Gesellschaft“. Diese neueren Zahlen aus Nepal weichen stark von den bisherigen Schätzungen ab: danach würden im eigentlichen historischen Lo (etwa nördlich von Kagbeni) ca. 10.000 mit den „Bhotia“ gleichzusetzende Lopas und im südlichen Mustang ca. 10.000 Thakalis leben.

Hochplateaus vorherrschend (z. B. nördlich Gemi). Die Breite dieses Grabens variiert von ca. 15 km im Süden (bei Tukche) bis maximal 55 km im Norden (bei Tshele), die Meereshöhe zwischen 2500 m im Süden und ca. 4300 m gegen die tibetische Grenze. Seine Entstehung verdankt der Thakkhola Graben einem transversalen geologischen Einbruch quer zu den in Ost-West-Richtung verlaufenden Haupthimalaya-Ketten.

Dieser Einbruch wird durch den im Norden an der Tsangpo-Ganges-Wasserscheide entspringenden Kali-Gandaki-Fluß markiert, der an seinem Oberlauf nördlich Kagbeni „Mustang Khola" oder tibetisch „Mustang-Chu" genannt wird. Wie viele andere Flüsse in West-Nepal entspringt der Kali Gandaki nicht am Südhang des Himalaya, sondern durchquert diesen in einer engen Schlucht, was zeigt, daß die Flüsse bereits vor der Hebung des Himalaya vorhanden waren, der vor Beginn der paliozänen Auffaltung erheblich tiefer lag als sein heutiges nördliches Hinterland Tibet. Die von Tibet bzw. der Grenzregion kommenden Flüsse umgehen das Gebirge nicht, sondern durchschneiden es. Nach jüngsten Beobachtungen vor Ort[20] wurde die bisher von der lokalen Überlieferung am Gletscher des Dhungmara- (Dongmar-) Himal, dem Sitz der Schutzgottheit der Mustang-Könige, angenommene Quelle 1992 offensichtlich identifiziert bzw. neu bestimmt. Der von Herbert Tichy in Unkenntnis seiner Heiligkeit bestiegene Dongmar-Berg gilt als oberster Lebensspender von Lo, fließen doch von hier aus die wesentlichen Wasseradern in das besiedelte Tal. Nach Bruno Baumann, der 1992/93 während zweier verschiedenen Jahreszeiten demjenigen Flußlauf (d. h. dem linken, nach Westen führenden) des sich oberhalb von Lo Manthang gabelnden Mustang Khola (bzw. tib. *Mustang chu*) folgte, der das meiste Wasser führte, befindet sich die Quelle des Kali Gandaki oberhalb der 5000-Meter-Höhenlinie im Mustang-Himal an diesem Berg, der die Grenze zu Tibet bildet.

Den Namen „dunkler großer Fluß" (*gandaki* „Fluß"), bzw. in der wörtlichen Übersetzung aus dem Sanskrit „Fluß der (Göttin) Kali", verdankt der Kali Gandaki seiner dunklen Farbe bei Hochwasser, wenn die viel Schlamm tragenden Flüsse durch Schmelzwasser und periodische Regenfälle im Sommer anschwellen, während in der langen Trockenzeit die meist recht seichten, an fluvialer Schotterfluh reichen Wasserläufe bei Niedrigwasser sehr klar sind. Von der Höhe des Kore La an der Grenze zu Tibet bis südlich bei Tshele im zentralen Thakkhola Graben hat der Kali Gandaki ein

---

[20] Bruno Baumann, 1993.

Gefälle von rund 1400 Metern von 4400 m auf 3000 m ü. M. Weit im Süden von Tukche zwingt sich bei Dhumpu der Kali Gandaki durch die kristalline Himalaya-Kette und fällt auf einem Abschnitt von nur 12,5 km bis auf 1200 m ü. M. (bei Dana), dabei eine der tiefsten Schluchten der Welt bildend, die zwischen den nur 30 km Luftlinie voneinander entfernten Gipfeln des Dhaulagiri (8172 m) und Annapurna (8078 m) eine Höhendifferenz von fast 7000 Metern aufweist!

Es wurde schon darauf hingewiesen, daß das Gewässernetz anders als sonst bei Gebirgen verläuft: die Flüsse aus Norden durchbrechen in diesem Teil Nepals die Hauptgebirgszüge, die nicht automatisch auch die Hauptwasserscheide zwischen den Tsangpo- und Ganges-Systemen (zu letzterem gehört der Kali Gandaki) bilden. So treffen wir hier eine einzigartige geographische Situation an, denn die Flüsse entspringen an einer „nur" ca. 6000 m hohen Gebirgskette und queren dann eine viel höhere Barriere! Diese von Sven Hedin als „Transhimalaja" bezeichneten, ursprünglich nur 2000 bis 3000 m hohen Ketten entstanden viel früher als der Haupthimalaya und formten von Anbeginn (Mesozoikum) die Hauptwasserscheide zwischen Tsangpo und Ganges. Der Hochhimalaya wurde später durch beständigen Druck vom tibetischen Plateau aus aufgefaltet, wobei im Süden kristallines Kerngestein den Gegendruck bewirkte.

Das durch die Überschwemmungen nach den Eiszeiten entstandene Tethys-Meer im Norden trocknete aus und wurde allmählich ein Hochplateau. Die sich auffaltenden Gebirgsketten bildeten zunehmend eine Barriere gegen die regenbringenden Winde von Süden. Durch die „Hebung des Plateaus erfuhr aber das Gewässernetz eine unsymmetrische Umgestaltung. Die nach Süden fließenden Gewässer erhielten ihres größeren Gefälles, aber auch der erhöhten Niederschläge wegen eine bedeutend stärkere Erosionskraft. Sie war so mächtig, daß die Flüsse ihr Bett rascher tieferlegen konnten, als der Urhimalaya wuchs. Damit war aber auch die Anlage der Durchbruchstäler gegeben, wobei ältere von Norden nach Süden verlaufende Querströmungen eine wesentliche Rolle spielten."[21]

Mustang gehört zum größten Teil der tibetischen Sedimentzone an. Die von starker Erosion betroffenen marinen Ablagerungen weisen immer wieder in ihren tektonischen Faltungen bizarre, faszinierende Formationen auf, die einen großen landschaftlichen Reiz auf den Betrachter aus-

---

[21] Toni Hagen, 1960.

üben. Die in dieser Trockenzone besonders typische starke Erosion der hochgradig alkalischen Böden resultiert aus der über die meiste Zeit des Jahres fehlenden (schutzgebenden!) Vegetationsdecke. Außer den Grenzgebirgen im Osten und Westen besteht die ganze Region aus glazigenen, d. h. durch Eiswirkung erodierten bzw. abgelagerten Konglomeraten (Nagelfluh), jüngeren, sehr erosionsanfälligen Tertiär- und Quartärformationen. Neben Sandsteinen und Schottern finden sich dunkle Schiefer, Quarzite, Kalksteine und Muschelkalke, Dolomite, der sog. Mustang-Granit (Granit-Gneise, im Norden westlich vom Thakkhola Graben) und die charakteristischen schwarzen, zahllose Ammonite enthaltenden Saligram-Schichten. Saligram bzw. Salegrami – „Heilige Steine" – ist die Hindi-Bezeichnung für die bis 200 Millionen Jahre alten, aus den schwarzen Schiefern der Jura- und Kreidezeit stammenden versteinerten Ammoniten, die von den Hindus als heilig angesehen werden, da sie Vishnu repräsentieren, Gold enthalten und Glück bringen sollen. Diese vor allem in der Muktinath-Region vorkommenden, von den Einheimischen den Besuchern mitunter zum Kauf angebotenen Fossilien bezeugen gewaltige tektonische Bewegungen, durch die der einstige Meeresboden um mehrere tausend Meter angehoben wurde. Zur Veranschaulichung dieser Hebungen: das Mustang einschließende tibetische Plateau stieg im Laufe von einer Million Jahren um 4000 bis 5000 Meter an. Als ein Beispiel für die geologische Schichtung seien hier die Kali-Gandaki-Ufer bei Kagbeni ausgewählt (von unten nach oben): Mergelgestein mit Fossilien aus dem Karbon (350 Mio. Jahre), Kalkmergel, verschiedenfarbige Kalkschiefer, weiße Quarzite, schwarze Schiefer zwischen Sandstein und Quarziten, Kalksteine, Sandsteine.

Das Thakkhola
Schlüssel zum Verständnis der Himalaya-Geologie

von Toni Hagen

Deckenstruktur

Bei der Entstehung der Alpen und des Himalaya spielten sich sehr komplizierte Vorgänge ab, über deren Ursachen und genaue Abläufe die Wissenschaftler sich noch nicht ganz einig sind. In dieser Art der Gebirgsbildung sind vor Dutzenden von Millionen Jahren weiträumige Gesteinsformationen zunächst in die Tiefe gezogen (Subduktion) und dabei durch hohe Temperatur, hohen Druck und auch durch Durchtränkung mit feuerflüssigem Magma umgewandelt worden (Metamorphose). In späteren Phasen – beginnend etwa vor 40 Millionen Jahren, – besonders aber mit der Haupthebung vor wenigen Millionen Jahren wurden diese umgewandelten Formationen wieder in die Höhe gepreßt, ausgestoßen und durch horizontale Schübe und Gravitationskräfte über Distanzen von über 100 Kilometern auf bedeutend jüngere geologische Formationen verfrachtet. Die überschobenen Gesteinsmassen werden „Decken" genannt (*nappes* auf französisch und englisch).

Zusammenprall der Kontinente

Gesichert ist heute die Annahme, daß im Zeitalter des Karbon vor rund 300 Millionen Jahren die Antarktis, der indische Subkontinent und Afrika sowie Südamerika in einem einzigen Superkontinent (Gondwana) im Gebiet der heutigen Antarktis vereinigt waren. In der Jurazeit, vor etwa 180 Millionen, Jahren begann die Abspaltung der Kontinente Australiens, Indiens, Afrikas und Südamerikas vom Gondwanakontinent und damit ihre Wanderung nach Norden und Westen. In diesem Prozeß bewegten sich die neuen Teilkontinente nicht nur als Ganzes, sondern wurden in sich selbst wieder in vielerlei Platten aufgespalten (Plattentektonik). Der indische Subkontinent lag noch vor etwa 100 Millionen Jahren etwa 5000 Kilometer weiter im Süden und wanderte mit einer Geschwindigkeit von etwa 26 cm pro Jahr gegen Norden in Richtung des eurasischen Kontinents. Unmittelbar vor der Kollision des indischen mit dem eurasischen Kontinent vor etwa 45 Millionen Jahren betrug die Geschwindigkeit des indischen Kontinents noch etwa 15 Millimeter pro Jahr und nach der Kollision nur noch 4 Millimeter. Aber auch nach der Kollision setzte sich die Wanderung des indischen Subkontinents nach Norden um rund 2000 Kilometer noch fort und übte seine gebirgsbildende Wirkung bis nach Sibirien aus.

Im Zeitalter des Mesozoikums (vor 250 bis 70 Millionen Jahren) wurden am Südrand des eurasischen Kontinents und im Nordteil des sich verengenden, aber vorübergehend zum Himalaya-Meer sich vertiefenden Indischen Ozeans jene Sedimente mit den reichen Fossilien abgelagert, welche wir nun im Thakkhola von Muktinath bis östlich von Mustang auf Höhen bis über 6000 Meter ü. M. finden.

Der Indische Ozean hatte sich unterdessen zum schmalen Himalaya-Meer verengt. Ein Teil seines Meeresbodens wurde vor etwa 90 Millionen Jahren (mittlere Kreide) in die Höhe gehoben, und erschien als erstes Gebirge (tibetisches Randgebirge) des heutigen Himalaya-Systems. Gleichzeitig begann dessen Abtragung und Ablagerung des erodierten Materials im Himalaya-Meer als Thakkhola-Serie. Diese ist vergleichbar mit dem Flysch in den Alpen.

Das noch wenig spektakuläre tibetische Randgebirge mit Höhen von nur etwa 2000 Metern wurde zur Hauptwasserscheide zwischen dem Tsangpo-Einzugsgebiet im Norden und dem Ganges-Gewässernetz im Süden und es entstand der Ur-Kali-Gandaki. Zufolge späterer Hebungen ist das tibetische Randgebirge heute noch die Hauptwasserscheide. Dies ist die Erklärung dafür, warum die Hauptkette des Himalaya nicht gleichzeitig auch Hauptwasserscheide ist, wie in anderen Gebirgen üblich. Schon damals griffen aber andere erdgeschichtliche Ereignisse entscheidend in die Gestaltung des späteren breiten Tales des Thakkhola und den Lauf des Kali Gandaki ein: Das Gewässernetz der vom tibetischen Randgebirge südwärts fließenden Flüsse war durch alte, Nord-Süd verlaufende Querstörungen vorgezeichnet.

Die Thakkhola-Serie (Obere Kreide-Tertiär) enthält die vielen Saligram. Das sind Versteinerungen von Ammoniten, die ursprünglich in den mesozoischen Sedimenten der Gebirge an beiden Seiten des Thakkhola enthalten waren, dann aber zufolge Erosion ins Thakkhola-Meer geschwemmt und in schwarze kugelförmige Ablagerungen mit Durchmesser zwischen wenigen und zwei Dutzend Zentimetern eingebettet worden sind. Um Saligram zu finden, muß man also die schwarzen Kugeln aufschlagen.

In einer zweiten Phase des horizontalen Zusammenschubs vor etwa 40 Millionen Jahren (Oligozän) zwischen dem indischen und dem eurasischen Kontinent wurden aus der Tiefe heraus die vorher durch Subduktion und Metamorphose zu parakristallinen Formationen umgeformten und mit Graniten und orthokristallinen Gneisen durchtränkten Serien sowie auch Teile des Nordrandes des indischen Subkontinents mit der unmittelbar nördlich daran anschließenden autochthonen Sedimentbedeckung (Kalkformationen des Silur und Devon) in die Höhe gepreßt. Dies wurde später die Hauptkette des Himalaya und bildete die Wurzeln der späteren großen Decken.

Die erste Hebung der Zone der heutigen Hauptkette des Himalaya vor etwa 40 Millionen Jahren (Oligozän) erfolgte so rasch, daß die Erosion des

Ur-Kali-Gandaki durch den Himalaya zwischen Annapurna und Dhaulagiri zeitweise mit der Hebung nicht schritthalten konnte. Es entstand ein sehr großer tektonischer Stausee, der vom heutigen Lete bis ins Gebiet von Mustang reichte.

Gleichzeitig hob sich aber auch die tibetische Zone samt dem tibetischen Randgebirge um rund 4000 Meter und wurde zum tibetischen Plateau. Dadurch begannen die südlich davon aus der Tiefe in die Höhe gepreßten kristallinen Gesteinsmassen sich als sogenannte Decken um über 100 Kilometer nach Süden zu bewegen. Das heutige nepalische Mittelland liegt in dieser Deckenstruktur.

Der Trekker durchwandert diese Zone von Pokhara bis etwa Sikha. Von hier bis Lete, in der tiefen Schlucht des Kali Gandaki, liegt der Querschnitt der Hauptkette mit den steil nach Norden fallenden Gneisen, Graniten und Glimmerschiefern der Deckenwurzeln und schließlich die aufliegenden paläozoischen Kalkformationen (am Dhaulagiri und Nilgiri) wie ein geologisches Bilderbuch vor den Augen des Wanderers.

Die alten Querstörungen wurden immer wieder reaktiviert und schwächten das Gestein durch ihre Bewegungen. Die großen Durchbruchschluchten der großen Flüsse Nepals durch die Hauptkette folgen alle solchen Querstörungen. So auch der Kali Gandaki zwischen Tukche und Baglung.

In einer viel späteren Phase vor etwa 20 Millionen Jahren (Tertiär) wurde die Querstörung des Thakkhola derart reaktiviert, daß am Ostrand eine Verwerfung das Thakkhola-Tal bei Muktinath um etwa 1000 Meter einsinken ließ und am Westrand bei Dangardzong um gar bis 3000 Meter. Diese 3000 hohe Dangardzong-Verwerfung ist wohl die größte Transversal-Verwerfung auf dem Festland der Erde. Die beiden Verwerfungen schufen das charakteristische weite Quer-Tal, das die Geologen als tektonischen Graben bezeichnen. Berühmte solche Gräben sind das Tote Meer und auch der Rheintalgraben, der sich von Basel bis etwa Mainz erstreckt. Der Einbruch des Rheingrabens dürfte allerdings kaum einige hundert Meter Tiefe erreichen.

Der Thakkhola-Graben ist unsymmetrisch, was an der Neigung der dunklen Thakkhola-Serie von Ost nach West zu sehen ist. Gleichzeitig zeigt die Thakkhola-Serie auch ein Gefälle nach Norden, was eine späte Hebung der Hauptkette anzeigt. Der Trekker findet die dunkle Thakkhola-Serie mit den Saligram vor allem im Gebiet von Muktinath und nördlich davon bis zum Damodar-Fluß. An der Westseite des Thakkhola Grabens findet der Wanderer die dunkle Thakkhola-Serie hoch oben auf dem Thakmartse 6171 Meter ü. M. bis zum Karrtse 6297 Meter ü. M. Sie wurde durch eine Verwerfung entlang dem Kyogoma Chu auf diese ungewöhnliche Höhe hinauf gehoben. Von dort nach Norden erscheint der tertiäre helle Mustang-Granit mit seinem Ausfingern in die dunkle Thakhola-Serie. Der Mustang-Granit ist vergleichbar mit dem jungen Bergeller-Granit in den Alpen (Tertiär).

In einer letzten, sehr jungen Phase der Gebirgsbildung vor höchstens drei Millionen Jahren wurde die Wurzelzone, in unserem Gebiet die Annapurna- und Dhaulagiri-Kette, erneut hochgepreßt. Der tektonische Stausee wurde neu aufgestaut, und es lagerten sich darin die Tertiär-Quartärformationen ab mit ihren hellen Sandsteinen, Konglomeraten (Molasse in den Alpen) und Geröllen und Schottern. In diese hat der Kali Gandaki die charakteristischen canyonartigen Täler mit mehreren Terrassensystemen eingeschnitten. Diese bilden heute das landschaftliche Merkmal des Thakkhola von Kagbeni bis Mustang.

Da die Erosion von der nepalischen Seite mit den Monsunniederschlägen und dem größeren Gefälle bedeutend stärker ist als diejenige von Norden vom Tsangpo her, sind die tektonischen Stauseen durch die zufolge Erosion sich vertiefenden Durchbruchschluchten im Süden ausgelaufen.

In einer letzten Phase, beginnend vor etwa 800.000 Jahren ist der Himalaya gegenüber dem südlichen Vorland eingesunken (wie die Alpen) oder die Mahabharat-Kette entsprechend gehoben worden, und zwar im heutigen Kathmandu-Tal um mehrere hundert Meter. Dadurch wurde auch im Kathmandu-Tal ein tektonischer Stausee gebildet. Seine Ablagerungen bilden u. a. die fruchtbare schwarze Erde, Kalimati genannt. Der Bagmati hat später seine Schlucht durch Erosion so tief gelegt, daß auch dieser Stausee ausgelaufen ist. Aber selbst nach Trockenlegung des Kathmandu-Sees vor etwa 200.000 Jahren hat sich die Mahabharat-Kette relativ zum Kathmandu-Tal noch um 200 Meter gehoben. Dies ist deutlich sichtbar am Ansteigen der Seeablagerungen von Kathmandu um etwa 200 Meter bis Godavari am Fuß der Phulchok-Kette.

Die jüngsten Erdbeben in Nepal zeigen, daß die tektonischen Prozesse noch andauern, und Präzisionsmessungen haben auch ergeben, daß der Himalaya teilweise noch wächst, wenn auch nur abgeschwächt. Der Verfasser konnte im Gebiet des unteren Karnali- und Bheri-Flusses eine

Längsverwerfung von rund 100 Kilometern Länge mit einer Sprunghöhe von mindestens 10 Metern beobachten, die wohl mit dem Erdbeben von 1934 in Zusammenhang steht. Diese Verwerfung liegt genau über dem sog. Main Boundary Thrust, der Hauptverwerfung am Südrand des Himalayas. Im westnepalischen Terai konnte sogar eine rezente Überschiebung von Tertiärformationen (Molasse-Sandstein) über das oberste Ganges-Alluvium festgestellt werden.

Tangye Khola-Tal, oberhalb der Ortschaft Tangye.
Das Flußbett liegt hier 3400 m ü. M.

Aber auch die Querstörungen des Thakkhola, die sich südlich der Schlucht des Kali Gandaki in südwestlicher Richtung ins nepalische Mittelland auffächern, können im Luftbild sehr gut erkannt werden. Sogar in der Alluvialebene des Ganges sind sie im Luftbild noch indirekt sichtbar. Diese Bewegungen müssen also sehr jung sein.

Die Wirkung eines anderen sehr jungen landschaftsformenden Ereignisses kann der Wanderer schließlich in der Ebene von Pokhara beobachten: Die Auffüllung der Ebene von Pokhara erfolgte in der Endphase durch eine Katastrophe, indem riesige Gletscherablagerungen von Kalkgesteinen und wohl auch Blockgletscher an der Südflanke des Annapurna durch Klimaerwärmung plötzlich ins Rutschen gerieten und als Rüfe riesigen Ausmaßes das Tal von Pokhara mit einer heute harten, verkalkten Konglomeratkruste überdeckten. Hatte der Seti-Fluß diese harte Kruste an der Oberfläche einmal durcherodiert, so war es ihm ein leichtes, sich sehr rasch in die lockeren Ablagerungen darunter in die Tiefe zu fressen und die einmaligen Schluchten in der Pokhara-Ebene zu formen.

T. H.

Klima

Mustang hat kontinentales „tibetisches" Klima: kurze und warme Sommer, lange und strenge Winter, wo Schnee – freilich in den Niederungen aufgrund der spärlichen Niederschläge oft nur in geringer Menge – auch die Täler bedeckt.

Charakteristisch sind in der nordhimalayischen Trockenzone die relativ hohen jahreszeitlichen Temperaturschwankungen. Schon in Jomosom, also eher gegen die Südgrenze dieser Klimazone, fallen die Temperaturen im Winter auf minus 10° C ab, während sie im Sommer bis plus 30° C ansteigen. Im Oktober, einer sehr guten Reisezeit, ist es nachts häufig unter 0° C, morgens um 5° C. Die Winter sind bitter kalt und die regelmäßigen Winde von Süden für den Fremden fast unerträglich. Auch in Jomosom kann dann eine dünne Schneedecke liegen, die sich aber meist nicht lange hält. Die Flüsse führen um diese Zeit extrem wenig Wasser.

Südlich Jomosom, etwa oberhalb der Schlucht bei Ghasa, beobachtet man eine auffallende Klimascheide zwischen der feuchteren Himalaya-Südseite und dem mehr ariden Norden mit dem kontinentalen Klima Zentralasiens. Der klar markierte Klimawechsel auf der Höhe der Kali-Gandaki-Schlucht ist besonders auffallend. Letztere bildet eine stabile nördliche Monsungrenze, die auch durch die beständige Wolkenbarriere etwa bei oder südlich von Tukche bezeichnet wird. Damit hängen natürlich auch die starken Niederschlagsunterschiede zwischen dem nördlichen Mustang und der Region im Süden zusammen. Während in Lo Manthang nur 250 mm Niederschläge im Jahresmittel fallen, sind es bei Pokhara südlich des Annapurna bereits 3848 mm! Jomosom, das bereits im Regenschatten der Himalaya-Hauptkette liegt, weist mit 248 mm praktisch die gleiche Niederschlagsmenge wie der Norden Mustangs auf.

Wie im südlichen und zentralen Tibet fällt hier der größere Teil im Sommer an. Die geringe Niederschlagsmenge finden wir aber keineswegs entlang der ganzen Himalaya-Kette, sie charakterisiert die bereits weiter oben beschriebenen, nördlich davon gelegenen Transhimalayas. Die Monate Juli und August sind durch den Monsuneinfluß am „feuchtesten“. Oft bilden sich dann an den Talflanken Wolken und Dunstschleier. Die sommerlichen Monsunwinde regnen sich aber überwiegend schon am Annapurna- und Lamjung-Himalayamassiv ab. Während die übrigen Hochtäler im Norden Nepals eine Übergangszone zwischen dem monsungeprägten indischen Subkontinent und dem ariden tibetischen Hochplateau bilden, trifft dies für das geographisch, nicht aber geologisch als Teil des eigentlichen tibetischen Hochplateaus Tibet angehörende Mustang nicht zu.

Die den Niederschlägen folgende Schneegrenze liegt an der Nordflanke des Annapurna-Massivs bei 5000 m, weiter nördlich sind noch 6000 m hohe Gipfel im Sommer schneefrei. Im nördlichen Mustang entspricht die Schneegrenze der Situation im südlichen Tibet und liegt im Sommer bei ca. 5700 bis 6300 m.

Typisch und für den Fremden etwas lästig sind in Mustang die starken von Süden kommenden Winde, die täglich zwischen 10 und 11 Uhr einsetzen und gegen Abend wieder aufhören. Sie fegen vorhandene Wolken über dem Thakkhola-Graben weg, weshalb wohl auch die Talsohle trockener ist als die aufsteigenden Berghänge. Die Dämmerung setzt früh ein, da die Sonne schon bald am Nachmittag hinter den hohen Bergen im Süden und Westen verschwindet. Daher sollte auch der Reisende den Tag früh beginnen, zumal es gutes „Foto-Licht“ an vielen Stellen nur bis etwa 16 bis 17 Uhr gibt.

Vegetation und Fauna

Im trockenen Mustang nördlich von Jomosom ist die grüne **Vegetation** auf kleine isolierte Oasen entlang der Wasserläufe begrenzt, während ansonsten vegetationslose alpine Steppen bis über 4000 m ü. M. das Landschaftsbild prägen. Die Waldgrenze liegt im westlichen Nepal bei 3700 bis 3800 m. Einen nennenswerten Baumbestand gibt es aber nur in der Region von Marpha und Tukche, der Naturwald endet schon nördlich der

Kali-Gandaki-Schlucht. Hier im Süden findet man den schwarzen Wacholderbaum, die blaue Pinus excelsa und Abies spectabilis. Verstreute Baumbestände trifft man noch östlich von Tangbe an: Juniperus excelsa (Nepali: *dhub*; tibetisch: *shug-pa*) bei Samar, ferner Tränenkiefern und Bergzypressen sowie Weiden und Pappeln in angelegten Pflanzungen bei Tsarang und Lo Manthang, letztere häufig entlang der Bewässerungskanäle. Immer wieder begegnet man den roten Berberitzen, Wildrosen (Hagebutten), Alpenastern und verschiedenen Dornbuscharten. Relativ ansehnliche Bestände an Wacholdersträuchern und -bäumen gibt es westlich von Tangbe. Wacholder wird gerne in den buddhistischen Klöstern als Räucherwerk benutzt, er ist auch den Bönpos heilig, da sein Rauch die bösen Geister vertreibt.

Über die **Tierwelt** fehlen bis jetzt Beobachtungen und Berichte. Südlich Gelung konnte der Verfasser 1992 die überaus klettergeschickten Blauschafe (Bharal) mit dem kräftigen, halbkreisförmig gebogenen Gehörn sehen, typische Bewohner der Felshochländer des Himalaya, ferner gegen Mitte Oktober Hunderte hoch über Lo Manthang und über dem Mustang Khola nach Süden ziehende Jungfernkraniche auf ihrem Weg von Zentralasien in die Winterquartiere im indischen Unionsstaat Gujarat. Zählungen haben ergeben, daß jedes Jahr fast einundeinhalb Millionen dieser Kraniche – wohl meist oder ausschließlich auf diesem Wege – nach Indien fliegen. Häufiger begegnet man den kleinen Pfeifhasen, ab und zu Murmeltieren, Steinadlern, Bart- und Himalayageiern, selten dem Wolf. Vom Schneeleoparden konnten 1992 östlich des Mustang Khola südlich von Tangye Spuren identifiziert werden. Auf Häusern in Lo Manthang und Latho-Schreinen der Umgebung fanden sich die Gehörne der Orongo- (oder Tibet-) Antilope, die langen Spiralhörner des Argalischafs und in einem Fall das Geweih des Kaschmir-Hirsches (Hangul), der nach Angaben eines Einheimischen hier früher offenbar vorkam.

Geschichte

Die in Mustang so zahlreichen, dem Besucher auffallenden **Felshöhlen**, die erst seit 1986 im Rahmen eines von Dieter Schuh geleiteten Projekts erforscht werden, haben zur Entdeckung der ältesten Siedlungsspuren in Nepal überhaupt geführt[22]. Bis auf mindestens ca. 800 Jahre v. Chr.[23] zurückgehende organische Materialien (Tierknochen, 61 domestizierte und wilde Pflanzen, darunter Buchweizen, Gerste und anderes Getreide), Tongefäße, eiserne Werkzeuge, Pfeilspitzen und menschliche Schädel wurden bisher gefunden. Bei Tukche stieß man sogar auf eine megalithische, als Begräbnisstätte identifizierte Felshöhle[24]. Diese bis Purang und Guge in Westtibet vorkommenden, ganz offensichtlich eine frühgeschichtliche Siedlungsform im Westhimalaya bezeichnenden Höhlen haben in ihrer – heute – unerreichbaren Lage an den steilen Felswänden schon früheren Mustang-Reisenden Rätsel aufgegeben. Die ersten Höhlen auf dem Wege nach Lo findet man bei Kagbeni an beiden Ufern des Kali Gandaki. Dieter Schuh und sein Team fanden Gruppen von über 30 auf sieben „Stockwerke" verteilte Höhlen, von denen die unteren als Wohnstätten, die mittleren wohl als Vorratsräume dienten, und eine oberste sehr kleine Höhle vermutlich als Sanktuarium benutzt wurde. Im Innern sind die Höhlen durch Lehmziegelmauern unterteilt. Nach den bisherigen Radiokarbon-Datierungen an darin aufgefundenen organischen Materialien konnten bis ins 3. Jahrhundert v. Chr. zurückreichende, wahrscheinlich aber bis ca. 2800 Jahre alte Siedlungsspuren festgestellt werden. Häufigere Funde machte man aus dem 6. bis 9. Jh. und dann wieder aus dem 13. bis 15. Jh., der für diese Höhlen als letzte Siedlungsphase angenommenen Periode.[25]

Fraglich war bisher, wie die Höhlen vor ca. 500 und mehr Jahren genau zugänglich waren. Obgleich gewisse Befunde Zugangsgalerien oder Gerüste rekonstruieren lassen, muß die topographische Situation zur Zeit jener Siedlungen anders als heute gewesen sein, d. h. einen einigermaßen na-

---

[22] Dieter Schuh, Kathmandu 1993.

[23] Eine darüber hinausgehende Altersbestimmung scheint noch offen zu sein. Zunächst datierte man die Funde auf ca. 2000 bzw. 4000 Jahre v. Chr. Siehe hierzu Dieter Schuh, Kathmandu 1993.

[24] D. N. Tiwari, Kathmandu 1984/85.

[25] Nach A. Simons, Kathmandu 1993.

türlichen Zugang zu den Höhlen erlaubt haben. Die in Mustang so erhebliche Erosion dürfte in den letzten 3000 Jahren das Niveau unterhalb der Höhlen deutlich verändert und ihre gegenwärtige Unzugänglichkeit verursacht haben. So sieht man an den steilen Ufern der Wasserläufe immer wieder Schichtungen mit Überresten einst höherer Flußterrassen, die eine periodische Hebung des Tales bzw. seiner Uferböschungen bezeugen, während die Flußläufe sich mit der Zeit noch tiefer eingegraben haben dürften. Nur mit professioneller Klettertechnik gelang es überhaupt dem Forschungsteam von Dieter Schuh, in einigen Fällen (bei Muktinath) Zugang zu den bis mehr als 50 Meter über dem Flußbett liegenden Höhlen zu finden.

Systematische archäologische Forschungen hat es bisher im tibetischen Himalayaraum kaum gegeben. Ausnahmen bilden lediglich einige jüngere Feldforschungen und Dokumentationen auf chinesisch-tibetischer Seite, so z. B. für den Gräberkomplex bei Langxian (Kongpo) und für die Burg- und Tempelanlagen von Tsaparang (Guge/Westtibet). Im Rahmen des oben erwähnten „Nepal-German Project on High Mountain Archaeology" hat man 1991 beim Dorf Khyingar (zwischen Kagbeni und Muktinath) eine auf das erste Jahrtausend zurückgehende Siedlung mit Burgsitz ausgegraben, wo man u. a. hochwertige, aus Indien, dem Terai und aus dem Kathmandu-Tal importierte Keramiken des 6. bis 14. Jhs. fand[26].

Aus der Frühzeit der tibetischen Geschichte (7. bis 9. Jh.) gibt es für Mustang nur sehr wenige Belege. Wie das legendäre vorbuddhistische Reich Zhang-zhung in Westtibet gehörte Lo zu den Eroberungen der zentraltibetischen Yarlung-Dynastie von 709 n. Ch.[27] Obgleich die buddhistische Lehre damals Mustang erreicht haben dürfte, sind entsprechende Spuren bislang nicht gefunden worden. Wie Dolpo war Lo später ein Teil des westtibetischen Königreiches Purang, das im 10. und 11. Jh. zusammen mit Maryul (Ladakh) und Guge das Gebiet von Westtibet (tib. *Nga-ri*) bildete[28]. Die Geschichte Mustangs der nächsten Jahrhunderte wird immer

---

[26] H.-G. Hüttel, 1993.

[27] Ladakh-Chronik (*La-dvags-rgyal-rabs*), siehe A. H. Francke, 1926, vol. II, p. 83.

[28] Vor Anschluß an Nepal im späten 18. Jh. sah man sich in Lo selber als östlicher Teil der westtibetischen Region von Ngari. Lo gehörte zum Königreich von bKra-shis-mgon des Herrschers von Purang. Aus der Frühzeit der tibetischen Geschichte gibt es für Mustang mehrfach Belege in der „Ladakh-Chronik", wonach Lo im 8. Jh. eines der im Westen eroberten Grenzländer war, das damals wie auch das legendäre westtibetische

wieder die Einbindung in den gesamten westtibetischen Kulturraum bezeugen und die Ferne zu Lhasa deutlich machen.

Die Kontrolle der Ngari-Herrscher über Lo existierte bereits im 10. Jh., als Tashigon (*bKra-shis-mgon*), ein Sohn von Nyimagon (*Nyi-ma-mgon*), –eines nach Westtibet gelangten Abkömmlings der tibetischen Yarlung-Dyanastie – König von Purang wurde. Tashigon soll seine Residenz in dem damals neu gegründeten Königreich Gungthang (nördöstlich von Lo) gehabt haben, das im Jahr 1252 – auf dem Höhepunkt seiner Macht – Lo und das südlich benachbarte Königreich Serib (etwa dem heutigen Thakkhola entsprechend) eroberte. Gegen 1100 machte sich der Ladakh-Herrscher Lha-chen Utpala alle Territorien zwischen Purang und Lo (letzteres bis südlich von Muktinath) untertan.

Um die Mitte des 14. Jhs. löste das gegen 1200 in Westnepal zur Macht gekommene Königreich Jumla das nunmehr geschwächte Gungthang in der Herrschaft über Lo ab. Wenige Jahrzehnte später konnte der Gungthang-General Sherab Lama noch einmal die Invasoren aus Jumla vertreiben und sich in Lo etablieren. Seine Nachkommen blieben hier, und sein Enkel Amepal (A-me-dpal) sollte bald der erste König eines unabhängigen Königreiches Lo werden[29]. Bis dahin war Lo von einem Provinzgouverneur (tib. *sDe-pa*) der Purang- bzw. Gungthang-Herrscher regiert worden, einer Institution, die vermutlich früh schon erblich geworden war.

Eine ähnliche Entwicklung wie Lo machte seit dem 8. Jh. offensichtlich das südlich benachbarte, weitgehend mit dem Panchgaon und Baragaon bzw. dem oberen Thakkhola identische **Königreich Serib** (tib. *Se-rib*) durch, das im Garab Dzong bei Thini wohl sein Machtzentrum hatte und unter Amepal von Lo beherrscht wurde. Von diesem einstigen, vermutlich durch vor tausend Jahren aus Norden eingewanderten Tibetern gegründeten, in den „Blauen Annalen" (1478) als „Si-rib" bezeichneten und im späteren 17. Jh. letztmals erwähnten Reich sind heute nur noch Spuren der Sprache erhalten geblieben. „Sekai" (tib. *se-skad*) nennen die Bhotias die nicht „rein" tibetischen Dialekte im oberen Thakkhola[30], die als Idiome des Westtibetischen aber auch zur tibeto-burmesischen Sprachfamilie gehören. Diese Sekai-Sprachen muß man auf die Region des ehemaligen Serib

---

Reich Zhang-zhung Groß-Tibet einverleibt wurde (siehe A. H. Francke, Antiquities of Indian Tibet, vol. II, p. 83 etc: „bLo-bo").

[29] David Jackson 1978, p. 216.

[30] David Jackson 1978, p. 213.

beziehen, wo sie einst auch von den ältesten Bewohnern des Muktinath-Tals geprochen worden sein mögen[31].

Die eigentliche, genauer faßbare Geschichte Mustangs beginnt mit dem gegen 1400 zur Macht gekommenen Gründer und ersten König des Lo-Reiches, **Amepal** (tib. *A-me-dpal*), der nach G. Tucci (1956) zur Namru Khyungpa-Familie gehörte, die die Beamten von Ngari Dzong stellte, einem Hauptort des tibetischen Kyirong-Gebietes nördlich von Mustang. Ein Fürst von Ngari ernannte Amepal zum Distriktgouverneur (Dzongpön, tib. *rDzong-dpon*) des Grenz-Dzongs Tsarang. Nach den meisten Molla-Texten von Mustang soll Amepal von den tibetischen Yarlung-Königen des 7. bis 9. Jhs. abstammen, wobei für die große zeitliche Lücke bis zum 15. Jh. insgesamt 63 Herrschergenerationen genannt werden. Diese Genealogie folgt zweifellos tibetischem Muster, ebenso der den Lo-Königen zugeschriebene göttliche Ursprung. Einem der Molla-Texte zufolge war 'Od-de-gung-rgyal, der Stammvater der Lo-Herrscher, vom Himmel zur Erde herabgestiegen. Der Ort, an dem dies geschehen sein soll und der mit dem tibetischen Yarlung-Tal in Verbindung gebracht wird, wurde als heilige Stätte verehrt. Mutri Tsangpo (tib. *Mu-khri-btsan-po*), der Sohn des tibetischen Königs Trisong Detsen (tib. *Khri-srong-lde-btsan*, ca. 755–794), wird als einer der direkten Vorfahren von Amepal genannt, der als Inkarnation des Avalokiteshvara gilt.[32] Amepals Einfluß reichte bis Purang und Guge in Westibet, das Mustang geographisch und oft auch historisch-politisch näherlag als das ferne Lhasa.

König Amepals großes Verdienst war es, den genialen Sakya-Geistlichen und Gründer der Ngor-Zweigschule, Ngorchen Künga Zangpo (1382–1456), nach Mustang eingeladen zu haben: „Insbesondere lud er Ngorchen Dorjechang Künga Zangpo ein und ehrte ihn als seinen ersten geistlichen Lehrer. Von ihm erhielt er umfassende und gründliche religiöse Unterweisungen“[33].

---

[31] Charles Ramble, 1984, p. 104.

[32] Über die Früh- und Vorzeit der Lo-Herrscher steht uns u. a. die Autobiographie des *gLo-bo mkhan-chen bsod-nams lhun-grub* (1456-1532) und dessen Biographie von *Kun dga' grol-mchog* (1507-1566) zur Verfügung, ferner eine Biographie des Ngorchen Künga Zangpo. Siehe David Jackson, 1984, p. 110.

[33] Übersetzung aus der „Tsarang Molla“, Geschichte der Lo-Herrscher, nach David Jackson, 1984, p. 147.

Mit dem Zusammentreffen von Amepal sowie ganz offensichtlich auch seines Nachfolgers Angun Zangpo und Künga Zangpo zwischen 1427/47 werden die Gründungen der Stadtklöster von Lo Manthang verbunden. Der hier zitierte Text erwähnt eine unter Amepal errichtete, heute nicht mehr identifizierbare Klosteranlage mit angeblich mehr als 2000 (!) Mönchen. Zu Ehren Lama Künga Zangpos wurde der König auch „Zangpo Gyältsen" genannt. Die Rolle dieses tibetischen Mönchsgelehrten für die Buddhismus-Mission in Mustang ist im Kapitel „Religion" ausführlicher dargestellt. Die Lebens- bzw. Regierungszeiten der ersten drei Könige von Lo, Amepal, Angun Zangpo und Tashigon, sind weitgehend unbekannt und in der wenigen bisherigen Literatur noch so offen, daß wir hier aufgrund verschiedener, in dieser Publikation genannter Anhaltspunkte eine vorläufige Chronologie vorschlagen möchten, die ihrerseits z. B. für die Datierung der Bauten und Bildwerke in Lo Manthang wesentliche Anhaltspunkte liefert: **Amepal**: Anfang 15. Jh. bis ca. 1445, **Angun Zangpo**: ca. 1445 bis ca. 1465, **Tashigon**: ca. 1465 bis 1489.

Die hier als einzige alte Schriftquelle aus Mustang zitierten ***„Mollas"*** sind eine nur in Mustang spätestens seit dem 16. Jh. übliche spezifische Textgattung von wesentlich historischem Charakter. Sie sind jedoch keine eigentlichen Geschichtsbücher, sondern eher genealogische Historien- (tib. *gdung-rabs*) und Legendenbücher, die wie ein liturgischer Text als öffentliche Reden bei religiösen Ritualen im Tempel rezitiert wurden. Einzigartig im tibetischen Kulturkreis ist ihr ausführlicher historisch-narrativer Charakter. Mit ihnen und gewöhnlich an deren Anfang waren Stiftungen und Opfergaben eines Wohltäters an die Gottheiten und an die Mönche verbunden und am Ende dessen Wünsche, wonach z. B. das durch die Opfergaben erworbene geistige Verdienst Gutes bewirken möge, etwa hinsichtlich einer guten Wiedergeburt für einen Verstorbenen oder des Wunsches nach Gesundheit. Die Rezitation eines Molla-Textes war ein heute offensichtlich nicht mehr geübter religiöser Ritus, mit dem Opfer und Gebete formalisiert werden konnten. Übersetzt heißt Molla, bzw. das diesem Begriff zugrundeliegende tibetische *mol-ba*, so viel wie „respektvoll sprechen, erzählen", im Sinne von „öffentlich reden" oder „eine Rede halten". Die noch erhaltenen bekannten Mollas enthalten in der Regel zwei Genealogien: die legendäre Geschichte der tibetischen Yarlung-Dynastie (7. bis 9. Jh.) und diejenige der Dynastie von Lo Manthang, wobei vor allem letztere den historischen Wert dieser Textgruppe begründen.

Im späten 16. Jh. kommt Lo durch die Invasion von König Tshewang Namgyal in Purang, Jumla und Lo[34] ein zweites Mal unter ladakhische Oberhoheit. Doch zwischen beiden Königshäusern bestanden enge, bald auch dynastische Bande, und der Ladakh-Einfluß war kaum mehr als ein willkommener Schutz gegen dafür geleistete Tributzahlungen, zumal Lo damals politisch eher geschwächt war und sein Einfluß auf das Thakkhola geringer wurde. Während einer Verfolgung der weit nach Westtibet eingefallenen Mongolen brachte König Senge Namgyal von Ladakh, damals der mächtigste Herrscher im ganzen Westhimalaya, im Jahr 1638 Lo unter seine Oberhoheit. Als 1719 eine ladakhische Prinzessin (deren Mutter selber aus Lo stammte) zur Heirat mit dem Mustang-Raja nach Lo Manthang gesandt und unterwegs von der Jumla-Armee gefangen genommen wurde, war der Konflikt zwischen Lo und Jumla bereits in vollem Gange. 1723 konnte Ladakh noch den Mustang-Raja vor einer Einverleibung der immer gefährlicher werdenden Jumla-Könige retten. Noch im 16. Jh. reichte die Territorialgewalt der Lo-Rajas bis südlich Kagbeni und Muktinath. Der Einfluß auf das Thakkhola-Gebiet, das heutige südliche Mustang der Thakali-Volksgruppe, ging bald verloren. Im 17. und 18. Jh. bestanden in Westnepal mehrere Teilreiche, die die Oberhoheit von Jumla anerkannten. Allein das südliche Mustang (Thakkhola) war zwischen Jomosom und Tukche im Süden in drei voneinander unabhängige Fürstentümer zersplittert. Auch die im Nepali als Baragaon bezeichnete Region von 18 (sic: nicht 12 dem eigentlichen Namen nach) Dörfern zwischen Muktinath, Kagbeni und Gemi bildete einst ein eigenes Königreich.

Nach dem 16. Jh. folgten ständige Fehden unter den Kleinstaaten im westlichen Nepal. Sie wurden bis zur Machtübernahme der Gorkhas in Nepal im 18. Jh. die wesentliche Ursache für den politischen und kulturellen Niedergang Mustangs. 1652 kam es zum Krieg mit Jumla, unter dessen Kontrolle Mustang im Laufe des 18. Jh. geriet, als das schutzgebende Ladakh zunehmend an Macht einbüßte. Diese Hegemonie wurde 1850 durch die 1769 im Kathmandutal zur Macht gekommenen Gorkha-Könige abgelöst, an die Mustang auch weiterhin Tribut zahlte. Nachdem die Gorkhas 1789 das Kathmandu-Tal erobert hatten, war der Mustang-Distrikt ein Teil Nepals geworden, obgleich die Lo-Rajas ihre innere Unabhängigkeit behielten. Viele der heute nur als Ruinen erhaltenen Befestigungen in Mustang, die zur Verteidigung gegen Jumla dienten, stammen

---

[34] Erwähnt in der „Ladakh-Chronik“, siehe A. H. Francke, 1926, vol. II, p. 105.

aus jener Zeit. Andere Burgruinen (M. Peissel zählte 1964 allein 23 Burgruinen im nördlichen Mustang) zwischen Kagbeni und Lo gehen auf kleinere Lokalherrscher zurück, adlige Bhotia-Familien, die zugleich nach Vorbild der frühen Lo-Könige eine Art Patron-Priester-Beziehung zu den Klöstern – in Mustang meist sehr kleine Gömpas – unterhielten und als ihre Schutzherren fungierten. Bis zum Ende der Rana-Herrschaft in Nepal im Jahre 1950 war Lo ein völlig selbständiges Reich, das von Kathmandu aus jeweils neu bestätigt wurde. Mustang hatte innerhalb Nepals den einzigartigen Status eines unabhängigen Fürstentums, das nicht wie andere Regionen eine „land-tax" an den König in Kathmandu entrichtete, sondern lediglich einen symbolischen Geldbetrag.

Das von Tibet aus leicht zugängliche Mustang wurde schon bald nach der Flucht des 14. Dalai Lama und vieler seiner Landsleute im Jahr 1959 ein erstes vorläufiges Exil für mehrere tausend tibetische Flüchtlinge. Behauptungen und Gerüchte kamen auf, wonach letztere die einheimische Bevölkerung in Mustang und im Thakkhola belästigten. Toni Hagen, damals Chefdeligierter des IKRK, reiste eigens mit einem am 25. Oktober 1960 vom 14. Dalai Lama besprochenen Tonband ins obere Thakkhola, um damit die Tibeter zur Ruhe und zur Befolgung der von der Nepal-Regierung getroffenen Anordnungen zu mahnen. Bald darauf wurde in Jomosom eine medizinische Versorgungsstation eingerichtet, der eine Flugpiste für diese Hilfsaktionen folgte (1961). Da die bald einsetzenden militärischen Attacken der von Mustang aus gegen die Chinesen operierenden Khampas das Hilfsprogramm für die tibetischen Flüchtlinge zu gefährden drohten, hatte das IKRK entgegen anders lautenden Darstellungen die Militäraktionen der Khampas nicht unterstützt.[35]

Nachdem schon 1961 die ersten Khampas, die wegen ihres Kampfes für die Freiheit Tibets so bekannten Bewohner von Osttibet, über die Grenze nach Nepal gekommen waren, wurde Mustang von 1965 bis 1974 das Hauptquartier dieser von hier aus gegen die Chinesen operierenden Guerillas. In den 1960er Jahren hielten sich bis zu 6000 Khampas in Mustang, im benachbarten Dolpo und in Manang auf, wohin die kämpferischen Flüchtlinge neben den Freiheitsidealen auch nicht geringe Probleme brachten. So überweideten die mitgebrachten Viehherden die Gebiete der

[35] Siehe die Schilderung von Toni Hagen in Bruno Baumanns Mustang-Buch (1993).

Einheimischen, die ohnehin nicht ausreichend Reserven für ihre eigenen Herden hatten und viele ihrer Tiere damals verhungern lassen mußten[36].

Als 1962 der indisch-chinesische Grenzkonflikt ausbrach, konnten die Khampas Nutzen aus dieser Situation ziehen und mehrere erfolgreiche Attacken auf chinesische Truppen unternehmen[37]. Kaum ein Außenstehender wußte Genaueres über diese Aktionen. Offiziell gab es die Khampas, die niemandem außerhalb ihrer eigenen Reihen trauten und sich nicht in die Karten schauen ließen, in Nepal nicht. Der Flugplatz von Jomosom wurde 1961 für Rotkreuzflugzeuge eröffnet, die Medikamente für die Tibeter einflogen, die dann von dort aus auch ihren Weg in das nördliche Mustang fanden. Auch Helikopter sollen damals im Auftrag des CIA in Lo Manthang gelandet sein, bis die USA nach Kissingers zunächst geheim gehaltenem Besuch in Peking 1971 die Unterstützung für die Khampas einstellten. Nepal folgte 1972 dieser Politik und wurde im Jahr darauf von Maozedong persönlich unter Druck gesetzt, 1974 drohte eine Konfrontation zwischen der nepalesischen Armee und den Khampas. Der Dalai Lama kam dieser Gefahr mit einer an die Guerillaführer gerichteten Tonbandansprache zuvor, in der er die Tibeter zu einer friedlichen Entwaffnung aufforderte. Die Reaktion eines der Khampa-Führer darauf veranschaulicht die ganze Tragik des Konfliktes in jener Situation nach dem jahrelangen Kampf für ein unabhängiges Tibet: „Wie kann ich mich den Nepalesen ergeben, wenn ich mich niemals den Chinesen ergeben habe? Ich werde ihnen nie meine Waffe abliefern. Aber gleichzeitig kann ich mich dem Auftrag des Dalai Lama nicht widersetzen. Wir sollten jetzt alle nach Tibet zurückkehren und dort lieber im Kampfe sterben als in Schande leben!" Die Khampas gehorchten dem Dalai Lama. Einige Führer wählten in diesem Zwiespalt den Freitod. Alle, die freiwillig ihre Waffen niedergelegt hatten, wurden von den Nepalis festgenommen, ihr Besitz wurde konfisziert. Der Guerilla-General Wangdü flüchtete mit 40 ausgewählten Mitstreitern und den Dokumenten des Widerstandes auf einer Zickzackflucht über nepalesisches und tibetisches Gebiet nach Indien und wurde dabei im Gefecht mit Nepalis erschossen, während die meisten seiner Ergebenen indisches Gebiet erreichten. Andere Khampa-Führer, die nicht aufgege-

---

[36] Angebliche Attacken der später in Versorgungsprobleme geratenen Khampas auf die Handelskarawanen der Einheimischen und offensichtlich gelegentliche, aus der Not erfolgte Übergriffe auf deren Höfe sollen bestimmte Thakali-Gruppen im südlichen Mustang (Thakkhola) zur Abwanderung veranlaßt haben (Susanne von der Heide, 1993).
[37] Michel Peissel, Wien/Hamburg 1973.

geben hatten, wurden zu jahrelangem Gefängnis verurteilt und erst 1981 durch eine Amnestie des nepalesischen Königs freigelassen.

Heute residiert der 64jährige Jigme Palbar Tandul, der 25. König von Mustang (Lo Gyälpo), – er wird noch immer so genannt – , der seinen Namen mit einem zusätzlichen „Bista" nepalisiert hat, wie seine Vorfahren im Raja-Palast von Lo Manthang oder in der nicht weit davon entfernten Sommerresidenz von Tringkhar. Wie sein 1964 verstorbener Vater Angun Tenzing Tandul ist er nach alter Mustang-Sitte mit einer tibetischen Adligen verheiratet, der „Rani", die aus Shigatse stammt. Das Ehepaar hat keine eigenen Kinder, deshalb wurde ein Mitglied aus der Königsfamilie, der vom König adoptierte Sohn seines Bruders (des Lamas von Tsarang), zum künftigen Raja von Mustang bestimmt, der zur Zeit in Bodnath bei Kathmandu eine Teppichmanufaktur leitende, sympathische Jigme S. Palbar.

Seit Mustang 1950 administrativ ein Distrikt Nepals geworden ist, verlor das Königtum von Lo zwar seine Selbständigkeit, behielt jedoch weiterhin in seiner topographischen Isoliertheit und der damit verbundenen schwierigen Zugänglichkeit eine „innenpolitische" de facto-Autonomie, die auch in der lokalen Verwaltung de jure in mancher Hinsicht vor den Wahlen in Nepal 1991 erhalten blieb. Der jetzige König, der einen Generalsrang in der nepalesischen Armee innehat, ist durch eine 600jährige Tradition in diesem einstigen kleinen Himalaya-Königreich noch immer der mächtigste Mann und allseits respektierte „Raja" im Lande Lo, wo erstmals durch die Wahlen von 1991 Alternativen überhaupt möglich waren. Auf die Frage, was er als die dringlichsten Probleme für Mustang heute ansehe, sprach er von Flugplatz und Straßen, die sein Land besser mit dem übrigen Nepal verbinden würden. Noch reitet er selbst tagelang mit dem Pferd, um in Jomosom Anschluß an die sogenannte zivilisierte Welt zu finden. Was wird sie in den kommenden Jahren an Ideen, Wünschen und Gütern nach Mustang bringen?

Religion

Der Buddhismus in Mustang

Die geographische Lage des so leicht von Tibet her erreichbaren Mustang begünstigte hier die Ausbreitung des Vajrayana-Buddhismus, dessen lebendige Spuren sich heute bis südlich von Marpha feststellen lassen. In engster Verbindung mit der Geschichte, der ethnischen und kulturellen Identität Tibets gelangte der „tibetische" Buddhismus von Norden aus nach Mustang als zu einem seiner südlichsten Randgebiete, während etwa der so andersartige newarische esoterische Buddhismus im Kathmandutal eine „religionsgeographisch" ganz unterschiedliche, gleichermaßen von Tibet und Indien her gesehen isolierte Stellung einnimmt.

Über die Frühzeit der Religion in Mustang gibt es bisher wenig feste Anhaltspunkte (siehe Kapitel „Geschichte")[38]. Nur an einem einzigen Ort, im Luri Gömpa, dessen Stupa-Malereien der ersten Hälfte des 14. Jhs. angehören dürften, treffen wir auf Spuren des Buddhismus aus der Zeit vor 1400, also auf eine dem legendären Gründer des Lo-Reiches, Amepal, vorangehende Periode. Keines der anderen Klöster einschließlich ihrer Ausstattung datiert früher als die Tempel von Lo Manthang (d. h. aus dem zweiten Viertel des 15. Jhs.). Auch fehlen dafür bisher jegliche Textquellen. Dennoch kann als sicher gelten, daß parallel zu der historischen Entwicklung im eigentlichen Tibet der Buddhismus auch im nördlichen Mustang schon einige Zeit vor 1400 verbreitet war. So wissen wir von einem Mönchsgelehrten *gLo-bo Lotsa-ba*, dem „Übersetzer aus Lo" namens *Shes-rab rin-chen*, der um die Mitte des 13. Jhs. in Tibet lebte und zahlreiche Sanskrittexte ins Tibetische übersetzte, von denen viele später in den Tandschur aufgenommen wurden[39]. Fern der Heimat war er zunächst Schüler des berühmten Sakya Pandita und später ein hochverehrter Lehrer von dessen Neffen Pagpa (tib. *'Phags-pa*), dem Herrscher Tibets von mongolisch-chinesischen Gnaden. Die große Zeit der Beziehungen zu den Sakya-Lamas war also schon im 13. Jh. in Lo angebahnt.

---

[38] In Rajendra Ram's "A History of Buddhism in Nepal A. D. 704-1396" (Patna 1978) findet sich kein einziger Nachweis des Buddhismus in Lo, das freilich allein schon historisch weit mehr als „Provinz" zu Tibet bzw. Westtibet (Purang) gehörte, während „Nepal" damals ganz überwiegend mit dem Kathmandutal gleichzusetzen ist.

[39] David Jackson, 1976, p. 45.

Über die Geschichte der **Bön-Religion** in Mustang haben wir äußerst wenige Anhaltspunkte. Ein größeres Gewicht hat die Bön-Religion im benachbarten Dolpo. In Mustang ist sie vermutlich nur an drei Orten lebendig. Das Bön-Kloster von Lubra im Seitental des Panda-Flusses nördlich von Jomosom, wo auch die Dorfbewohner entsprechend Bön-Anhänger sind, wurde gegen 1160 als erstes Bön-Kloster in Mustang überhaupt gegründet[40]. Für die Zeit davor gibt es keine Belege. Im Norden, dem eigentlichen Lo, läßt sich die Bön-Religion heute nicht (mehr?) nachweisen. Sehr wahrscheinlich erreichte diese Tradition Mustang erst ziemlich spät (David Snellgrove: "Secondary Bon") und ging hier nicht – der für Tibet sonst geltenden „historischen Reihenfolge" entsprechend – als Religion der frühen Zeit dem Buddhismus voraus. Ähnlich wie für den Buddhismus dürften auch für den Bön die frühen Zeiten die besseren gewesen sein. Nach dem Yangtön Lama von Lubra[41] kamen noch mehrfach Bön-Lehrer zu Besuch. Die Biographie eines dieser Meister nennt 198 Schüler von Lo und 246 von Serib, einem Territorium also, das weitgehend dem heutigen Mustang entspricht.

Interessant sind die von gegenseitiger Toleranz getragene Integration und Anpassung der Bön in Mustang gegenüber der buddhistischen Umgebung. Daraufhin angesprochen meinten sowohl Bönpos wie Buddhisten, es gäbe keine wirklichen Unterschiede zwischen ihnen, sie seien „wie Sonne und Mond"[42]. Wenn die Bewohner des Bön-Dorfes Lubra zum Beispiel auf dem Wege zum Muktinath-Yartung Fest buddhistische Heiligtümer besuchen, folgen sie auch der buddhistischen Umwandlungsrichtung, nämlich im Uhrzeigersinn. Kommen buddhistische Karawanenführer oder Händler nach Lubra, passen sie sich dort dem umgekehrten Ritualweg der Bön an. Im Dorf Dzar (bei Muktinath) ist der private Hausgeistliche des dortigen Fürsten traditionsgemäß ein Bönpo gewesen, wobei die über Generationen tradierte spezifische Beziehung zwischen Patron und Priester hier weit wichtiger war als etwa „ideologische" Glaubensfragen. Wenn in Kagbeni die Bön-Priester von Lubra ihre buddhistischen Klienten für bestimmte häusliche Rituale besuchen, so tun sie dies sogar in einigen Fällen Bön-Gottheiten zuliebe, die im eigenen Hause zu beherbergen sich die buddhistischen Patrone längst gewöhnt haben.

---

[40] David Jackson, 1976/77.

[41] 12. Jh., siehe auch unter Lubra im Kapitel „Orte und Routen".

[42] Charles Ramble, 1984.

Einige der neun householder-priests von Lubra haben seit Generationen feste Patronatsverhältnisse mit durchweg buddhistischen(!) Familien der umliegenden Dörfer (nördlich sogar bis Gelung). Auch die Lo-Rajas sollen noch bis zur jüngsten Gegenwart solche Bön-Priester angestellt haben, bis die Kinderlosigkeit des jetzigen Raja und die dadurch zunächst nicht gesicherte Erbfolge diesen von der „Wirkungslosigkeit" der Bön-Rituale überzeugte und er auf den Einbezug dieser Priester in das religiöse Leben am Hofe fortan verzichtete[43]. Gesamttibetisch betrachtet hatte sich früh schon die Bön-Lehre und -Praxis so sehr mit buddhistischen Inhalten und Formen vermischt, daß die Buddhisten in Mustang die Minderheit der Bön heute nur als eine verschiedene Schule im gleichen (buddhistischen) System ansehen.

Die von den Lo-Herrschern favorisierte **Sakya-Schule** prägte in Mustang die religiöse Landschaft. Ganz anders entwickelte sich die Situation im benachbarten Dolpo, wo es keine zentrale Dynastie und damit auch kein Patron-Priester-Verhältnis gab wie seit dem 15. Jh. in Lo und wo neben den Nyingmapa die Bön bis heute eine wesentliche, für ganz Nepal geradezu führende Rolle spielen. Noch 1523 besuchten Lamas aus dem Ngor-Kloster Lo Manthang. Dannach scheinen diese fraglos sehr stimulierenden Beziehungen mit den religiösen Zentren in Tibet, zumindest auf höherer geistlicher Ebene, kaum noch Bedeutung gehabt zu haben. Von den anderen Schulrichtungen des tibetischen Buddhismus trifft man am häufigsten auf die Sakyapa bzw. auf die Ngor-Sakyapa, was im engsten Zusammenhang mit der für die Lehre des Buddha in Mustang so förderlichen Zeit unter König Amepal steht. An zweiter Stelle sind die Nyingmapa, die unreformierten Padmasambhava-Nachfolger, zu nennen, ferner – und dies schon recht selten – die Kagyüpa. Gar nicht vertreten sind die in Tibet seit dem 16./17. Jh. dominierenden Gelukpa. Mustangs großes Goldenes Zeitalter, das 15. Jh., kannte die spezifische Bindung an die Sakya-Schule, die aber später nicht mehr zu weiteren „Kulturschüben" aus Tibet führte, die es gerade in den Randzonen des tibetischen Kulturkreises – und Mustang liegt noch recht weit von Sakya und den anderen Zentren tibetischer Kultur entfernt! – immer wieder gebraucht hätte. Die große Sakyapa-Mission Ngorchen Künga Zangpos blieb nach dessen Tod sich selbst überlassen. Das spätere (nach dem 16. Jh.) weitere Absinken auf ein eher provinzielles Niveau läßt sich sowohl in der Qualität der sakralen Ar-

[43] Nach Charles Ramble, 1984.

chitektur und Kunst als auch im „Standard“ des monastischen und allgemeinen religiösen Lebens noch heute ablesen.

Schon die ersten hieran interessierten westlichen Besucher stellten fest, daß in der Gegenwart der Buddhismus in Mustang keine besondere Vitalität und „schöpferische“ Leistung mehr aufweise: „Der Buddhismus ist im ganzen Kali-Gandaki-Tal ohne Zweifel im Niedergang“[44]. Giuseppe Tucci traf 1952 die Klöster in einem allgemein recht desolaten Zustand an; und die Bezeichnung „Mönch“ sei schon damals recht lax und weit gefaßt gewesen.

Hohes monastisches und theologisches Niveau konnte sich in Mustang offensichtlich nur im Wechselverhältnis mit historisch-politischen Blütezeiten ausbilden und halten: die Bauten und Ausstattungen von Lo Manthang und Tsarang, also an den Zentren der Macht des Raja, belegen das noch heute recht gut. Das Patron-Priester-Verhältnis nach tibetischem Vorbild wirkte sich auch hier entsprechend aus. Andererseits war Mustang religionspolitisch-monastisch gesehen in einer eher provinziellen Situation. Weit weg von den großen führenden tibetischen Klöstern und durch die politische Selbständigkeit des Lo-Königreiches noch zusätzlich isoliert, fehlte es an der ständigen Verbindung mit den spirituellen Zentren Tibets. Aus eigener Kraft war der Buddhismus in Mustang nicht in der Lage, die durch Künga Zangpo im 15. Jh. erreichte Höhe zu halten. Auch die Tatsache, daß der heute „ranghöchste“ Vertreter des Mustang-Klerus, ein Onkel des Raja, im Sakya-Kloster von Bodnath und nicht in Lo Manthang residiert, mag die Situation des Buddhismus zusätzlich illustrieren. Die größeren, bedeutenderen Klöster existierten aber von jeher schon nur in Lo Manthang oder in Tsarang, und selbst hier war die Zahl der Mönche gemessen an vielen Klöstern in Tibet begrenzt; alle anderen Gömpas sind sehr klein. Hier war und ist die religiöse Unterweisung einer Mönchsgemeinschaft auf höherem, das spirituell-monastische Leben stets aufs Neue inspirierenden Niveau nur in bescheidenem Umfang möglich.

Die **Mönche** sind häufig nur Kustoden der im Unterschied zu Tibet oder Ladakh meist verschlossenen Klöster bzw. korrekt bezeichnet Tempel, in denen lediglich zu gewissen Zeiten Rituale stattfinden. Sie leben gewöhnlich daheim bei ihren Familien und nicht selten in einem anderen Dorf und kommen nur für die Riten zum Tempel. Klöster im eigentlichen Sinne mit

---

[44] David Snellgrove, 1961.

zahlreichen Gebäuden und einer ständig dort ansässigen Mönchsgemeinschaft gibt es nicht. Auch im heute benutzten „Neuen Kloster" von Lo Manthang wohnen die Mönche nicht. Der Besucher muß daher in Mustang stets zuerst nach dem „Schlüssel-Lama" oder einem Kustoden fragen, bevor er sich auf den Weg macht, denn meist trifft er diese nicht am Ort selbst, sondern in einem benachbarten Dorf an! Im südlichen Tukche steht der Haupttempel außerhalb der kleinen Siedlung. Oft sind die Gömpas nur kleine Einsiedeleien.

Grundsätzlich muß in Mustang, wenn wir dies richtig sehen, zwischen Mönchen und Laien-Priestern unterschieden werden. Die zölibatär lebenden Mönche, gewöhnlich der zweite Sohn einer Familie[45], sind nicht von vornherein in allen Gömpas die „Lama-Priester". In nicht wenigen Siedlungen werden die Tempel und Schreine von Laien-Priestern betreut, die verheiratet sind und ihr Amt innerhalb der Familie weitervererben, d. h. auf den jeweils ältesten Sohn im Hause übertragen. Oft sind es mehrere solcher „Priesterfamilien" an einem Ort, die gewöhnlich der Nyingmapa- oder auch der Bön-Tradition angehören[46]. Die Laien-Priester kommen aus den seit langem am Ort lebenden Familien, sie sind als angestammte Einwohner zuerst Bauern und „nebenbei" Priester und Kustoden der lokalen Gömpa, während die Mönche, insbesondere die Sakyapa-Lamas, häufiger von auswärts kommen und eher „hauptberuflich" tätig sind.

Man hat diese im buddhistischen Nepal bei verschiedenen Volksgruppen anzutreffenden Vertreter des „weltlichen Klerus" gegenüber dem (voll ordinierten) „Mönchs-Klerus" treffender noch als „householder-priests" abgegrenzt. Am Beispiel des Bön-Dorfes Lubra, das sicherlich in der sozioreligiösen Landschaft von Mustang eher eine Ausnahme darstellt (als „priestly community"), werden Struktur und Herkunft dieses religiös-weltlichen „Doppellebens" besonders deutlich.[47] Das erbliche Priesteramt im nichtzölibatären geistlichen Stand ist fraglos zugleich Ursache und Wirkung für eine solche Entwicklung.

---

[45] Charles Ramble, Kathmandu 1993: "recruited from any of the higher ranks". Was damit hinsichtlich der sozialen Herkunft genau gemeint ist, bleibt freilich unklar.

[46] So z. B. in Chönkhor in der Muktinath-Gegend und in Lubra. Charles Ramble, 1993, spricht hier von "priestly communities".

[47] Siehe vorangehend bei der Darstellung des Bön in Mustang und unter Lubra im Kapitel „Orte und Routen".

Eine wichtige Rolle im religiösen und gesellschaftlichen Leben spielen diese householder-priests – abgesehen davon, daß sie oft weit und breit (an Stelle der Lamas) die einzigen Tempelpriester und -Kustoden sind – außerhalb der Gömpas. Als Haus-Seelsorger und Ritualexperten werden sie zu bestimmten Anlässen auch in andere Dörfer eingeladen, wo sie oft seit Generationen feste Priester-Patron-Verhältnisse unterhalten. Buddhistische Lamas im Thakkhola und Baragaon haben Gurung-Patrone bis nach Pokhara und reisen auch regelmäßig so weit nach Süden. Solche Beziehungen entstehen, wenn eine Familie einen renommierten Priester für bestimmte häusliche Rituale engagiert und diese Kontakte dann auf beiden Seiten von den folgenden Generationen fortgeführt werden. Der Reisende wird in Mustang solchen householder-priests mehrfach begegnen, während „Mönche" oder „Lamas" nach unserer üblichen Vorstellung gewöhnlich der Sakya-Schule angehören, deren monastische Organisation im heutigen Lo freilich schon insoweit von den Verhältnissen in Tibet abweicht, als die Mönche nicht bzw. nicht mehr (wie in den größeren Gömpas von Lo Manthang, Namgyäl und Tsarang) als Klostergemeinschaft zusammenleben.

Die Sakyapa in Tibet und Mustang

Innerhalb der tibetischen Kultur- und Religionsgeschichte nimmt – vor allem auf der historisch-politischen Ebene – die Sakya-Schule eine ganz besondere Stellung ein. Gegründet wurde sie durch die auf dem Territorium des späteren Sakya-Klosters lebende Khön-Familie. Diese führte ihren Ursprung auf göttliche Abstammung zurück und stellte schon im 8. Jahrhundert mit Nagarakshita einen der ersten sieben – durch den Heiligen Padmasambhava und den aus Indien stammenden Abt Shantarakshita im Kloster Samye ordinierten – tibetischen Mönche.

1073 gründete Könchog Gyälpo (1034–1102), der Repräsentant dieser lokalen Herrscherfamilie und Schüler des bedeutenden Übersetzers buddhistischer Sanskrittexte ins Tibetische Drogmi (tib. *'Brog-mi*) Lotsawa (gest. 1074), die religiöse Schule von Sakya – den zweiten Reformorden im tibetischen Buddhismus nach der dem großen Atisha folgenden Kadampa-Schule vom Kloster Reting (1056). Unter Könchog Gyälpo wurden zahlreiche indische Texte übersetzt, neue Tantralehren übernommen und die hochgeachteten Lehren der Kadampa integriert. Von Könchog Gyälpo ging nach dessen Tod die Abtwürde und die Rolle des Hierarchen dieser durchaus theokratisch gearteten Priesterherrschaft auf seinen Sohn Künga Nyingpo (1092–1158) über, der – wie auch seine Nachfolger – wegen seiner Weisheit und Gelehrsamkeit als Emanation Manjushris angesehen wird. Sein Sohn Sonam Tsemo (1142–1182) und dessen Bruder Drakpa Gyältsen (1147–1216) waren die nächsten Lama-Fürsten dieser durch Erbfolge (!), nicht durch Reinkarnation fortgesetzten Übertragungslinie, die schließlich mit dem großen „Sakya Pandita" (1182–1251), einem Enkel von Künga Nyingpo, in eine neue, weit über das eigentliche Sakya-Territorium hinausreichende Phase eintritt.

Dieser vielseitig gebildete und tolerante Mönchsgelehrte war im Jahr 1244 – nach ersten tibetisch-mongolischen Kontakten im lamaistischen Tanguten-Reich von Xixia um 1215 – vom Mongolen-Fürsten Gödan Khan, einem Enkel von Dschinghis Khan, aufgefordert worden, in die Mongolei zu kommen, um dort den Untertanen Religion und Moral beizubringen. Sahen die tibetischen Lamas diese Beziehungen in religiös-missionarischer Motivation, so hatten jene auf mongolischer Seite auch handfeste politische Hintergründe, nämlich im Wunsch nach tibetischer Hilfe wie etwa der Sicherung der westlichen Nachbarregionen bei ihren Feldzügen nach Süden. Sakya Pandita, der „Gelehrte von Sakya", blieb fünf Jahre in der Mongolei und schuf damit die wesentliche Basis für die unter seinem genialen Neffen und Nachfolger als Sakya-Hierarch, Pagpa (1235–1280), noch erheblich ausgebauten Beziehungen. Pagpa folgte 1253 einer Einladung zu dem mongolischen Prinzen und späteren Kaiser Khubilai Khan (Regierungszeit: 1260–1294). Damals war Karakorum Hauptstadt, es wurde 1264 durch Ta-tu nahe Peking ersetzt. Erst 1271 begründete Khubilai Khan dann die chinesische Yüan-Dynastie – bereits 1254 erhielt Pagpa für Sakya die Oberhoheit über Tibet. Damit wurde Sakya der einzige Repräsentant mongolischer Interessen in Tibet und dominierte als „Staat im Staate" für rund ein Jahrhundert die Geschicke auf dem Dach der Welt. Der jeweilige Hierarch von Sakya war der oberste Feudalfürst unter mongolisch(-chinesisch)er Suzeränität.

Die in der heutigen chinesischen sowie der westlichen und exiltibetischen Geschichtsschreibung höchst kontrovers gesehene Beziehung zwischen den Mongolenherrschern in Peking und den Lamafürsten von Sakya wird als „Patron-Priester-Verhältnis" gedeutet, wonach im beiderseitigen Interesse die bilaterale Existenz von Yüan-China und Sakya-Tibet durch „Geben und Nehmen" geregelt war: die Sakya-Macht in Tibet war legitimiert und garantiert durch die neuen Herrscher über China, die ihrerseits

– als Mongolen – höchst bereitwillig die Sakya-Mönche als kaiserliche Seelsorger, Tutoren sowie offizielle buddhistische und für die Administration Tibets zuständige Beamte willkommen hießen. Durch die Ernennung von Pagpa zum Reichslehrer (chin. *Kuo-shih*) im Jahre 1260 gewann der lamaistische Buddhismus größeren Einfluß. 1264 wurde in Peking ein „Büro für buddhistische und tibetische Angelegenheiten" eingerichtet, das das Verhältnis zum buddhistischen Klerus in China und die territoriale Administration für Tibet regelte. Pagpa, der „Dharma-König von Tibet", wurde bereits mit 19 Jahren der geistliche Lehrer von Khubilai Khan und gab ihm die Einweihung in das Tantra des Hevajra, der Titulargottheit der Sakya-Schule. Nach seinen Vorstellungen sollte der Yüan-Kaiser als derzeitige Manifestation eines Chakravartin, des Weltenherrschers, im Sinne eines sakralen Königtums gelten und er selbst – ein Stellvertreter des Buddha – als höchster Lehrer in diesem Zeitalter.

Mit der Ernennung von Pagpa, dem „Großen kostbaren Dharma-König", zum „Kaiserlichen Lehrer" (*Imperial Preceptor*, tib. *Ti-shri*, chin. *Ti-shih*) im Jahre 1270 wurde eine bis zum Ende der Yüan-Dynastie (1368) bestehende Institution der kaiserlichen Regierung geschaffen, bei der stets ein Sakya-Lama, wenngleich nicht immer aus der Khön-Familie, als kaiserlicher Hofbeamter die Interessen der mongolischen Yüan-Herrscher in Tibet vertrat. Der Ti-shri residierte in einem Lamakloster innerhalb der Kaiserstadt in Peking. Seine Verfügungen hatten in Tibet zwar kaiserliches Gewicht und seine Befehle standen unter kaiserlicher Autorität, aber ihre De-facto-Macht in Tibet war sehr begrenzt und erschöpfte sich überwiegend in der Bestätigung von Landbesitz und Privilegien. Die innertibetische, weitgehend unabhängige Regierungspolitik wurde davon nicht direkt berührt.

Der eigentliche weltliche Verwalter und Regent war der (nur in tibetischen Quellen erwähnte) Sakya Ponchen (tib. *dPon-chen*). Gewöhnlich ein Laie und auf Vorschlag des Ti-shri und des Sakya-Klerus ernannt, regierte er innerhalb des Sakya-Territoriums unabhängig und selbständig, außerhalb dieses Bereichs als kaiserlicher Beamter unter Kontrolle einer dem „Büro für buddhistische und tibetische Angelegenheiten" unterstellten Behörde in Sakya. Die Herrschaft der chinesischen Yüan-Dynastie mongolischer Herkunft in Tibet war nur eine indirekte, lockere Kontrolle. Auch eine kaiserliche Investitur mit chinesischen Titeln, auf die sich die Pekinger Geschichtsschreibung und Politik – und nicht erst heute – so gerne beruft, war allenfalls eine Formalität. Man setzte letztlich nur auf höherer Ebene die Patronatsverbindungen verschiedener religiöser Schulen bzw. Stammklöster mit mongolischen Fürsten fort, wie sie schon vor Beginn der Yüan-Dynastie in Tibet existiert hatten. Die Sakya-Herrschaft des 13./14. Jahrhunderts in Tibet ging in gewissem Sinne der späteren Theokratie (1650–1959) voraus, indem – eng miteinander verflochten – die religiöse und die weltliche Administration von einem Ort aus das Land regierte. Diese einmalige Struktur der Sakyapa blieb auch nach ihrem politischen Niedergang um die Mitte des 14. Jahrhunderts im großen und ganzen erhalten. Aus Fehden mit anderen religiösen Schulen hielt man sich heraus und unterhielt stets gute Beziehungen zu den Gelukpa und zu den Dalai Lamas.

Der seit 1959 im indischen Exil lebende 41. Repräsentant der autokratisch herrschenden königlichen Khön-Familie seit Könchog Gyälpo, der 1945 geborene „Sakya Trizin" („Thronhalter von Sakya") Ngawang Künga, hatte die eigentliche Macht im politischen wie im religiösen Bereich, obwohl er, was oft übersehen wird, nicht die regulären Mönchsgelübde ablegte und somit auch kein Abt in Sakya sein konnte, sondern streng kirchenrechtlich gesehen „nur" Laienanhänger (Sanskrit: *Upasaka*) ist. Dennoch ist er wie auch seine 40 Amtsvorgänger zugleich eine religiöse, noch dazu die der gesamten Sakya-Schule vorstehende Persönlichkeit und gilt sogar wie schon die „Fünf Großen Sakyapas" im 12./13. Jahrhundert als lebender Bodhisattva Manjushri. Im Alter von sechs Jahren wurde er – durch natürliche Erbfolge, nicht innerhalb einer Reinkarnationslinie – zum „Sakya Trizin" bestimmt und 1959 kurz vor der Flucht in Sakya formell inthronisiert. 1974 heiratete er und lebt heute mit seiner Frau und seinen beiden Söhnen in einer klösterlichen Residenz als religiöser erster Lehrer der Sakya-Tradition, ähnlich den Tulkus (tib. *sprul-sku* „Inkarnation") der anderen tibetisch-buddhistischen Schulen.

Bis 1950 bildete das schon früh in einige Zweige innerhalb der Khön-Familie aufgeteilte Sakya-Fürstentum eine politisch autonome Einheit mit etwa 16.000 Einwohnern (davon ca. 7000 in Sakya selbst) und weiteren elf einzelnen Territorien in ganz Tibet, insbesondere in Kham. Außerhalb Tibets kam es in den Himalayaländern nur selten zu Sakya-Gründungen, mit Ausnahme der kulturell zu Tibet gehörenden Regionen im nördlichen Nepal, vor allem Mustang und Dolpo. Und dies ganz überwiegend dank des oben schon genannten größten Mönchsgelehrten der Sakya-Überlieferung, des **Ngorchen Künga Zangpo** (1382–1456).

Ngorchen Künga Zangpo (1382-1456)

Ngorchen Künga Zangpo (tib. *Ngor-chen Kun-dga' bzang-po*) kam aus Sakya und gründete 1429 das Kloster Ngor (tib. *Ngor*) südwestlich Shigatse mit einer eigenen Sakya-Zweigschule, der „Ngor-pa", die sich freilich nur in einigen rituellen Eigenheiten vom „Stammkloster" in Sakya unterschied. Er machte das – nach der völligen Zerstörung in der „Kulturrevolution" heute wieder teilweise aufgebaute – Ngor-Kloster zu einem Zentrum tantrischer Gelehrsamkeit, gab bedeutende Unterweisungen zu den Vier Höchsten Yoga-Tantra-Klassen, entwickelte vor allem bestimmte Mandala-Rituale und -Bildzyklen, wie sie in den Tantras beschrieben werden, und förderte die in den Sakya-Zentren (vor allem Sakya-Ngor und das nordöstlich von Lhasa gelegene Nalanda – in der Reihenfolge ihrer Bedeutung) so zentralen Lamdré-Unterweisungen, zu denen auch viele Mönche eigens von außerhalb kamen. Diese Schule von Ngor pflegte eine eher puristische Sakya-Tradition. So unterwies sie z. B. weder Mönche anderer Schulen, noch übernahm sie bestimmte Lehren von ihnen. Die Ngor-Überlieferung existiert auch nach 1959 im indischen Exil weiter, wo sie der 77. Abt der „Linie" in einem neu erbauten Kloster in Dehra Dun fortführt.

Nach Vorbild der Sakya-Schule pflegte man im Kloster Ngor insbesondere die Mandala-Rituale und -Malereien. Letztere gehören als heute noch erhaltene Thangkas zu den schönsten Mandala-Bildern überhaupt. Nach der Biographie des Ngor-Abtes Sanggye Püntso (tib. *Sangs-rgyas phun-thsogs, 1508–1568*) hatte Künga Zangpo um 1429 die sechs in dieser Kunst besonders meisterhaften Vanguli-Brüder aus Nepal zur Ausmalung des Ngor-Klosters eingeladen, die hier einen kompletten Zyklus von 26 Mandalas nach dem liturgischen Handbuch Vajravali-nama-mandala-sadhana schufen.

Ngorchen Künga Zangpo oder Anandabhadra, „Der mit Glückseligkeit Gesegnete", wie sein Name auf Sanskrit lautet, oder mit vollem tibetischen Ehrentitel und Namen Jetsün Dorje Chang Chenpo Künga Zangpo („Der heilige große [Buddha] Vajradhara Künga Zangpo") – was ihn mit dem Ursprungsbuddha der Übertragungslinie des Dorje Chang (Sanskrit: *Vajradhara*) gleichsetzt – besuchte dreimal das Gebiet von Lo Manthang (1427, 1436, 1446/47), wo er eine Renaissance des Buddhismus einleitete. Er „brachte die Menschen vom Jagen und Fischen ab und untersagte ihnen das Opfern von Blut und Fleisch ... und den Mönchen den Genuß von Bier und Fleisch ... . Er setzte viele Male das Rad der Lehre in Bewegung"[48]. Als er, vom Gründer der Lo-Dynastie Amepal eingeladen, 1427 erstmals nach Mustang kam, brachte er heilige Schriften mit, gründete das (heute nicht mehr identifizierbare) Kloster Tengchen Düldra (tib. *sTeng-chen 'dul-grva*) und weihte zwölf Mandala-Wandmalereien eines Kandschur Lhakhang. „Insbesondere lud [Amepal] Ngor-chen rdo-rje-'chang Kun-dga'-bzang-po [nach Lo] ein und verehrte [ihn] als seinen obersten religiösen Lehrer", heißt es in einer „Geschichte der Lo-Herrscher"[49]. „Er [Künga Zangpo] ernannte im Jahr des Schafes [1427] Chaksang zu seinem Stellvertreter in Sakya und ging nach Lo, von wo er nach sechs Monaten zurückkehrte.

Da es damals in Lo noch keinen vollständigen Kandschur gab, stellte er selbst einen solchen zusammen ... ," so heißt es in seiner Biographie[50], und diese Feststellung erscheint auch in dem Kandschur-Katalog, den Künga Zangpo verfaßt hat. Aus diesem und den darin verzeichneten Texttiteln ist abzuleiten, daß damals in Mustang eine eigene handschriftliche Tradition bestand[51]. Bei einem zweiten Besuch im Jahr 1436 führte der „Vajradhara unseres Zeitalters der Zwietracht" Texte der Sakya-Schule mit,

---

[48] Übersetzt nach einem von Michel Peissel (1968, p. 228) zitierten Molla-Text.

[49] „Tsarang Molla" (David Jackson, 1984, p. 147).

[50] Hier übersetzt nach Michel Peissels englischer Ausgabe (1968), S. 245. Peissel bezieht sich dabei auf eine in seinem Besitz befindliche tibetischsprachige Biographie des „Großen Sakyapa Lama Ngorchen Kunga" eines Sanji Püntso von 1508 (oder 1568), der Autor heißt nach Jackson, Dharamsala, 1984, tibetisch *Sangs-rgyas-phun-tshogs.*– Nach derselben Quelle (David Jackson, 1984) war Giuseppe Tucci im Besitz einer Künga Zangpo-Biographie, in der dessen und König Amepals Verdienste um die Einführung des Buddhismus in Mustang erwähnt werden

[51] Helmut Eimer, 1992, im Druck.

hielt religiöse Versammlungen ab, lud hohe Geistliche aus Guge, Purang und Spiti (Westhimalaya) ein und bemühte sich intensiv, die Lehre des Buddha in Mustang auf ein hohes Niveau zu bringen. Über diesen zweiten Besuch in Lo sagt uns der Biograph: „Sie [Amepal und Künga Zangpo] erörterten die Herstellung des Kandschur, der in Gold zu schreiben begonnen wurde ...“[52]. Erst elf Jahre später waren alle Bände fertig: „Im Jahr des Hasen [1447][53] besuchte er [Ngorchen] Lo zum dritten Mal, eingeladen von dem großen Gönner der Lehre, Angun Zangpo [Amepals Sohn], und sie besprachen die Herstellung eines vollständigen Kandschur und Tandschur. Der Gold-Kandschur war bereits vollendet, und er machte einen Katalog von diesen Bänden.“ Bei dieser dritten Einladung nach Lo besuchte Künga Zangpo – laut einem in der Gelung Gömpa[54] erhaltenem Dokument von 1446 – persönlich Lo Manthang, Tsarang und Gelung und gründete dort die heute noch bestehenden Tempel.

Künga Zangpo war eine Zeitlang Schüler des Gelukpa-Gründers Tsongkhapa (1357–1419), unter dessen persönlicher Anleitung er den berühmten Text „Die große Darlegung des stufenweisen Pfades“ (tib. *Lam-rim chen-mo*) studierte – ein Beweis auch für die engen geistigen und monastischen Beziehungen zwischen den Sakyapa-Schulen und den damals neuen Lehren der Gelukpa. Er verfaßte Abhandlungen über die höchsten Tantrazyklen des Guhyasamaja, Hevajra und Samvara.

Die Situation des Buddhismus in Mustang in der Zeit vor 1400 liegt weitgehend im Dunkeln, obgleich die Lehre hier schon spätestens im 11./12. Jahrhundert verbreitet gewesen sein muß, nachdem unter einer Enkelgeneration der zentraltibetischen Yarlung-Dynastie die westtibetischen Reiche von Guge, Mangyul und Purang entstanden waren; in das weitere Einzugsgebiet des letzteren gehörte auch die Region von Lo. Als Lo für kurze Zeit das neben Ladakh und Guge im 10. Jh. entstandene und zeitweise völlig unabhängige westtibetische Königreich Purang (südlich des

---

[52] Der heute noch im Königspalast von Lo Manthang aufbewahrte, mit herrlichem Silberbeschlag geschmückte Prachtband dürfte zu diesem Kanon gehört haben. Übersetzung der Biographie hier nach Michel Peissel, 1968, p. 245.

[53] In der Literatur werden für Künga Zangpos dritten Besuch in Lo die Jahre 1446 oder 1447 genannt: Giuseppe Tucci (1956, p. 17, 19) 1446 bzw. 1447; David Jackson (1984, p. 42, 123) 1446 bzw. 1446/47; Helmut Eimer (1993) 1447. Wahrscheinlich hielt sich Künga Zangpo Ende 1446/Anfang 1447 in Lo auf.

[54] Giuseppe Tucci, 1956, p. 17.

Manasarovar-Sees, um den heutigen Ort Taklakot) besetzte, übergab König Angun Zangpo das bedeutende, noch heute existierende Kloster Kojarnath (19 km östlich Taklakot, dicht an der heutigen Grenze zu Nepal), das damals zur Drigung Kagyüpa-Schule gehörte, an Ngorchen Künga Zangpo und seine Ngor-Schule, vermutlich während dessen drittem Besuch in Lo 1446/47.[55]

Lehren und religiöse Praxis der Sakyapa

Zwischen den einzelnen Schulen im tibetischen Buddhismus bestehen keine wesentlichen Unterschiede. Verschieden sind freilich die Überlieferung (englisch „lineage"), die am Anfang der jeweiligen Übertragungslinie stehenden oft indischen Meister und bestimmte Rituale. Eine ebenso grundlegende wie umfassende Textsammlung der Sakyapa ist das „Kompendium der Tantras", das auf den Lehren und Überlieferungen aller tibetisch-buddhistischen Schulen basiert und 315 große Einweihungen und 25 umfangreichere Kommentare enthält. Die Lehren der Sakyapa beruhen im wesentlichen auf der Manjushri-Überlieferung, dem tantrischen Hevajra-System und vor allem dem „Lamdré" (tib. *lam-'bras*), der Lehre vom „Weg und Ziel"[56]. Letztere Schriften enthalten die vollständigen Anweisungen, nach denen ein gewöhnlicher, noch nicht mit dem spirituellen Weg vertrauter Mensch den Weg der Erkenntnis bis zur Erlösung beginnen kann.

Es gilt – im Sinne des esoterischen Buddhismus –, das Ziel des Weges ganz im Weg selbst zu finden. Und dies auf verschiedene Weise: die einen mögen sich *direkt* auf den tantrischen Pfad zu begeben, andere durchlaufen die üblichen Praktiken der Meditation usw. Die „Lamdré-Lehre" besteht aus einer vorbereitenden „Dreifachen Vision" und aus dem „Dreifachen Tantra" als Hauptteil. Die „Dreifache Vision" ist in eine Unreine, eine Erfahrungs- und in eine Reine Vision gegliedert. Davon behandelt die **Unreine Vision** den vorbereitenden Weg, d. h. die allgemeine Bedeutung zyklischen Seins, die Leiden zyklischen Seins, die Schwierigkeiten der kostbaren Geburt als Mensch und die Unbeständigkeit des Seins. Die **Erfahrungsvision** bezieht sich auf diejenigen, die schon den Pfad betreten haben, während die **Reine Vision** das Ziel, das „Ergebnis"

---

[55] Nach Luciano Petech, 1980, p. 109.

[56] Andere Deutungen sprechen vom „Weg als Ziel" oder „Weg und Frucht".

des Pfades beschreibt, d. h. die Art und Weise, wie der gewöhnliche, dem zyklischen Sein verhaftete Mensch, der den geistigen Weg betreten hat und ihn praktiziert, das Ziel erreicht. Nach diesen vorbereitenden Übungen erhält der Schüler die Bodhisattva-Gelübde und die wichtigsten tantrischen Ermächtigungen. Letztere erlauben dem Übenden nunmehr das Studium und die Praxis des Hauptteils, des „Dreifachen Tantra".

Als der Begründer und Adi-Guru der Lamdré-Überlieferung wird der Mahasiddha Virupa (tib. *Bir-wa-pa*, „Der von mannigfaltiger Gestalt") verehrt, der „Meister der Dakinis", der um 800 n. Chr. als buddhistischer Mönch und später als wundervollbringender Yogin in Ostbengalen lebte. Von ihm kam die tantrische Lamdré-Tradition über die berühmten indischen Meister Naropa und Gayadhara an den Übersetzer Drogmi, der sie dem ersten Sakyapa, Könchog Gyälpo, im 11. Jahrhundert vermittelte.

Lamdré ist wie *Madhyamika* („Mittlerer Weg", d. i. die Lehre von der Leerheit), *Mahamudra* („Großes Siegel" – das Wissen um die Leere, die Freiheit vom Samsara) und *Dzogchen* („Große Vollendung") eine bestimmte Methode, die Buddhanatur zu erlangen: der Weg der Untrennbarkeit von Samsara und Nirvana. Es ist eine systematische Darstellung und Anweisung für die Praxis der Sutra- und Tantralehren, wobei die wesentlichsten Methoden auf das Hevajra-Tantra zurückgehen.

Der stets mit seiner mystischen Partnerin Nairatmya in Yab-Yum-Form – gewöhnlich stehend mit Schädelschalen in den 16 Händen – dargestellte Hevajra ist die Titulargottheit der Sakya-Schule und allgemein eine der zentralen Initiationsgottheiten des diamantenen Buddhismus, die höchstes tantrisches Wissen vermittelt. „Wenn der Yogin ihn auf seiner Suche nach der höchsten Erkenntnis als Großes Symbol (Mahamudra) des Universums verstehen lernt, wird er die vollkommene Befreiung erlangen"[57]. Und im Text des Hevajra-Tantra heißt es: „Die Gesamtheit der Existenz entsteht in mir, in mir entsteht die dreifache Welt. Durch mich ist alles dies durchdrungen, und aus nichts anderem besteht diese Welt." Als zornvolle persönliche Schutzgottheit (tib. *Yi dam*) verkörpert Hevajra gemäß tibetischen Texten die Vereinigung – und ihre Essenz – von Weisheit und Methode, die sich in der Großen Glückseligkeit (Mahasukha) vollendet. Im Namen „He-vajra" ist die schwer übertragbare Anrufungsformel „He" und das Diamantwesen „Vajra" enthalten. „Die Anrufung des Einen (Absoluten) in

[57] D. I. Lauf, Das Erbe Tibets, Bern 1972.

Gestalt eines Vajra“ mag als ungefähre Übersetzung gelten. Durch Anrufung und Ritual soll das Göttliche gegenwärtig gemacht werden.

Dazu dient der etwa im 9. Jahrhundert entstandene Text des Hevajra-Tantra, der wie Guhyasamaja, Chakrasamvara und Kalachakra zu den sogenannten Höchsten Anuttara-Yogatantra-Klassen und damit zu den am höchsten entwickelten Lehrsystemen und Ritualtexten im tantrischen Buddhismus gehört. Das Hevajra-Tantra setzt wie auch die anderen drei Systeme wegen seines hohen philosophischen Gehalts und seiner tiefen, differenzierten Welterfahrung eine mehrjährige Übung und Vorbereitung in der buddhistischen Theorie und Praxis voraus. Die komplizierten symbolträchtigen Texte, das darin enthaltene Wissen und die tantrischen Praktiken haben stark esoterischen Charakter und dürfen nur von Eingeweihten gelesen, gehört und vollzogen werden. Im Studium bzw. im Ritual folgt der Übende auf seinem Erkenntnisweg stufenweise der Lehre dieses Tantra.

In den Sakya-Klöstern begegnen wir immer wieder der Gottheit Hevajra als Wandmalerei, auf Thangkas oder als Bronzefigur. Im „Tanzschritt“ zertritt Hevajra mit seinen vier Beinen die Feinde der Lehre, die er damit symbolisch unterwirft. Auf seinen acht Gesichtern erkennt man das Dritte Auge, Sinnbild für die Vereinigung von Mitleid und Weisheit. Die Schädelkrone des obersten Kopfes endet in einem Doppelvajra (Vishvavajra), dem Thronsitz des Buddha Akshobhya, als dessen zornvolle Emanation Hevajra gilt. Die Hände der zwei, vier, sechs, jedoch meist sechzehn Arme halten Schädelschalen (Kapala) mit verschiedenen Attributen: Elefant, Pferd, Stier, Esel, Kamel, Löwe, Katze, Mensch, die vier Elemente Erde, Wasser, Luft und Feuer, Mond und Sonne, die Gottheiten Yama und Vaishravana, die den acht Lokapalas (Weltenhüter der Himmelsrichtungen) und den acht Planeten entsprechen.

Der die blaufarbene Gottheit umlodernde Flammenkranz versinnbildlicht das aktive, „erkennende“, die Unwissenheit und die geistigen Trübungen verbrennende Bewußtsein. Die weibliche Partnerin Nairatmya, „die ohne Selbst ist“, verkörpert die höchste Weisheit, die von der wahren Natur der Leerheit durchdrungen und frei von Begierde ist und sich von aller Anhaftung losgelöst hat. Ihre Attribute sind die Fünf-Schädel-Krone, das Stirnauge, Hackmesser und Schädelschale. Wie alle Yab-Yum-Gottheiten versinnbildlicht das Hevajra-Nairatmya-Paar die absolute Untrennbarkeit der tantrischen Polarität, die Vereinigung *und* Aufhebung der Gegensätze, die

Einheit – und die Befreiung – von Existenzkreislauf (Samsara) und Erlösung (Nirvana). Die Unio mystica des göttlichen Paares erlebt nur derjenige, der die beiden Teile, das Männliche und das Weibliche, als gleiche Aspekte des Einen versteht, so wie Tag und Nacht, Himmel und Erde, Leben und Tod nur die verschiedenen, voneinander untrennbaren Erscheinungen einer höheren Einheit sind. Und weit zurück in die indische Geistigkeit reichen diese Urerfahrungen: „Das Eine, die selige Identität (Sanskrit: *samata*) im gemeinsamen Genuß (*sama-rasa*) erreichen, wenn beide das Bewußtsein für das, was außen oder innen ist, verlieren" (Brihadāranya-Upanishad 4, 3, 21).

Religiöse Bau- und Bildkunst

Bezeichnend für die historische und religionsgeschichtliche Entwicklung in Mustang ist, daß die frühesten Zeugnisse der religiösen Bau- und Bildkunst in dieser entlegenen Region, weitab von den tibetischen Kulturzentren zwischen Sakya und Lhasa, erst im 14. Jh. entstanden sind, und zudem auf der Ebene monastischer „Primitivformen" wie der der Fels-Einsiedeleien (z. B. Luri Gömpa). Zu jener Zeit waren die sakrale Architektur und Bildkunst in Tibet schon hoch entwickelt und hatten gültige kanonische Gestalt im Tempel- und Klosterbau, in der Stuck- und Bronzeskulptur und in der Wand- und Thangka-Malerei gefunden. Das noch weiter im Westen liegende, hoch kultivierte tibetische Königreich Guge hatte sein erstes, stark von der Kunst und Geistigkeit Kaschmirs geprägtes Goldenes Zeitalter (11. Jh., Tholing) längst hinter sich, die zweite Blütezeit des 15./16. Jhs. sollte erst folgen.

Architektur

Die ältesten, „höfischen" Tempelbauten gehen auf die Zeit der Mustang-Mission des großen Sakya-Lama Ngorchen Künga Zangpo zurück (1427/47): Die aus luftgetrockneten Ziegeln errichteten kubischen, fast fensterlosen, bis drei Stockwerke hohen Stadttempel von Lo Manthang, nämlich der Jampa Lhakhang und der Thubchen Lhakhang, gleichen den damaligen Sakralbauten Südtibets in Sakya, Shalu und Gyantse. Ihre relativ schmalen Hauptversammlungshallen deuten auf – auch schon vor 500 Jahren – kleinere, der geringen Einwohnerzahl Mustangs entsprechende Mönchsgemeinschaften hin. Vorhöfe mit umlaufenden Galerien sind für Festlichkeiten wie z. B. Maskentänze und zur Aufnahme von Pilgern angelegt. Das Bauholz für die Flachdecken und für die mit kunstvollen Kapitellen und Dekor geschmückten Pfeiler und Portal-Laibungen mußte aus dem südlichen Thakkhola (bei Tukche) auf mühsamen Wegen herangeholt werden. Das tibetische Flachdach blieb die Regel. Die für die tibetischen Klöster so charakteristischen aufwendigen Glasurziegel- oder metallverkleideten Giebeldächer nach ursprünglich chinesischer Art fanden in Mustang nie Verwendung. Größere Tempelgebäude blieben ohnehin nur auf die Residenzen der Lo-Rajas – Lo Manthang und das nahe Namgyäl-Kloster sowie Tsarang – beschränkt. Ihre wuchtige quaderhafte und geradezu festungsartige Bauweise mag man auf das Stammkloster der Sakya-Schule zurückführen, das auch das Vorbild abgab für die den Sakya-Bauten so eigene mehrfarbige Streifenbemalung der Außenmauern (Namgyäl Gömpa, Tsarang): Graublau steht für die diamantene Stärke und Unzerstörbarkeit der Lehre Buddhas (Bodhisattva Vajrapani), Rot für die vollkommene Weisheit der Buddhanatur (Bodhisattva Manjushri), Weiß für die barmherzige Güte des Bodhisattva (Avalokiteshvara). In Mustang kommt, wie z. B. am Neuen Kloster (Chöde Lhakhang) in Lo Manthang, zuweilen noch ein gelber Streifen hinzu. Die Mehrheit der Tempelbauten ist aber außen durch die für die religiösen Bauten Tibets charakteristische „sakrale" rote Farbe gekennzeichnet.

Neben diesen „Königsklöstern" finden wir in Mustang vor allem die meist kleinen, in der Ausführung gewöhnlich bescheidenen Dorf-Gömpas wie z. B. in Gelung, Dzarkot, Tetang oder Garphu. Größere Bauten nach Art nordafrikanischer Kasbah-Burgen wie in Kagbeni sind die Ausnahme und zeigen die einstige wirtschaftliche Bedeutung solcher Orte an der Handelsroute zwischen Tibet und Indien.

Sieht man vom Pilgerort Muktinath ab, sind die Dorftempel nur während bestimmter Rituale „aktiv", da auch hier die – wenigen – Mönche nicht klosterartig an der Gömpa, sondern bei ihren Angehörigen daheim im Dorf wohnen. Die Tempel sind also meist geschlossen. Nicht wenige werden von Laien-Priestern sowie -Kustoden betreut, die im Unterschied zu Tibet, Bhutan oder Ladakh auch bei den Ritualen priesterliche Funktionen ausüben. Diese Laien spielen in ganz Mustang zwischen Marpha und Lo Manthang eine wesentliche Rolle im religiösen Leben. Sie unterstützen materiell und aktiv den Tempelbetrieb, die Zeremonien und die Feste über das Jahr. Oft werden die der Dorfgemeinschaft gehörenden Dorftempel von einem zum Kurator ernannten Laien betreut, dem sogenannten Konyer (tib. *dkon-gnyer*), der auch rituelle Funktionen wie das tägliche Neuauffüllen der Wasserschalen und das Opfer der Butterlampen ausübt.

Die vielen frühgeschichtlichen Höhlen in Mustang mögen die Anlage zahlreicher Einsiedeleien in den Felswänden begünstigt haben. Die wegen ihrer künstlerisch bedeutenden Malereien des 14. Jhs. so sehenswerte, schön gelegene Luri Gömpa am oberen Pyon-Khola-Flußlauf verdient besondere Beachtung, zumal ihre Ausstattung nach dem stilistischen Befund noch der Zeit vor König Amepal angehören dürfte. Andere Eremitagen, wie Nyiphu nördlich von Lo Manthang, diejenige bei Tshuksang auf dem Wege nach Tetang oder das Grottenheiligtum Rangchyung Chörten südlich Gelung sind aufgrund ihrer schlichten Ausgestaltung nicht historisch bestimmbar, gehen aber wie im letzteren Beispiel der lokalen Überlieferung zufolge auf frühbuddhistische Zeiten zurück. Wie die Gömpas sind sie nicht ständig von Mönchen bewohnt, sondern werden nur für die Rituale und Pilgerbesuche betreut. Insofern sind es – zumindest heute – eher Fels-Gömpas als echte Einsiedeleien.

Als religiöse Bauten sind in Lo insbesondere die Stupas (*Chörten*, tib. *mChod-rten*) reizvoll. Durch ihre Regen und Schnee abhaltenden Schutzdächer und ihre oft buntfarbige Bemalung hat sich hier wie auch im benachbarten Dolpo ein charakteristischer Typus des tibetisch-buddhistischen Stupa entwickelt: der „Mustang-Chörten". Als Symbol für das Eingehen des Buddha ins Nirvana und für den Buddhaleib, den Buddha überhaupt, und für den Dharma, seine Lehre, als zahlreiche Tsa-tsa-Votivbilder enthaltender und ursprünglicher Reliquienschrein, als ritueller Ort heiligen Umschreitens, als Wegweiser zu heiligen Stätten, als Eingangstor zu den Siedlungen und als architektonisches Kosmogramm ist der Stupa auch in Mustang das bauliche Leitmotiv des lamaistischen Buddhismus.

Charakteristisch sind die Tor-Chörten (Kagani- oder Kani-Chörten)[58] vor oder in einem Ort, die man gleichsam in einem Prozeß spirituellen Erlebens, der Verinnerlichung der Buddhaessenz im buchstäblichen Sinne passiert, analog dem Durchschreiten eines Baptisteriums beim Betreten einer Kirche bei uns. Man tritt in das gebaute und in das – im Durchgang an der Decke dargestellte – gemalte Mandala ein, nimmt es in sich auf und wird auf diese Art mit dem heiligen Kosmogramm bzw. mit dessen Gottheiten im Sinne des tantrischen Buddhismus identisch. Architektur ist hier Bedeutungsträger, eine physisch und psychisch erfahrbare Anweisung der Erlösung. Der Chörten wird damit wie das Mandala ein Wandlungssymbol, auch wenn der „Durchgangsritus" (rite de passage) je nach Realisierungsniveau nur graduell vom einzelnen erlebt wird. Den ersten Tor-Chörten in dieser spezifischen Form auf dem Wege nach Mustang durchschreitet man in Kagbeni, der imposanteste führt den Pilger und Reisenden nach Tsarang ein (siehe Titelbild auf dem Einband). Andere wie in Tangye sind über

---

[58] Nach A. H. Francke, 1914, Vol. I, p. 87, könnte der Terminus Kagani von „Kha-gan", einer Korruption des Wortes Khanggani, auf deutsch „Tor", stammen. Diese Tor-Chörten findet man ebenso in Tibet und Ladakh.

einer Manimauer errichtet, also nur im Geiste zu durchschreiten. Beliebt sind die recht malerischen Stupa-Gruppen, insbesondere die Dreier-Chörten, Rigsum Gömpo (tib. *Rigs-gsum mgon-po*) genannt, die „drei (tib. *gsum*) Beschützer (tib. *mgon-po*) der Bodhisattvafamilien (tib. *rigs*)", welche die Bodhisattvas Vajrapani, Manjushri und Avalokiteshvara bzw. die mit ihnen verbundenen Bodhisattva-Tugenden Vajra-Stärke, vollkommene Weisheit und mitleidvolle Barmherzigkeit repräsentieren. Sie werden etwa zum Schutz eines Territoriums an topographisch exponierten Stellen errichtet, in kleinerer Form auch über Türen und Portalen. Sie stehen zugleich symbolisch für die drei verschiedenen Gruppen von Göttern und Dämonen: Nagas (tib. *Klu*), Fels- und Luftgottheiten (tib. *bTsan*) und Götter (tib. *Lha*).

Gruppen von acht Chörten wie in Tangye und Lo Manthang versinnbildlichen die acht wichtigen Stationen im Leben des Buddha: Geburt, Erleuchtung, die erste Lehrrede, das Wunder von Shravasti, Buddhas Herabstieg vom Trayastrimsha-Himmel, die Einkehr (Parileyyaka) von Vaishali, Zähmung des wilden Elefanten in Rajagriha und Eingang ins Nirvana.

Zur religiösen Architektur Mustangs gehören ferner die M a n i - M a u e r n (Mendong, tib. *man-thang ?*), deren längste und eindrucksvollste bei Gemi zu finden ist. Die mit Mantras und figürlichen Darstellungen geschmückten Manisteine sind nicht wie in Ladakh oben übereinander geschichtet, sondern seitlich nebeneinander gut sichtbar für den Vorbeigehenden angebracht.

Skulptur und Malerei

Künstlerisch bedeutende religiöse Bildkunst gibt es in Mustang im Gegensatz zu Tibet, Ladakh oder Bhutan nur an den Orten der königlichen Residenzen: in Lo Manthang und Tsarang. Hier trafen Auftraggeber, gelehrte Mönche und Künstler im Goldenen Zeitalter der Lo-Dynastie, dem 15. und 16. Jh., auf höchster Ebene zusammen. Die, wie Inschriften bezeugen, von Meistern aus Nepal (Kathmandu-Tal!) geschaffenen W a n d m a l e r e i e n im Jampa Lhakhang und Thubchen Lhakhang von Lo Manthang aus dem 15. Jh., die vor 1992 noch nie fotografiert oder untersucht wurden, gehören zu den bedeutendsten Kulturschätzen des Landes. Dies trifft vor allem für die Mandalas des Jampa Lhakhang (*tib. Byams-pa-lha-khang*, „Gotteshaus des [zukünftigen Buddha] Maitreya") zu, die stilistisch sehr an die Wandbilder des Tsuglagkhang und des Kumbum-Stupa im tibetischen Gyantse (um 1425/40) erinnern.

Hervorragende Wandmalereien aus dem 16. Jh. enthält auch die Tsarang Gömpa, in der wir zudem besonders kostbare Thangkas (Rollbilder) aus der gleichen Zeitperiode vorfinden; es sind die schönsten in Mustang. Noch heute werden wie einst in Tibet Thangkas außerhalb der Tempel bei Festlichkeiten öffentlich erklärt, wie z. B. bei den allmonatlichen Vollmond-Pujas in Lo Manthang. Die schon erwähnte wertvolle Ausmalung der Luri-Felsgömpa überrascht durch ihre hohe Qualität (14. Jh.), was hinsichtlich ihrer Lage abseits der Königsresidenzen von Lo Manthang und Tsarang und generell durch die Tatsache, daß es sich um die ältesten nachweisbaren erhaltenen Zeugnisse des Buddhismus in Mustang handelt, um so mehr ins Gewicht fällt.

An alten bedeutenden Skulpturen sind nur in Lo Manthang einzelne Stuckstatuen (Jampa Lhakhang) und eine monumentale bronzene Buddhastatue (Thubchen Lhakhang) erhalten geblieben. Und mit Ausnahme von Tsarang dürften auch früher schon die übrigen Orte in Lo kaum nach „tibetischem Maßstab“ hochwertige Bildwerke gehabt haben. Einige künstlerisch bemerkenswerte Tempelfiguren aus dem 16. und 17. Jh. findet man noch im dem eigentlichen Nepal näheren Süden: in der Kutsap Ternga (tib. *sKu-tshab-gter-lnga*) Gömpa und im Dorftempel von Cherok bei Marpha.

Als „mobile“ Sakralkunst verdienen ferner die meist kleineren Bronzefiguren Beachtung, von denen vorzügliche, meist aus dem 15. und 16. Jh. stammende Beispiele im Neuen Kloster (Chöde Lhakhang) von Lo Manthang und in der nahen Namgyäl Gömpa aufbewahrt werden. Hier könnte es neben Importwerken aus dem inneren Nepal und sicher auch aus Tibet eine einheimische hochstehende Bronzeguß-Tradition gegeben haben, wie es allein schon die zahlreichen hervorragenden alten Bildwerke im nahen Dolpo wahrscheinlich machen.

Bevölkerung und Gesellschaft

Der Verwaltungsdistrikt Mustang wird im wesentlichen von zwei ethnischen Gruppen besiedelt, den Lopas im Norden (Lo) und den Thakalis im Süden (Thakkhola). Wenn wir den Vielvölkerstaat Nepal in vier kulturell sehr unterschiedlich geprägte ethnische Hauptzonen einteilen, in den Terai an der Südgrenze zu Indien, in das zentrale Kathmandu-Tal, in die Region der Himalaya-Vorberge (Parbatya) und in die nördlichen ariden Hochgebiete des „Inneren Himalaya", dann gehören die Lopas zur letzteren und die Thakalis zur vorangehenden Bevölkerungsgruppe.

Zwei in ihrer Genauigkeit vermutlich nicht allzu verbindliche Zählungen der 1960er Jahre für den gesamten Distrikt Mustang ergaben 24.389 bzw. sogar 27.679 Einwohner. Gemäß dem „Statistical Year-book of Nepal" (1991) sollen im Distrikt Mustang 12.930 Einwohner leben, eine gegenüber sonstigen Schätzungen von ca. 17.000 bzw. 23.000 Bewohnern auffallend geringe Zahl. Nimmt man die in derselben Quelle genannten 2919 „Bhotia" und 4142 „Gurung" zusammen, kommt man auf über 7.000 Lopas als der eigentlichen Bevölkerung des historischen Mustang jenseits von Kagbeni (andere Schätzung: ca. 10.000 bzw. ca. 15.000). In Lo Manthang sollen 112 (Groß-) Familien mit ingesamt rund 900 Einwohnern leben.

Die Lopas

Die Bewohner des historischen Lo-Gebietes, die Lopas, gehören ethnisch zu den B h o t i a s – dies ist der nepalesische Begriff für „Tibeter" – wie wir sie, durch die Topographie jeweils isoliert, auch in Dolpo, Manang und in der Sherpa-Region von Ost-Nepal antreffen. „Bhotia" ist eine Sammelbezeichnung für alle buddhistischen, tibetisch sprechenden Himalayabewohner, die einst von Norden her nach Nepal eingewandert waren. Aussehen, Sprache und Schrift, Kleidung, Brauchtum und Feste der Lopas und ihre Häuser unterscheiden sich allenfalls als regionale Varianten in dem Maße von Tibet, wie sich dort in den einzelnen Provinzen Ü (Lhasa-Region), Tsang (Shigatse-Region) oder Ngari (Westtibet) unterschiedliche sprachliche und kulturelle Dialekte entwickelt haben. Volkskunde, Sitten und Bräuche, die materielle Kultur und Sprache der Lopas wurden noch kaum untersucht, und unser derzeitiges Wissen beschränkt sich auf die kursorischen Beobachtungen von Michel Peissel und auf die wenigen Eindrücke der ersten Reisenden seit dem Jahr 1992.

Durch M. Peissel (1968) wissen wir auch einiges über die gesellschaftliche Organisation der Lopas. In Lo unterscheidet man traditionell vier soziale, kastenähnliche Gruppen:

1. Rigkutah (oder Kutak): Die Raja-Familie und der Adel. Den Adel bilden die Gouverneure der sieben Distrikte von Lo und die die höheren Verwaltungsposten am Hof stellenden Lumbos (Herzöge), zudem die im Rang niedrigeren Gembas (Barone), die als erbliche (?) Dorfvorsteher der zwei bis vier Siedlungen eines Distrikts fungieren. Letztere unterstehen dem jeweiligen Distrikt-Lumbo. Einer anderen Angabe zufolge wird das Dorfoberhaupt auf Rotationsbasis von den Adelsfamilien ausgesucht. Ihm zur Seite stehen zwei Sekretäre sowie sechs Gehilfen aus der Rigrinin-Gruppe. Nach lokaler Tradition sollen Lumbos und Gembas von den Lo-Rajas abstammen. Bis 1956 durften die Kutak-Adligen neben der Raja-Familie als einzige Haus- und Landbesitz haben. Noch heute stellen sie die traditionelle Administration des Königs, mit dem sie meist auf irgendeine Art verwandt sind und auch wie er den „nepalisierenden" Zusatznamen Bista angenommen haben.

2. Mönche: Durch das Priester-Patron-Verhältnis war der Klerus in Mustang engstens an das Königshaus gebunden.

3. Rigpalwah (oder Righin): Dies sind die landbesitzenden Bauern.

4. Rigrinin: Bauern ohne Landbesitz sowie königliche Leibeigene und Bedienstete der Adelsfamilien, die auch bestimmte Pflichten für das Königshaus haben, wie Hilfsarbeiten für den Palast und die Forts, Vieh betreuen, Holz liefern, Transporte leisten, Soldaten stellen.

Ferner sind zwei als „kastenlos" geltende berufsspezifische Gruppen zu nennen: die Shembas, die nach buddhistischer Auffassung niederen Metzger, und noch darunter die Garas, etwa 20 Familien, die außerhalb der Stadtmauern von Lo Manthang als Schmiede und Hofmusiker leben und daneben Getreide- und Wassermühlen betreiben. Diese „Kastenlosen" werden aber offensichtlich zur vierten Gruppe der Rigrinin gezählt. Der Begriff „Kaste" sollte für Mustang nicht im Sinne von Newari-Nepal und Hindu-Indien mißverstanden werden. Vermutlich haben sich erst seit dem 18. Jh. im Zuge immer stärkerer Einflußnahme der Kathmandutal-Könige auf diese Region diese kastenähnlich abgegrenzten Gesellschaftsgruppen aus dem eine solche Einteilung begünstigenden Feudalsystem des Lo-Reiches herausgebildet, zumindest in dieser Richtung zunehmend entwickelt. „Kaste“ ist in Mustang durch Endogamie (Heiratsordnung innerhalb einer spezifischen Gruppe) und jeweiligen Wohnort definiert.[59]

Die Familien der dritten und vierten Gruppe werden nach verschiedenen Steuer- und Abgabenklassen bzw. Dienstleistungen für den Raja eingeteilt. Inwieweit diese Sozialstruktur noch der heutigen (1992) Situation vollumfänglich entspricht, konnte nicht festgestellt werden. Die „Kastenlosen“ wohnen zumindest noch immer extra muros. Einiges hat sich seither geändert. Noch immer heiratet man aber nur innerhalb seiner Gesellschaftsgruppe.

Im Gebiet südlich von Lo und nördlich des eigentlichen Thakkhola treffen wir zwischen Kagbeni und Lubra nicht leicht ethnisch definierbare Volksgruppen an, die oft vor Jahrhunderten von Norden her (Lo, Tibet) eingewandert sind. Sie sprechen einen westtibetischen Dialekt, der auf die hier ursprünglich gebrauchte Sekai-Sprache (tib. *Se-skad*) zurückgeht und dem heutigen Thakali verwandt ist. Daß andererseits als Bhotia betrachtete Volksgruppen wie z. B. in Dungar-dzong (westlich des Kali Gandaki auf der Höhe zwischen Kagbeni und Jomosom) Thakali sprechen, zeigt, wie sich im Thakkhola Ethnien und Sprachen überlagern.

Die Thakalis

Die zweite große Bevölkerungsgruppe in Mustang sind die ca. 10.000 Thakalis[60], die nicht zu den Bhotias zählen, obwohl sie einen tibetischen Dialekt – das Thakali – sprechen und im tibetischen Buddhismus verwurzelt sind. Ihre Heimat ist die Thakkhola-Region südlich von Kagbeni. Der Fremde begegnet ihnen vornehmlich in Jomosom, Marpha und Tukche. Sie selber nennen sich Tamang, haben aber nichts mit den ethnischen Tamang in Ost- und Zentralnepal gemein. In einem älteren tibetischsprachigen Text werden die Einwohner der Muktinath-Region als „Ta-mang

---

[59] Nach Charles Ramble (Kathmandu, 1993). So wohnten z. B. im einstigen Fürstentum oder „Kleinkönigreich“ Baragaon, der Region um Kagbeni, die Adligen in ganz bestimmten Dörfern, d. h. in den „Hauptstädten“ (tib. *rgyal-sa*) Kagbeni, Dzar, Dzong, Dangkardzong und Samar.

[60] Gemäß dem Statistical Year-book of Nepal (1991) gibt es nur 2414 Thakali im Distrikt Mustang.

Se-mon" bezeichnet.[61] Neben den traditionsgemäß in Tukche und südlich davon siedelnden – dominierenden – heute zum Teil hinduisierten Tamang-Thakalis unterscheidet man noch zwei weitere, verschiedene Thakali-Gruppen: die Marphali- oder Mawatan-Thakalis im Bereich von Marpha sowie die Yhulkasummi- oder Yhulkasompa-Thakalis von Thini und Syang bei Jomosom. Alle drei Gruppen, und dies gilt insbesondere von den Tamang-Thakalis, bestehen aus mehreren „lineages" (subbha), die die wichtigen gesellschaftlichen und wirtschaftlichen Positionen innehaben. Nachdem durch die Schließung der Grenze zu China 1959 der traditionelle Salz- und Getreidehandel mit Tibet völlig zum Erliegen gekommen war, bauten speziell die Tamang-Thakalis ein sich über ganz Nepal erstreckendes Handelsnetz auf.

In der Übergangszone zum Hindu-Nepal sind die Thakalis seit den drei letzten Generationen teilweise hinduisiert, längst ist schon das indische Devanagari üblicher geworden als die tibetische Schrift. Als sich letztere zusammen mit dem tibetischen Buddhismus im 11./12. Jh. im südlichen Mustang ausbreitete, übernahmen die Thakalis die von Norden kommende Kultur und Religion; diese ist heute durch die zunehmende Nepalisierung und auch wegen der Abwanderung vieler Thakalis seit den letzten drei Jahrzehnten ins innere Nepal im Rückgang begriffen. Die bis heute anhaltende Hinduisierung begann, als seit dem späten 18. Jh. Nepal von der Shah-Dynastie regiert wurde und die Thakalis von den im Kathmandu-Tal herrschenden Hindu-Königen als Bhotias, die das Fleisch der Yaks und damit der Rinder verspeisen, verachtet wurden. Die Tamang-Thakalis gaben diesem sozialen Druck nach und verzichteten auf diese Gewohnheiten.

Ältere Traditionen unter ihnen weisen noch vorbuddhistische Züge auf, die etwa den „Dhom" charakterisieren, eine Verbindung von schamanistischem Medizinmann und animistischem Stammespriester. Der philosophisch und ritualistisch anspruchsvolle tibetische Buddhismus ist bei den Thakalis schon seit der Übernahme vor über 800 Jahren eher zu einer Volksreligion vereinfacht worden. So glauben die Thakalis z. B. nicht an die Wiedergeburt der Seele. Auch bauten sie nie größere Klöster, und sei es auch nur vom Ausmaß der beiden alten Stadttempel von Lo Manthang.

[61] David Jackson, 1978, p. 213. Dabei bezieht sich das „Se (-mon)" vermutlich auf das alte Königreich Se-rib, das die Region südlich von Lo bis zum Thakkhola umfaßte und unter Amepal bereits von Lo beherrscht war.

Der kulturelle Synkretismus dieser zwischen dem hinduistischen (inneren) Nepal und den tibetisch-buddhistisch geprägten nördlichen Randgebieten wie Ober-Mustang siedelnden Volksgruppe und zumindest ihre Offenheit in der Annahme verschiedener Traditionen charakterisiert auch ihre religiösen Stätten zwischen Larchung im Süden von Marpha bis in das Muktinath-Tal, wo in Dzarkot noch überwiegend Tamang-Thakalis leben. Nyingmapa Gömpas bestehen neben Bön-Tempeln, Buddha-Statuen neben vorbuddhistischen, idolartigen Dorfahnen. Die hochgelehrte Sakya-Mission des Ngorchen Künga Zangpo (15. Jh.) hatte diese südlich vom historischen Reich Lo liegenden Regionen nie erreicht. Ein Besuch des wohl durch Geschichte und künstlerische Ausstattung bedeutendsten buddhistischen „Thakali-Klosters" Kutsap Ternga bei Jomosom lehrt, wie weit man hier in Mönchstradition und Ritual, in religiösem Alltag und in der baulichen Anlage von den Zentren des diamantenen Buddhismus in Tibet entfernt ist, obwohl die Ikonographie dieser Nyingmapa Gömpa ganz der nördlichen Tradition folgt.

Die eng aneinander gebauten, meist um einen Atriumhof errichteten, flach gedeckten Steinhäuser der Thakali haben wenig mit den Lehmbauten der Lopas gemeinsam. Ihre reich geschnitzten, auf den Holzreichtum des Südens hinweisenden Toreingänge und Fenster findet man noch bis ins Muktinath-Tal (Dzarkot).

Bis zur Grenzschließung Tibets war das Thakkhola, das Siedlungsgebiet der Thakali, der eigentliche Umschlagplatz und das Warenlager für Tibet, Inner-Nepal und Indien. Die Thakalis kontrollierten den gesamten über diese Route laufenden, wirtschaftlich einträglichen Salzhandel, der ihnen bis 1959 ihren beträchtlichen Wohlstand sicherte. 1860 wurden sie von der Kathmandu-Regierung autorisiert, eine Steuer auf das von Tibet importierte Salz zu erheben. Sie lebten seit jeher ganz vorwiegend vom Handel. Aus Tibet, Dolpo und aus dem nördlichen Mustang kauften sie Yaks, Pferde und Maultiere, Schafe, Ziegen, Wolle, ferner Pelze, Butter und Heilpflanzen im Tausch gegen Reis, Getreide, Mais, Gerste, Dhal, Öl, Tee, Zucker, Gewürze, Baumwolle, Bekleidung und Papier, Metallgeräte, Waffen und Zigaretten. Nachdem China die tibetische Grenze 1959 geschlossen hatte, wurde dieser Handel jäh unterbrochen. Viele Thakalis verloren ihre Existenzgrundlage und wanderten in andere Regionen Nepals aus, wo sie in Pokhara oder Kathmandu im „Exil" eigene städtische Organisationen bildeten. So verließen beispielsweise zahlreiche Tamang-Thakalis in den 1960er Jahren die Stadt Tukche. Schon zuvor waren sie in gewissem

Umfang wie die Lopas jahreszeitlich bedingt regelmäßig im Winter ins südliche Pokhara abgewandert. Nicht wenige Thakalis stellten sich auf den neuen Trekkingtourismus vor ihrer Haustüre um, gehen doch die Wanderwege für die Fremden rund um den Annapurna und zwischen Pokhara und Muktinath durch ihr Gebiet. Als gute Organisatoren führen die Thakalis z. B. in dem sehenswerten Ort Marpha kleine Restaurants und Hotels.

Marpha und Thini[62] (oberhalb Jomosom) waren früher unabhängige Thakali-Kleinfürstentümer mit bemerkenswerten demokratischen Regierungsformen. So bestand Marphas Verwaltung aus 16 Beamten, zu denen alle Bürger des Ortes zwischen 18 und 60 Jahren im Rotationsverfahren durch das auf drei Jahre gewählte „Staatsoberhaupt" von Marpha (tib. *rGan-chen*, „Der große Ältere") ernannt werden konnten. Jeder Haushalt hatte ein Mitglied für die regelmäßigen Treffen der Bürgerschaft zu stellen. Wenn der „Große Ältere" gegen das Gesetz verstieß, waren die vier ihm unterstellten, auf zwei Jahre bestimmten Beamten (tib. *Mi-thus*) verpflichtet, die Einwohner zu informieren und eine Dorfversammlung einzuberufen, die über den Fall zu befinden hatte. Jedes Jahr wurden zwei der vier Mi-thus ersetzt und zwei von ihnen mußten ständig in Marpha anwesend sein. Den niedrigsten Rang in der Verwaltung hatten die zehn Rol-po inne, die nur für ein Jahr ernannt wurden. Die Beamten wachten über die Einhaltung der Gesetze, konnten Strafen verhängen, Abgaben und Steuern erheben, den Bau und die Instandsetzung von Bewässerungskanälen und Brücken kontrollieren.

Alle Rechte und Pflichten waren in einem 1796 erlassenen – heute nicht mehr gültigen – Gesetz von 48 Paragraphen festgelegt, das neben der politischen Organisation auch die Einteilung von Arbeit und Handel bestimmte sowie die Organisation des Dorf-Tempels und sonstiger „customary laws". Nachdem Mustang 1796 ein Teil des Gorkha-Reiches geworden war (bei bis 1950 währender innerer Autonomie), konnten sich die Einwohner der südlichen Regionen sogar „for appeal" an den König in Kathmandu wenden.

Diese frühe demokratische politische Verwaltung der Thakali-Kleinstaaten ist umso ungewöhnlicher, als die von Adelsfamilien beherrschten umliegenden Fürstentümer wie z. B. Lo nach feudalistischer Art regiert wurden.

---

[62] Die folgenden Angaben nach Dieter Schuh, 1990.

Im südlichsten Teil des heutigen Distrikts Mustang treffen wir auf die zur tibeto-burmesischen Sprachfamilie gehörenden und meist inzwischen hinduisierten Magar, die jedoch für das Territorium des hier vorrangig behandelten historischen und kulturgeographischen Mustang keine Rolle spielen.

Nomaden begegnet man in Lo kaum. Nur wenige Familien leben an den Ausläufern des Mustang Himal nordwestlich von Lo Manthang, wo einige von ihnen die königlichen Yak-Herden hüten und nur wenige eigene Tiere haben.[63]

ꕥ

Die **politische Macht** in Lo Manthang üben gegenwärtig acht – im Jahr 1991 demokratisch gewählte – Abgeordnete der Stadt aus. Sie repräsentieren als Ratsabgeordnete sieben Bezirke intra muros und einen Bezirk außerhalb der Stadt. Jeder Bezirk wählt fünf Vertreter in diesen Rat. Neben dieser neuen Volksvertretung besteht weiterhin eine de facto noch recht wirksame Verwaltung des Königshauses. Die Parteipropaganda für die nepalesischen Wahlen 1991 erreichte auch Mustang. Das Emblem der Kommunisten, die die Mehrheit (!) erlangt haben, nämlich eine Sonne mit Svastika (Hakenkreuz), sah man selbst auf den heiligen Steinen der Manimauern . . .

Traditionell erhält der älteste Sohn der Besitzenden die Ländereien. Der zweite Sohn wird Mönch, ein dritter Sohn lebt entweder mit dem ältesten Bruder zusammen, verdingt sich als Angestellter, oder er wird Kaufmann. Bei der Heirat des ersten Sohnes übergibt ihm der Vater das Land und die Verwaltung über Haus und Hof. Dadurch haben sich in Mustang keine patriarchalischen Verhältnisse herausgebildet, wo die Jüngeren viele Jahre lang auf ihre Selbständigkeit warten müssen. Dasselbe bemerkenswerte Prinzip existiert in Lo auch bei der Königsfolge: schon zu Lebzeiten des Raja wird die Regierungsgewalt dem Sohn und Nachfolger übertragen.

Eine eigentliche **Schulpflicht** existiert in Mustang nicht. Abgesehen von einer Highschool in Jomosom und im Dorf Chösar (nördlich von Lo Manthang, angeblich über 300 Schüler) gibt es in wenigen Orten wie Kagbeni, Tshuksang, Tangye, Gelung, Gemi, Tsarang und Lo Manthang fünf- bis siebenjährige Primarschulen, die im Winter, wenn zahlreiche Be-

---

[63] Nach Bruno Baumann, 1993.

wohner sich in den wärmeren Süden zurückgezogen haben und das Leben nur reduziert weitergeht, für drei Monate geschlossen bleiben. In Tshuksang z. B. besuchten 20 sechs- bis dreizehnjährige Knaben und Mädchen aus zwölf Familien 1992 eine Fünfklassenschule mit den Fächern Tibetisch, Nepali, Englisch, Mathematik, Geographie, Landwirtschaft und Hygiene. In Lo Manthang, also im größten Ort, ging im gleichen Jahr kein einziges Mädchen zur Schule. Die Lehrer kommen zumeist aus Kathmandu. Der Anreiz, für befristete Zeit in dieses karge Bergland zu gehen, besteht vornehmlich in der besseren Bezahlung. Problematisch ist in einer traditionsgemäß tibetisch sprechenden Gesellschaft die Festlegung der Schulsprache auf das Nepali und der Unterricht durch hinduistische, hier kulturfremde Nepalis, die einer von Kathmandu aus geförderten „Nepalisierung“ in Mustang weiteren Vorschub leisten.

Zur **medizinischen Versorgung**[64] ist in Lo Manthang eine Sanitätsstation (Health Post) eingerichtet, die im Frühjahr 1992 selbständig von einem einzigen, für zwei Jahre hierher verpflichteten Arztgehilfen mit einer siebenjährigen praktischen Erfahrung, aber ohne abgeschlossene medizinische Ausbildung, geführt wurde. Dieser Health Post ist für den gesamten Norden Mustangs zuständig – der nächste ist in Tsarang – und sollte eigentlich nach dem Plan der Regierung von zwölf Fachkräften betreut werden, darunter drei Ärzten, die übrigen als Assistenten und Pflegepersonal. Wegen der Abgelegenheit und den unwirtlichen Klima- und Lebensbedingungen kommen die meisten aber gar nicht bis Lo Manthang, sondern bleiben im Spital von Jomosom. Monatlich besuchen 200 bis 300 Personen den Health Post. Sie bezahlen eine Rupie als Einschreibgebühr, die eigentliche Behandlung und die Medikamente sind gratis. Der von der Regierung bezahlte Arzthelfer erhält die Medikamente aus Kathmandu, jedoch meist in unzureichender Menge, zudem wegen der langen Transportwege häufig zu spät und mehrfach auch andere als die eigentlich bestellten. Während der vier Wintermonate ist der Health Post geschlossen. Die Bewohner von Lo Manthang sind dann ganz auf den traditionellen einheimischen Naturarzt (tib. *Am chi*) angewiesen, der auch im allgemeinen von etwa der Hälfte der Bevölkerung konsultiert wird. Diese Funktion erfüllt insbesondere der in der alten tibetischen Heilkunde erfahrene „Medizin-Lama“ Tashi Chösang der Chöde Gömpa.

---

64 Die folgenden Angaben verdanke ich Frau Heidi Neumann.

Nach einer Statistik des Health Post dominieren der Reihenfolge ihrer Häufigkeit nach Wurmerkrankungen, Diarrhoe, Erkrankungen der Atemwege (Bronchitis), Hautkrankheiten, Augenentzündungen, Zahn- und Ohrenbeschwerden, Schwellungen und Prellungen, Kopfschmerzen. Dem Fremden fallen vor allem immer wieder chronische Augenentzündungen und Hautgeschwüre auf. Als Ursache der häufigsten Krankheiten ist die allgemein mangelhafte Hygiene ersichtlich. Zur Versorgung mit sauberem Trinkwasser wurde 1989 in Lo Manthang eine Leitung mit öffentlichen Zapfstellen installiert. Als positive Entwicklung stellte der Arztgehilfe fest, daß in letzter Zeit zunehmend auch Patienten mit offenen Wunden kommen, die er bis zur Heilung täglich desinfiziert und verbindet.

Volkskundliches

Genauere und systematische Beobachtungen zu Sitten und Bräuchen in Mustang fehlen noch. Die folgenden sehr unvollkommenen „ethnologischen Notizen“ können hier auch nur einen ganz bescheidenen Beitrag leisten.

Ehe, Feste und Zeremonien

Die traditionellem tibetischem Brauch folgende Polyandrie (Vielmänner-Ehe) war früher die Regel, soll heute aber nur noch wenig verbreitet sein. In Hochgebirgsregionen mit wenig bebaubarem Land war es wirtschaftlich sinnvoll und oft notwendig, daß man den ererbten, meist schon knapp bemessenen elterlichen Besitz nicht noch weiter auf mehrere Söhne aufteilte, denn keiner der männlichen Nachkommen hätte genügend Land erhalten, um einen eigenen Hausstand zu gründen. Daher heirateten z. B. zwei Brüder dieselbe Frau, legten auf diese Art ihren Besitz zusammen und vermieden eine wirtschaftlich nicht mehr tragbare Zerstückelung des der Familie gehörenden Agrarlandes. Heute heiraten die jungen Lopas untereinander in allen Dörfern Mustangs, mitunter auch Partner von außerhalb, doch noch immer innerhalb ihrer „Kaste“, d. h. ihrer sozialen Gruppen, die wir weiter oben schon beschrieben haben. In der Ortschaft Tshuksang war bis vor kurzem das Heiratssystem der Kreuzcousins bekannt, wie es vor allem bei den Magar im Süden üblich ist. Die Lopas heiraten relativ spät, die Männer mit 25 bis 35 Jahren, die Frauen mit 25 bis 30 Jahren, selten schon zuvor.

Über die religiösen und profanen Feste und Zeremonien ist bisher noch sehr wenig bekannt. Außer einem dreimal monatlich zelebrierten Besänftigungsritual für die Schutzgottheit der Lopas, den **Berggott Dongmar**, wird ihm zu Ehren jeden Juni ein großes **Fest** in Lo Manthang gefeiert. Dongmar steigt dann von seiner Residenz auf dem gleichnamigen Berg im Mustang Himal hinab[65] und nimmt für einige Stunden in einer auf dem Dach des Raja-Palast aufgestellten und öffentlich gezeigten Maske Platz, die sonst während des Jahres in einem unzugänglichen Raum daselbst aufbewahrt wird. Die Maske setzt man dann einer in Brokatgewänder ge-

[65] Siehe hierzu auch unter Geologie / Kali-Gandaki-Quelle.

hüllte, mit Schild und Flinte ausgerüsteten Strohfigur auf, die am Flaggenmast vor dem Raja-Palast aufgestellt wurde. Der Raja und die Rani erweisen nunmehr dieser Dongmar-Gottheit ihre Referenz, und Salutschüsse aus alten Gabelflinten leiten gewissermaßen zum weltlich-ausgelassenen Teil dieses nach dreizehnjähriger Pause erstmals wieder 1963 begangenen Festes über. Am folgenden Tag schließt das Nyung-nä-Fest an, an dem die Mönche des Chöde-Klosters sieben Tage in Klausur gehen, fasten und in sechs „Arbeitstagen" ein Sand-Mandala des Hl. Padmasambhava errichten.

Wie das Dongmar-Ritual wurde auch das **Tenpa-Chirim-Fest** ("Tenchi-Fest"), das traditionsgemäß vom 27. bis 29. Tag des 12. tibetischen Monats stattfand, auf den Sommer (3. tibetischer Monat) verlegt, da, wie viele andere Lopas auch, der Raja und der Abt von Lo Manthang im Winter Mustang verlassen und sich dann in Kathmandu aufhalten. Am letzten Tag dieses Festes werden Tscham-Tänze aufgeführt.[66]

Größere Pujas hält man in den Gömpas jeweils am 15. Tag eines jeden Monats ab. In Lo Manthang zelebriert diese im dritten und vierten tibetischen Monat besonders intensiv begangene „Vollmond-Puja" jeweils ein Mönch – der sogenannte „Lojen" – außerhalb des Stadttors im Freien. Er sitzt dabei vor einem kleinen Altar und erklärt mit dem Zeigestock die Legenden der großen tibetischen Heiligen und Meditationsmeister an eigens dafür an der Hausmauer aufgehängten Thangkas. Die Zuhörer sitzen im Halbkreis um ihn herum. Es herrscht zwangloses Kommen und Gehen. Nur zwei Mönche in Lo Manthang üben diese Funktion des „Lojen" aus, nur sie können das Leben der großen Siddhas, die Geschichten von Padmasambhava und Atisha, von Milarepa und Tsongkhapa genau erzählen. Das Losar-Fest zu Beginn des tibetischen Neujahrs wird in Lo Manthang nur auf bescheidene Art „häuslich" gefeiert, da dann die politischen und religiösen Notablen sich in Kathmandu aufhalten.[67] Am 14. bis 16. Tage des siebenten tibetischen Monats gibt es gleichenorts ein Bogenschießen- und Chang-(Bier)-Fest. In verschiedenen Dörfern begeht man einmal jährlich ein dreitägiges fröhliches Fest zu Ehren derjenigen Einwohner, die im vorangegangenen Jahr 49 Jahre alt geworden sind. Männer und Frauen tanzen dabei getrennt nach traditioneller Art, aber oft schon zu westlicher

---

[66] Diese Angaben verdanke ich Bruno Baumann, der 1992 diese zwei Feste miterlebt und in seinem Buch (1993) geschildert hat.
[67] Siehe hierzu Bruno Baumann, 1993.

Musik aus dem Transistorradio, kleine Mädchen tanzen zu gesungenen und von Handtrommeln begleiteten Liedern. Es wird dabei viel gegessen, Chang und Rakshi getrunken.[68]

Tod und Begräbnis

Über Tod und Begräbnis finden wir bei Michel Peissel (1968) einige Angaben. Ein Verstorbener wird der Überlieferung entsprechend sieben Tage im Haus aufgebahrt, auf einer Salzunterlage (bei ärmeren Familien Sand), die dem von zahlreichen Butterlampen umgebenen Leichnam Flüssigkeit entzieht. Man lädt dazu 8 bis 16 Lamas ein und am dritten Tag einen höheren Geistlichen, der sich gewöhnlich für diese Zeitdauer in einem Zelt auf dem Dach des Hauses einrichtet, wo er durch Divination die spezifische Art des Begräbnisses nach der Todesstunde und anderen Umständen des Todes festlegt. Zahlreiche Opferkuchen (Tormas) werden hergestellt, gesegnet und dann an arme Familien verteilt. Der Oberlama hat vor allem sicherzustellen, daß der feinstoffliche Körper des Verstorbenen zu einem der vier Elemente zurückkehrt (im folgenden nach der „Rangordnung"): zu Feuer durch Verbrennung, zu Wind (Äther) durch das Himmelsbegräbnis[69], d. h. Aussetzen des zerstückelten Leichnams zum Fraß für die Geier, zu Wasser durch Versenken des Toten im Fluß, zu Erde durch eine Hockerbestattung im Boden. Die Bestattung im oder am Fluß bzw. in der Erde ist ganz armen Leuten ohne Familienangehörige vorbehalten, die ein Begräbnisritual der ersten beiden Kategorien und die Lamas nicht bezahlen könnten.

Michel Peissel berichtet von einer fünften, ungewöhnlichen Bestattungsart, die angewendet wird (wurde?), wenn keine männlichen Nachfolger in der Familie für das Vollziehen der üblichen Riten existieren. Dabei wird der entsprechend präparierte Verstorbene, namentlich Kinder und Jugendliche, über Jahre zwischen den Wänden des elterlichen Hauses eingemauert und erst entfernt und an einem abgelegenen Platz zum Himmelsbegräbnis ausgesetzt, wenn ein Sohn – als männlicher „Nachfolger" – in der gleichen Familie geboren wurde. Dann erst geben sich die bedrohlichen Geister zufrieden und verlassen das Haus. Eine ganz ähnliche Bestattungsart wurde auch bei Ausgrabungen 1991 im Rahmen des „Nepal-German Project on

---

[68] Für die vorangehenden Informationen danke ich Frau Heidi Neumann.

[69] Findet in Mustang (stets?) am Fluß statt.

High Mountain Archaeology“ nachgewiesen, die bei der Ortschaft Khyingar (zwischen Kagbeni und Muktinath) gemacht wurden. Hier fand man in einer zwischen dem 6. bis 14. Jh. bewohnten Siedlung rituelle Deponierungen innerhalb der Häuser: In Hockerstellung unter Mauern oder Fußböden beigesetzte Leichname – insbesondere Neugeborene oder Kleinkinder –, die in ursächlichem Zusammenhang mit bestimmten Baumaßnahmen zu sehen sind und deren Opfercharakter sie generell mit der Sitte der „Bau- oder Gründungsopfer“ verbinden[70].

Eine Verbrennung findet beim Haus der Familie des Verstorbenen statt. Der Sohn hat das Feuer anzuzünden. Nach elf bis zwölf Tagen sucht man in der Asche nach Knochen, die dann zum Segnen ins Haus gebracht werden. Das Knochenmehl wird mit Ton vermischt, und daraus stellt man mittels Modeln die Tsa-tsas her, kleine Votiv-Ikonen, die schließlich an einem Chörten oder auf der Spitze eines Berghügels bei einem Latho-Schrein deponiert werden.

Mehrere Monate nach dem Tod und den privaten Totenritualen im Hause des Verstorbenen begeht man in bestimmten Fällen, gestiftet von wohlhabenden Familien, auch „öffentliche“ Begräbnisfeiern. In Lo Manthang[71] finden jährlich vier bis fünf solcher Toten-Pujas statt. Für die Hinterbliebenen bedeutet die Ausrichtung dieser Zeremonie ein besonderes religiöses Verdienst, sie ist gleichzeitig das Ende der offiziellen Trauerzeit. Während eines ganzen Tages lesen Mönche aus dem Totenbuch. Sie sitzen in zwei Reihen auf Teppichen hinter niedrigen Altartischen und begleiten die Rezitation musikalisch mit Trommeln, Zimbeln, den spezifisch tibetischen Oboen, Trompeten und einer Ritualglocke, mit Instrumenten also, wie sie in jedem lamaistischen Ritual ihren festen Platz einnehmen.

Eine besondere Segnung des Abtes sowie zusätzliche Katha-Glücksschleifen erhalten die allernächsten Verwandten, die während des Trauerjahres strenge Verhaltensregeln berücksichtigen mußten. So darf z. B. eine Wit-

[70] Hans-Georg Hüttel, 1993, S. 15.

[71] Den folgenden Bericht einer Totenfeier im Jampa-Lhakhang von Lo Manthang (April 1992) verdankt der Verfasser Frau Heidi Neumann (aus Bottmingen bei Basel), die ihn freundlicherweise für diese Veröffentlichung zur Verfügung gestellt hat. Er basiert ganz auf Angaben einheimischer Informanten. Die Einzelheiten des Ablaufs wurden hierbei nicht mit dem sonst in Tibet üblichen Totenritual bzw. den entsprechenden Angaben in der Sekundärliteratur verglichen.

we während eines ganzen Jahres nach dem Tod ihres Mannes weder tanzen noch singen und nur den allernötigsten sozialen Kontakt pflegen. Nach dieser Frist ist sie nun auch wieder frei, erneut zu heiraten. Eine solche Totenzeremonie beginnt bereits morgens gegen neun Uhr und zieht sich bis in die Nacht hinein. Je nach Anzahl der Mönche ist ihre Dauer unterschiedlich lang, bisweilen hält sie für mehrere Tage an. – Es ist Brauch, daß möglichst ein mit dem Verstorbenen verwandter Mönch diese Zeremonie durchführt. Wenn das nicht möglich ist, muß der entsprechende Lama mindestens von dessen „Kaste" sein. Die Aufgaben des amtierenden Mönches während der Toten-Puja beginnen in dem Moment, wo die Rezitation des Totenbuchs beendet ist. Mit zwei weiteren Mönchen liest er singend aus einem Buch, wiederum von den anderen Mönchen musikalisch begleitet. Diese Lesung ist speziell für die Hinterbliebenen gedacht und persönlich für sie ausgesucht. In einer Hand hält er dabei ein Torma, in der anderen einen kleinen mit Chang-Bier gefüllten Krug. Es gehört auch zu seinen Aufgaben, in den Pausen zwischen der ganzen Rezitation die Tormas zu verteilen. Dieses Ritual beginnt mit der Anrufung der Götter. Sodann erhält die Hauptgottheit symbolisch eine Kostprobe von Tormas und Chang. Dann wird beides vom Oberlama geweiht, der als nächster seinen Anteil bekommt. Danach werden alle anderen Lamas bedient, und zum Schluß bleibt immer noch etwas für alle „unsichtbaren Götter" übrig, die zum Tempel keinen Zutritt haben.

Die kleinen farbigen Butter-Tormas, die auf dem Altar stehen, werden von den Lamas hergestellt und sind nur für Götter und Mönche bestimmt. Die Tormas für das einfache Volk fertigen die Leute selbst an. Nahe Verwandte des Verstorbenen verpflegen die Mönche laufend mit Buttertee und Tsampa, der in ganz Tibet als Grundnahrungsmittel dienenden gemahlenen und gerösteten Gerste, die man mit Chang zu kleinen Brocken knetet und laut schmatzend verspeist. Auch die anwesenden Gäste erhalten davon Kostproben. Im hinteren Teil des Tempels liegen – je nach Reichtum der Hinterbliebenen – eine große Menge Tsokos (auch Tscho genannt) bereit, kegelförmige, mit einer roten Fettglasur überzogene Tormas aus Tsampa, von denen nach der Puja jede Familie der Stadt eines erhält. Die rote Farbe wird aus der Rinde einer Wurzel hergestellt, mit deren Saft Butter und Ghee (Fett) eingefärbt werden. Das Ritual ist für alle „Kasten" gleich, nur die Anzahl der Tsokos variiert je nach Wohlstand der Stifter zwischen hundert und tausend.

In der Phase zwischen dem Tod des Verstorbenen und dieser Totenfeier im Tempel wird der Leichnam während fünf Tagen (es müssen immer zwischen zwei und sieben Tage sein) im eigenen Haus aufgebahrt, wo Freunde und Verwandte ihm die letzte Ehre erweisen. In dieser Zeit verrichten Lamas die vorgeschriebenen Rituale im Hause des Toten, mittels derer man u. a. die richtige Anzahl von Geiern aus Bodhgaya (!) herbeiruft, die für das folgende Himmelsbegräbnis benötigt werden („Wenn es ein dicker Mann ist, braucht man viele Vögel, bei einer kleinen Frau eben weniger"). Sodann bringt man den Leichnam an einen speziellen Ort außerhalb der Stadt.

In Lo Manthang gibt es zwei Bestattungsorte, einen für die Trocken- und einen für die Regenzeit. Sobald eine ausreichende Anzahl von Geiern eingetroffen ist, beginnt man mit der Zerstückelung des Leichnams. Wenn die Vögel einmal nicht sofort erscheinen, bleiben die Verwandten in der Nähe des Leichnams, wohnen und essen dort, bis genügend Geier versammelt sind. Das Himmelsbegräbnis ist immer noch die häufigste Bestattungsart. Eine Verbrennung ist den wenigen Adeligen und einigen anderen hochgestellten Personen vorbehalten, da sie erhebliche Mengen des raren und kostbaren Brennholzes voraussetzt. Nur besonders gelehrte Mönche sind befugt, die Totenzeremonie für eine Feuerbestattung durchzuführen. Das dazu benötigte Holz und Öl ist sehr teuer, wird aber entschuldigt mit der Bemerkung: „The smoke goes to the god's nose, then he smiles ...".

Während der strengsten Trauerzeit von 49 Tagen dürfen die Verwandten weder fröhlich sein, noch mit anderen reden. Auch das Weben und Spinnen ist in dieser Zeit nicht erlaubt. Vom 7. bis 14. Tag nach dem Tod wird täglich eine kurze Puja durchgeführt. Am 15. Tag folgt dann die „Gawa-Puja", zu der alle Verwandten etwas beisteuern: Reis, Ghee, Tee usw., um die Seele des Verstorbenen zu beruhigen. Sie erwerben sich dadurch wieder ein religiöses Verdienst und die Gewißheit, selber in Ruhe sterben zu können. Während dieser Zeit erhält der Tote täglich Geschenke in Form von Getreide. Während dieser zwei Wochen besteht ein strenges Waschverbot. Die Opfergaben für die Gawa-Puja bestehen aus Gersten- und Buchweizenmehl, dem kleine Perlen und Schmuck je nach Wohlstand der Familie beigemischt werden. Am Ende wirft man diese Opfergaben in den nahen Fluß. Erst nach dieser Zeremonie dürfen sich die Angehörigen wieder Gesicht und Hände waschen, in demselben Gewässer, das durch die Puja vorübergehend zu einem heiligen Fluß geworden war.

Abwehrmagie

Idolhafte, lebensgroße Lehmfigur eines mythischen Dorfahnen (Dzarkot).

Ein weithin üblicher Abwehrzauber im nördlichen Mustang ist das außen an den Hauswänden angebrachte „Sagho namgho", wörtlich „Erde und Himmel". Diese mit dem Oberbegriff „Dö" (tib. *mDos*) zu bezeichnende „Geisterfalle" dient der magischen Bannung diverser negativer Einflüsse. Wesentliche Elemente dieses heute noch in Lo Manthang von Laien-Handwerkern (also nicht von Mönchen) gefertigten Sagho namgho sind der zentrale, meist bemalte Schafsschädel, dann das für alle tibetischen Dö typische Fadenkreuz zum Auffangen der bösen Geister und die eingesteckten Holztäfelchen (ähnlich wie in Ladakh) mit den aufgemalten Figuren der Hausbesitzer, die sich mittels solcher Substitute, d. h. der sie stellvertretenden Bilder (auf die die negativen Kräfte statt auf sie selbst übergehen sollen) von drohenden Gefahren allgemein oder bestimmten Übeln loskaufen wollen[72]. Man bestellt diese dekorative Übelabwehr häufig aus aktuellem Anlaß, etwa bei einer schweren Krankheit im Hause der Auftraggeber. Ähnlich interessant und ebenso wenig erforscht ist eine andere nur selten zu sehende Form der in die vorbuddhistische Glaubenswelt reichenden Bannungszauber: große menschengestaltige, archaisch anmutende Idole aus Lehm innerhalb der Ortschaften (nur in Kagbeni und Dzarkot angetroffen), die an bestimmten Wegkreuzungen und Durchgangspassagen errichtet sind. Diese Effigies repräsentieren die schutzgebenden mythischen Vorfahren des jeweiligen Dorfes.

In engem Zusammenhang mit dem Sagho namgho steht das heute noch an verschiedenen Orten in Mustang praktizierte traditionelle tibetische Dö-Ritual zur Bannung und Meisterung drohender Gefahren, zum Schutz gegen Krankheiten und Schäden verschiedener Art. In diesem Ritus der Dämonenbezwingung, der Reinigung und des Exorzismus werden den bösen Mächten bestimmte von ihnen geschätzte Opfergaben wie z. B. das Blut von eigens dafür getöteten Tieren angeboten, die sie sättigen und be-

---

[72] Siehe hierzu allgemein Giuseppe Tucci, Stuttgart 1970, S. 191 ff.

sänftigen sollen, damit sie auf weitere Belästigungen der Menschen verzichten. Mit einem solchen zur Zeremonie gebildeten Tribut an die negativen Wirkkräfte (numina) will man sich von ihnen loskaufen. Noch vor etwa 50 Jahren brachte man dafür in Kagbeni dreimal jährlich tatsächliche Tieropfer, die dann von einem aus Tibet gekommenen Lama unterbunden und in der Folge von den lokalen Sakyapa-Mönchen, die das zuvor von Laien-Priestern ausgeführte Ritual modifizierend übernahmen, zu Substitut-Opfern umgeformt wurden[73]. So ersetzte man im besonders wichtigen Yakopfer das Tier durch ein Abbild, von dem man dann ebenso wie früher vom lebendigen Yak „Fleischstücke“ als göttliche Gabe an die einzelnen Haushalte verteilte, die dadurch rituell aufs neue in ihre aktiven Pflichten innerhalb der Dorfgemeinschaft genommen werden sollen.

Im Dö-Ritual findet auch ein Linga-artiges menschengestaltiges Substitut des zornvollen Manjushri Verwendung, dessen mit dem Weltenberg Sumeru gleichgesetzter Körper den ganzen Kosmos, bzw. die Dorfgemeinschaft, ein ganzes Territorium oder – wie im früheren Mustang – Klein-Königreich repräsentiert. Mit zusätzlichen Figuren, die die übers Jahr akkumulierten negativen Kräfte versinnbildlichen, wird dann dieses Ganze als für die menschliche Gemeinschaft gefährlich angesehene Dö an einen Platz außerhalb des Dorfes geschafft, wobei man die darin weilenden Geister unter Bedrohung oder durch Zerstören an einer Rückkehr zur Wohnstätte der Menschen hindert.

Diese abwechselnd in verschiedenen Dörfern des Baragaon (Region um Kagbeni) vollzogenen, Char-ka nag-po genannten, dem Ritualbereich des Schutzgottes Yama (tib. *gShin-rje*) zugehörigen Zeremonien haben eine für diese einstige – zu einem eigenen Klein-Königreich zusammengefaßte – Dörfergemeinschaft wesentliche reinigende und politisch-sozial vereinigende Funktion, wobei letztere mit der Einführung des nepalesischen Groß-Panchayat-Systems im Mustang der frühen 1960er Jahre allmählich verlorengegangen ist.

[73] Diese Ausführungen nach Charles Ramble, 1993.

Landwirtschaft und Handel

Die Lopas sind Bauern, Viehhirten und Kaufleute zugleich. Für nicht wenige unter ihnen entspricht diese „Reihenfolge“ der Haupttätigkeiten auch dem Jahresrhythmus in Mustang vom Frühling, wo man ganz mit dem Landbau beschäftigt ist, über den Sommer, wenn so mancher Bauer nahe bei seinen Herden in einem Zelt lebt, bis zum Winter, den zahlreiche Einheimische auf der Suche nach ihrem Lebensunterhalt Handel treibend im inneren Nepal oder in Indien verbringen.

Mustangs Landwirtschaft basiert auf einer kleinflächigen Oasenkultur mit gut organisierter Bewässerung. Auf recht ergiebige Art leitet man das Wasser der Bergflüsse über Stichkanäle auf die einzelnen Felder. Die geringen Niederschläge in dieser ariden Zone nördlich der Himalayahauptkette spielen praktisch für die Agrarwirtschaft mit Ausnahme des südlichsten Mustang-Distrikts keine Rolle. Flußbewässerung ist aber im Norden oft unmöglich, da der Kali Gandaki und die Nebenflüsse hier meist Steilufer haben, die kein bebaubares Uferland hergeben. Jeder Landbesitzer muß ab einer bestimmten Flächengröße eine männliche Person für die kooperativ organisierten Bewässerungsarbeiten stellen.

Die nördliche Grenze der Bewässerung durch Niederschläge liegt im Thakkhola bei Tukche, also deutlich südlich des „eigentlichen“ ariden Mustang. Bei viel Sommerregen sind hier sogar zwei Ernten ohne zusätzliche Bewässerung möglich. Durch Abholzung und durch die dadurch verursachte Bodenerosion breitet sich in dieser Region aber Ödland zunehmend nach Süden aus. In Mustang gibt es oberhalb von Jomosom noch kein überregionales Elektrizitätssystem. Lediglich in Tsarang und Thingkhar hat man mittels selbstfinanzierter Miniatur-Wasserkraftwerke ein lokales Stromnetz errichtet.

In ganz Mustang wird Buchweizen in größerem Umfang angebaut. Das Mehl verwendet man u. a. für eine Art Porridge (zan), der, in Wasser gekocht, zusammen mit einer Gemüsesauce und zuweilen etwas Fleisch oder gewürzter Buttermilch vor allem im Baragaon und Thakkhola ein Grundnahrungsmittel bildet. Getreidemehl wird zu Brotfladen gemahlen. Gerste nimmt wie im ganzen tibetischen Kulturkreis für die Ernährung eine vorrangige Rolle ein. Ihr geröstetes Mehl (Tsampa) wird mit Buttertee oder Wasser vermengt und bildet das traditionelle Hauptnahrungsmittel der

Nomaden, der Mönche in den Klöstern und auch der Bauern, wenngleich weniger ausschließlich als in Tibet selbst. Ferner findet man in den südlicheren Gebieten Hirse und Mais (nördlich bis Tangbe). Der wasserintensive, im Himalaya ohnehin nur bis ca. 2200 m ü. M. gedeihende Reis wächst nur ganz im Süden des Mustang-Distrikts, also außerhalb des eigentlichen kulturgeographischen und -historischen Gebietes von Lo.

Im Norden, also in Lo, werden Erbsen, Zwiebeln, Rüben, Kohl, Rettiche, Raps und sehr schmackhafte Kartoffeln angebaut. Ganz ausgezeichnet schmeckende Äpfel gibt es im südlichen Thakkhola, vereinzelt aber noch bis zum nördlichen Tsarang. In der fruchtbaren Kali-Gandaki-Region bei Marpha wachsen Tomaten, Blumenkohl, Spinat und wilde Aprikosen, die hier auch zu einem recht substanzreichen Schnaps verarbeitet werden. Die üppig wachsenden Früchte und das Gemüse könnten die Thakalis auch ins übrige Nepal „ausführen", aber es mangelt an Transportwegen, da erst das südliche Pokhara an das innernepalische Straßennetz angeschlossen ist.

Die Anbau- und Siedlungsgrenze liegt wie in Tibet bei maximal 4400 m ü. M. Der durchschnittliche Landbesitz umfaßt 0,8 ha pro Familie. Jedes Jahr wird ein männlicher Dorfbewohner zum „Vorsteher für die Felder" bestimmt. Das Pflügen und Ernten ist Sache der Männer, die Frauen bestellen die Felder, sind für die Saatpflege verantwortlich und bringen das Korn nach dem Dreschen ein.

Für größere Viehherden sind die meist nur kleinen Weideflächen in Mustang nicht ertragreich genug, und Überweidung ist ein großes Problem. Vor 1959 und offensichtlich noch bis 1968 (W. Donner, 1968) konnten die Lopas aufgrund vertraglicher Vereinbarungen größere Herden auf den vermutlich auch etwas mehr Niederschläge erhaltenden tibetischen Steppen bis ca. sieben Kilometer jenseits der Grenze kostenlos weiden lassen, was später von den Chinesen untersagt wurde. Kleinere, im Nepali als Lulu-gai bezeichnete Rinder werden vor allem im Thakkhola gehalten, insbesondere als Pflugtiere und wegen der Milch. Nur selten wird des Fleisches wegen auch geschlachtet.

Ziegen sind der Stolz jeder Familie. Bei einem gewissen Wohlstand stellt man für die Herden Hirten an, die als Lohn Essen und Kleidung sowie jährlich drei bis vier Tiere als Eigentum erhalten. Der dadurch meist überall reichlich vorhandene Ziegendung wird als wichtiges Brennmaterial säckeweise eingesammelt. Zusätzlicher Dünger kommt aber auch aus den direkt über den Tierstallungen liegenden Toiletten der Wohnhäuser. Die Ziegenherden machen freilich auch eine Aufforstung praktisch unmöglich, denn vieles wird sofort von den Tieren abgefressen. Aus Holzmangel schlagen die Lopas auch kleinste Bäume ab. Neben Schafen und Hühnern hält man viele Dzo, eine im Himalaya häufige Kreuzung von Yak und Rind, die als Zugtiere im Landbau dienen, Milch für Yoghurt und Käse abgeben, Dung für Brennstoff und das auch für die Buddhisten im Himalaya wegen der geringen Pflanzen- und Gemüseprodukte unvermeidbare Fleisch liefern. Echte Yaks sieht man in Mustang verhältnismäßig wenige.

Eine große Rolle spielen Pferde, Maultiere und Esel als Tragtiere, da noch immer alle Güter nördlich von Jomosom nur auf ihrem Rücken transportiert werden können. Die kleinwüchsigen Mustang-Pferde sind als Reittiere – auch für König Jigme Palbar Bista – unentbehrlich.

Der Handel bildete traditionsgemäß für die Lopas eine ganz wesentliche Lebensgrundlage. Vor der Schließung der Grenze zu China-Tibet profitierten sie vom Nord-Süd-Handel zwischen Tibet, Nepal und Indien, der – dem Kali-Gandaki-System folgend – auf der „Mustang-Route“ die leichteste Verbindung quer durch die Himalayakette hatte. Bis 1959 kauften die Lopas insbesondere Trockenfleisch, Schaffelle, Butter und Salz, aber auch Yakfelle, Ziegen, Schafe, Wolle und Natron von den Tibetern. Sie gingen dafür entweder selbst über die niedrigen Pässe nach Tibet, oder kauften diese Güter von nach Lo kommenden tibetischen Händlern und Nomaden ein. Auf der Handelsroute von Tibet nach Indien und umgekehrt war das Thakkhola die „Schaltstation“ auf halbem Wege, was den dortigen Einwohnern, den Thakalis, zu ihrem beträchtlichen Wohlstand verhalf. Treffpunkt der Karawanen und Lagerort war früher der Ort Larchung, später das wenig nördlicher gelegene Tukche.

Heute ist die sechs Wegstunden von Lo Manthang entfernte Grenze zu Tibet im Frühjahr und im Herbst je zwei Monate für den lokalen Handel geöffnet. Die Lopas kaufen dann von ihren nördlichen Nachbarn Salz, Butter, Tee, Wolle und Kleidung, Schafe, Schuhe und Bier ein und verkaufen Getreide, Gerste, Teppiche und Pferde. So manche Güter bekommt man auf der tibetischen Seite viel leichter als aus Nepal selbst, wo alles mit Tierkarawanen tagelang von Kathmandu bzw. Pokhara herangeschafft werden muß. Nur weniges wie z. B. Yakkäse, Wolle oder das dem Essen beigegebene Lhimbu kann man nach Inner-Nepal „exportieren“. Anderes wie Reis, Zucker, Tee und Gewürze mußte man sich schon von jeher aus dem inneren Nepal beschaffen.

Eine herausragende Bedeutung hatte in Mustang vor der Schließung der Grenze 1959 der Salzhandel, den ganz vornehmlich die Thakalis im Süden kontrollierten (siehe auch Kapitel „Bevölkerung und Gesellschaft“:Die Thakalis). 1860 erhielten die Thakali-Führer von der Nepal-Regierung das Recht, auf das von Tibet importierte Salz eine Steuer zu erheben. Gewöhnlich bezahlte man in diesem Tauschhandel mit Getreide. Auf den tibetischen Changthang-Ebenen wurden dazu jedes Frühjahr die als Transporttiere benutzten Schafe und Ziegen, die mit 10 bis 15 Kilogramm Salz beladen werden konnten, über 200 km weit zu den Salzebenen getrieben, was einschließlich Rückweg allein 50 bis 60 Tage dauerte. Im Herbst erreichten dann in ca. 10 Tagesetappen diese Karawanen Mustang bzw. die südliche Region der Thakalis in der Zeit nach Ernteabschluß. Die Lopas gingen gewöhnlich zweimal im Jahr über die Grenze und holten die begehrte Ware in Tibet ab. Tibetische Salzkarawanen gelangten aber auch zum Teil weit nach Süden bis Dhumpu im Kali-Gandaki-Tal, um hier das Salz gegen Reis einzutauschen.

Ein tibetisches Sprichwort charakterisiert den Wert dieses kostbaren Handelsguts: „Die Salzseen des Nordens sind eine Schatzkammer voll von kostbaren Edelsteinen. Wessen Arm auch immer lang genug ist, kann sie erreichen und sie sich nehmen“.

Eine kurze Übersicht über den zeitlichen Ablauf der Landwirtschaft in Mustang mag den Jahresrhythmus der bäuerlichen Bevölkerung charakterisieren, der freilich im Norden (Lo) und im Süden (Thakkhola) zeitlich mehrfach voneinander abweicht. Die vegetationsgeographische Grenze liegt etwa in der Region von Tshuksang. In den Hochgebieten nördlich davon (also in Lo) erlauben Topographie und Klima einen beginnenden Landbau im April-Mai.

Januar: Weizen-Aussaat im Süden (noch bis in die Tshuksang-Region).

Februar: Lamas legen durch astrologische Bestimmung den Termin der Getreideaussaat fest.

März: Vorbereitungen für die Frühjahrsbestellung, Anpflanzen von Kartoffeln (Süden).

April: Die im November des Vorjahres gesäte Gerste steht bereits ca. 20 cm hoch (Süden, bis etwa Tshele). Einzelne Täler wie z. B. bei Dri sind auch im Norden schon grün (Getreide, Gerste). Aprikosenblüte (z. B. bei Tangbe und Dri).

Mai: Pflügen der Felder und Aussaat (Norden). Reparieren der Bewässerungskanäle.

Juni: Zu Monsunbeginn gegen Monatsmitte Aussaat von Buchweizen. Anbau von Kohl und Beginn der Ernte von Gerste und Getreide.

Juli: Ernte von Getreide (Süden, bis etwa Tshuksang) und Gerste

August: Während dieser im Landbau eher ruhigen Zeit halten sich traditionsgemäß zahlreiche Bauern „halbnomadisch" bei ihren Viehherden außerhalb der Dörfer auf.

September: Kartoffel-Ernte.

Oktober: Getreideernte im Norden. Bis in den November hinein Ernte von Kohl, Blumenkohl, Spinat (z. T. nur im Süden). Äpfel- und Aprikosenreife im Süden. Ab Monatsende Buchweizen-Ernte.

November: Anfang des Monats Aussaat der Gerste. Ernte des für ganz Mustang wichtigen Buchweizens. Eintreffen der Salzkarawanen aus Tibet (vor 1959). Nach Abschluß der Landarbeiten wandern – jetzt bei Niedrigwasser der Flüsse – zahlreiche Lopas über den unwirtlichen Winter nach Süden ab, wo sie in Pokhara, Kathmandu, Südnepal oder in Indien Handel betreiben und erst gegen Winterende wieder zurückkehren. Diese jährliche Abwanderung resultiert aus wirtschaftlicher Notwendigkeit, da die insgesamt recht begrenzten Möglichkeiten in Agrarbau und Viehzucht nicht für alle Einwohner eine ausreichende Versorgung erlauben.

Diese recht unvollständige und skizzenhafte Übersicht kann vorläufig nur auf sehr bescheidene Art den ländlichen Jahresrhythmus in Mustang beschreiben. Durch die neuen Reisemöglichkeiten für Ausländer werden hierzu künftig genauere Beobachtungen möglich sein.

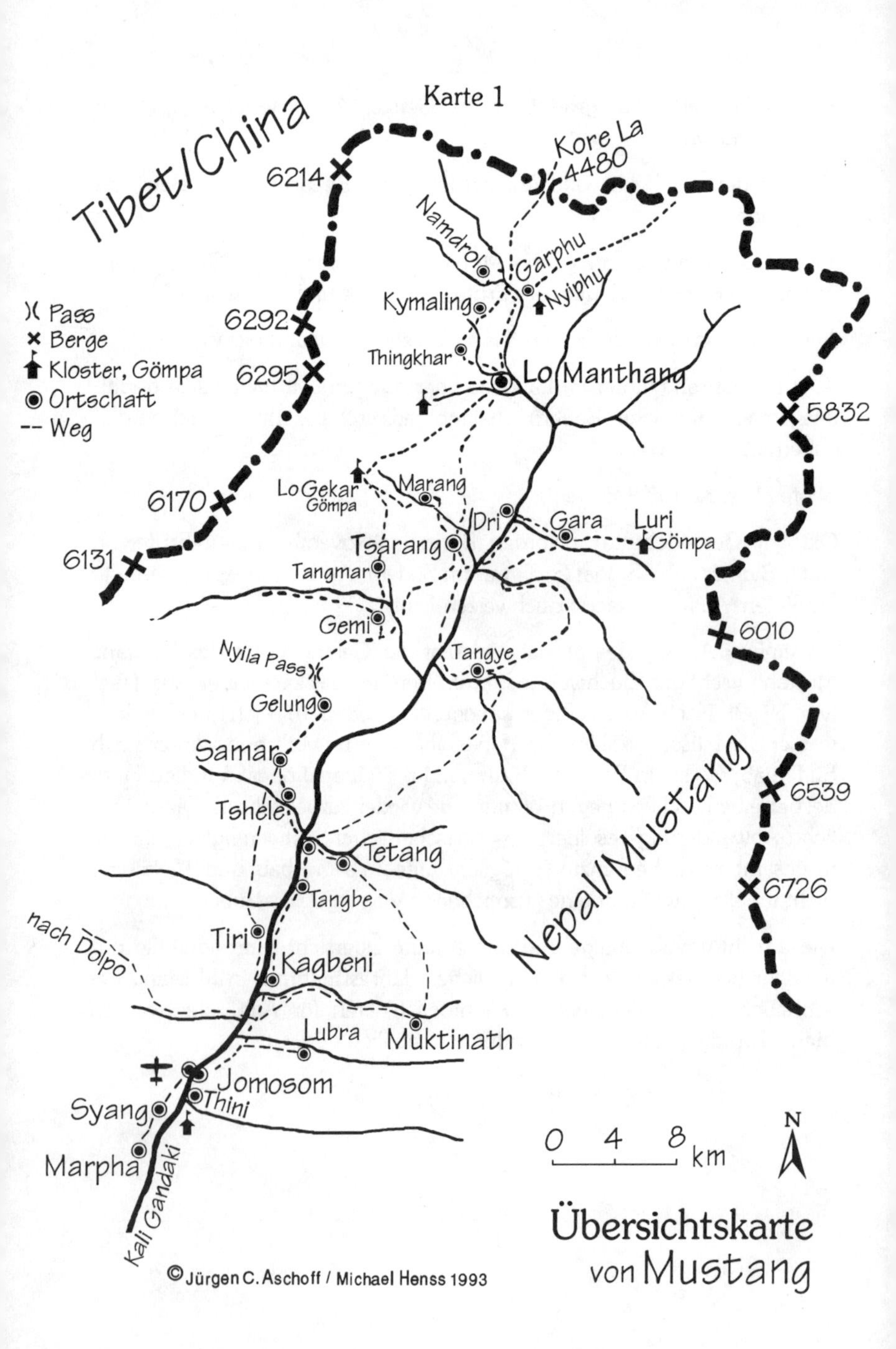
Karte 1
Tibet/China
Kore La
4480
6214
Namdrol
Garphu
Nyiphu
Kymaling
Thingkhar
Lo Manthang
)(Pass
× Berge
Kloster, Gömpa
Ortschaft
-- Weg
6292
6295
5832
Lo Gekar
Gömpa
Marang
Dri
Gara
Luri
Gömpa
Tsarang
6170
6131
Tangmar
Gemi
Nyila Pass
Tangye
6010
Gelung
Samar
Nepal/Mustang
6539
Tshele
Tetang
Tangbe
6726
nach Dolpo
Tiri
Kagbeni
Lubra
Muktinath
Jomosom
Thini
Syang
Marpha
Kali Gandaki
0 4 8 km
N
Übersichtskarte
von Mustang
© Jürgen C. Aschoff / Michael Henss 1993

Karte 2

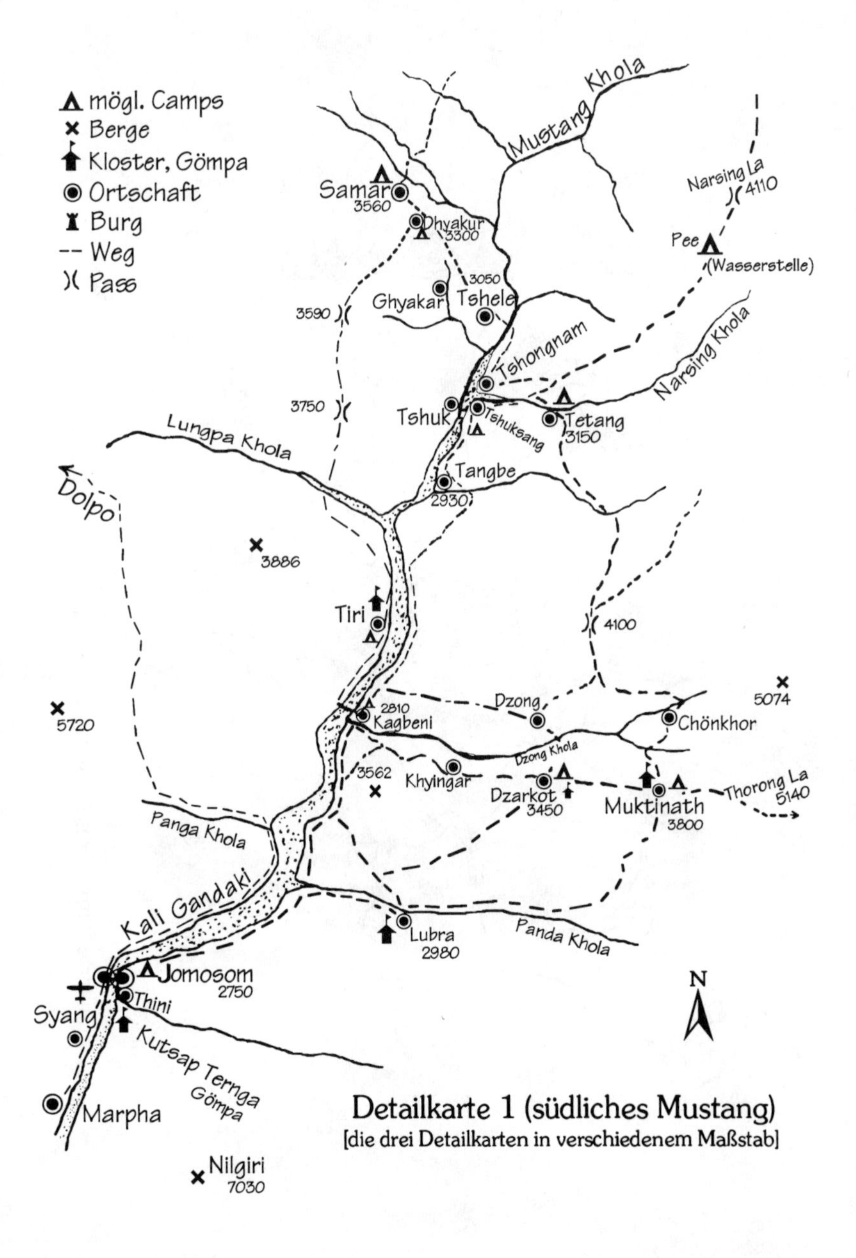

Detailkarte 1 (südliches Mustang)
[die drei Detailkarten in verschiedenem Maßstab]

Karte 3

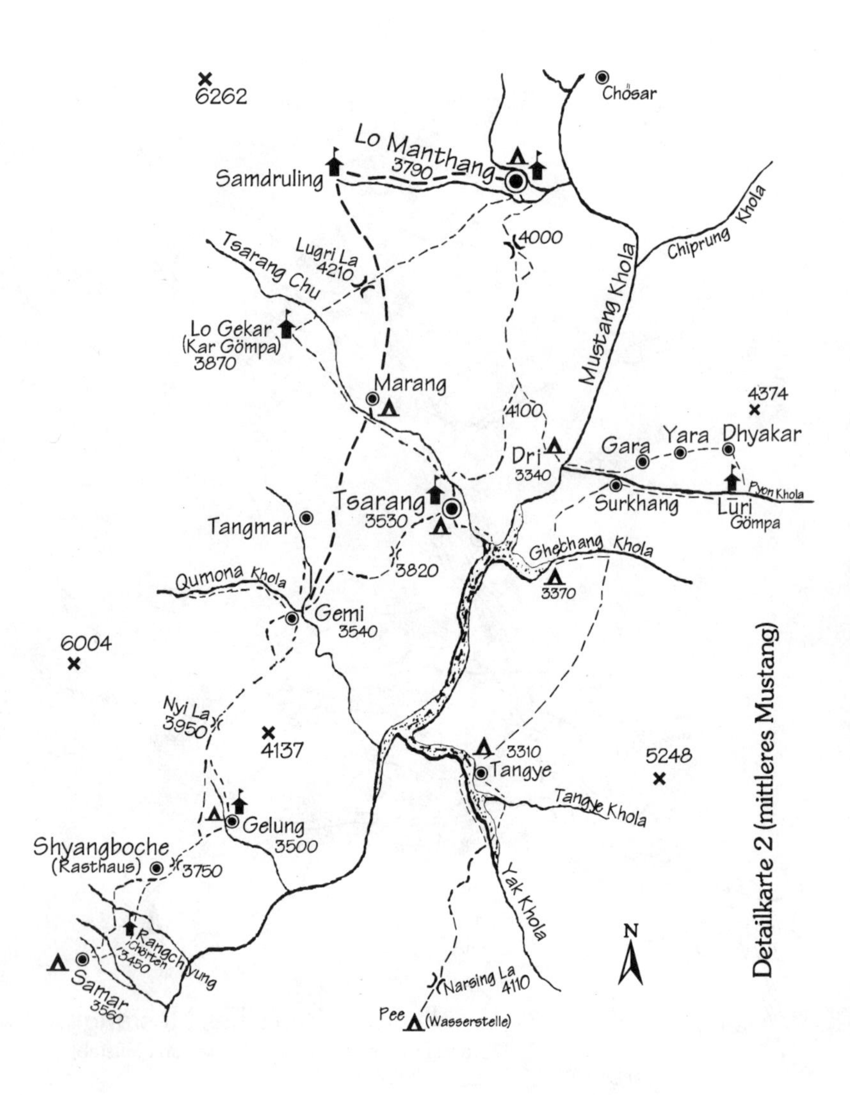

Detailkarte 2 (mittleres Mustang)

Karte 4

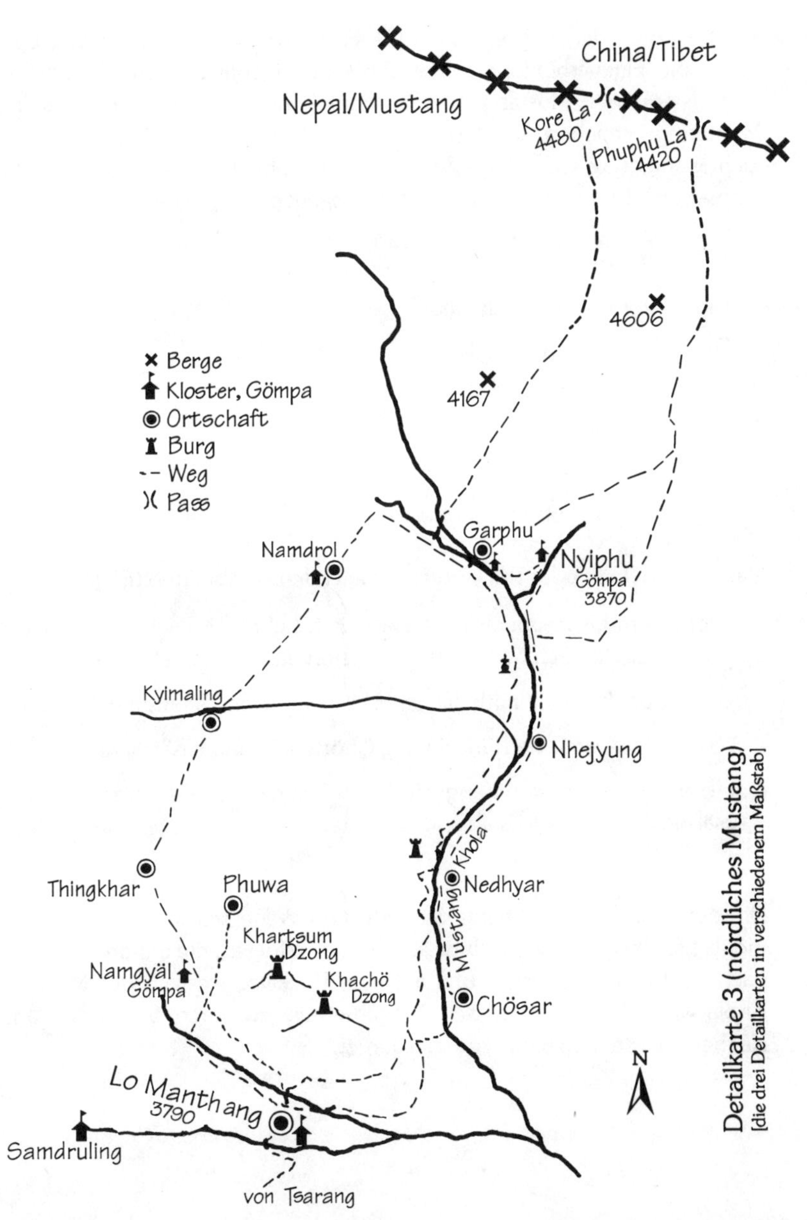

Detailkarte 3 (nördliches Mustang)
[die drei Detailkarten in verschiedenem Maßstab]

Orte und Routen

Wir beginnen den Führer zu den Orten und Routen in Jomosom, dem durch die Flugverbindung mit Kathmandu eigentlichen Ausgangspunkt einer Reise nach Mustang. Von hier aus könnte man in vier Tagen Lo Manthang erreichen, sollte sich aber selbst auf dieser „direkten" Route nicht weniger als sechs Tage Zeit lassen. Wer ohne Umwege gehen möchte, mag sich für den Hinweg nach dem folgenden Zeitplan richten:

1. Tag: Ankunft in Jomosom. Wanderung in die Umgebung (Marpha, Thini, Kutsap-Ternga-Gömpa)
2. Tag: Jomosom bis Kagbeni
3. Tag: Kagbeni bis Tshuksang
4. Tag: Tshuksang bis Samar
5. Tag: Samar bis Gemi
6. Tag: Gemi bis Tsarang
7. Tag: Tsarang bis Lo Manthang

Variationen (Hin- oder Rückweg) auf folgenden Abschnitten möglich:

a) Jomosom bis Kagbeni: Abstecher nach Lubra (½ Tag). Von hier aus eventuell direkt nach Muktinath. Exkursion nach Muktinath (2 Tage)

b) Jomosom bis Muktinath: weiter via Tetang nach Tshuksang (3 Tage)

c) Samar bis Gemi: via Rangchyung Chörten (½ Tag zusätzlich)

d) Tsarang bis Lo Manthang: via Lo Gekar nach Lo Manthang (½ Tag zusätzlich).

Die detaillierte Beschreibung der Orte und Wege soll im Verlaufe einer möglichst abwechslungsreichen „Idealroute" erfolgen, die auf dem Hinweg nach Lo Manthang östlich und auf dem Rückweg westlich des Mustang Khola verläuft. Lediglich den Wegabschnitt zwischen Jomosom und Kagbeni würde man dabei zweimal gehen.

Jomosom, 2750 m

Jomosom ist die Verwaltungshauptstadt des Distrikts Mustang mit verschiedenen Büros, Funkstation, Hospital und Armeelager. Der vom nepalesischen König vorgeschlagene und vom Mustang-Raja (der Mitspracherecht hat) empfohlene Gouverneur von Jomosom vertritt den Mustang-Distrikt im Parlament von Kathmandu. Der eigentliche Ort („Alt-Jomosom“) am östlichen Kali-Gandaki-Ufer bietet nichts speziell Sehenswertes und ist für Mustang-Reisen lediglich eine Ausgangs- bzw. Durchgangsstation. Am westlichen Flußufer haben sich rund um das seit 1961 bestehende Flugfeld, das man von Kathmandu aus nach einem 40minütigen Direktflug oder ab Pokhara in ca. 20 Flugminuten erreicht, Dienstgebäude, kleine Hotels, Restaurants und der Kontrollposten für das Trekking-Permit etabliert („Neu-Jomosom“). Der Name Jomosom ist eine Deformation der lokalen tibetischsprachigen Bezeichnung Dzongsam (*rDzong gsar-ba*), übersetzt „Neue Burg“. Mehrere Tourist Lodges bieten Zimmer und Mahlzeiten an. In der „Marco Polo Lodge“ kann man sich Videos über das deutsch-nepalesische Höhlenforschungs-Projekt vorführen lassen. Wegen der Lage an der „Annapurna-Route“ trifft man in Jomosom zur Reisezeit zahlreiche Ausländer an.

Bei Ankunft mit dem Flugzeug vormittags sollte man den Rest des Tages hier verbringen, zur Anpassung an die Höhe, Inspektion der Begleitmannschaft und der Tragetiere für das Trekking, und um kleinere Wanderungen in die Umgebung zu machen.

Exkursionen ab Jomosom:

Thini, 2830 m, 2 bis 3stündige Exkursion

Zwei Kilometer südlich von Alt-Jomosom liegt auf einem Bergrücken das Dorf Thini (tib. *gSum-po*). Aufgrund dendrochronologischer Untersuchungen befand sich hier schon von 1533 bis 1779 eine bewohnte Burg, Garab Dzong, die einst das gesamte Gebiet des Panchgaon („Fünf Dörfer“) beherrschte und offensichtlich auch das politische Zentrum des ehemaligen, südlich von Lo gelegenen Königreiches Serib gewesen ist. Die Macht der Herren von Garab Dzong („Die freudvolle Residenz“) reichte nördlich bis vor Gelung und erstreckte sich über mehrere tributpflichtige Dörfer und selbst bis nach Manang, das in einem Vasallenverhältnis stand.[74] Se-

---

[74] Charles Ramble, 1984, sowie Michael Vinding, 1979.

henswert ist die kleine Bön Gömpa, das neben Lubra einzige für den Fremden in Mustang erreichbare Kloster dieser vorbuddhistischen tibetischen Religion. Interessant sind im Innern die Altarfiguren aus Stuck (17./18. Jh.): v.l.n.r. die weiße zehnarmige und fünfköpfige Gottheit rGyal-ba 'dus-pa, im Bön-Pantheon die erste Emanation von Samantabhadra (tib. *Kun-du bzang-po*), der dem Adi-Buddha, dem „Schöpfer des Geistes", entsprechenden höchsten Bön-Gottheit. An den mittleren Händen vor der Brust erkennt man zwei mit den Silben A und MA bezeichnete Scheiben, vermutlich Sonne und Mond. In einer ihrer rechten Hände hält die Figur das für die Bön-Religion charakteristische Swastika-Hakenkreuz, ohne das man kaum diese ikonographisch weitgehend „buddhisierte" Statue identifizieren könnte. Rechts neben einem kleineren Padmasambhava der zornvolle dunkelblaue neunköpfige dBal-gsas mit seiner grünen Dakini, der Vernichter aller unheilbringenden Dämonen, dessen Augen rote Blitze schleudern, Ohren wie Donner dröhnen und 18 Hände diverse Abwehrwaffen halten. Rechts davon eine sehr schöne Bronzefigur des Ur-Buddha Vajradhara mit der charakteristischen gekreuzten Mudra, der „Halter des Vajra".

Kutsap-Ternga-Gömpa

Von Thini führt ein Weg in ca. 45 Minuten durch das Flußtal des Langpu-Khyang und dann vorbei an einem als heilig angesehenen See weiter zur auf steilem Fels hoch über dem Kali Gandaki beim Weiler Dhumba gelegenen Kutsap-Ternga-Gömpa (*sKu-tshab gter-nga*; auch *sKu-gzugs-sde-lnga*, gesprochen: Kuzudenga). Man erreicht dieses sehr sehenswerte Nyingmapa-Kloster der „Fünf Schätze der Körper-Erscheinung" von Jomosom aus in rund zwei Stunden. Da es gewöhnlich geschlossen ist, vergewissere man sich zuvor des Schlüssel-Kustoden in Thini.

Nach der Biographie seines Gründers Urgyan dPal-bzang wurde das Kloster gegen Ende des 17. Jhs.[75] „auf einem Hügel errichtet, der einem liegenden Elefanten gleicht und einen Fußabdruck des Padmasambhava aufweist," nachdem ihm sein Lehrer, der „Tertön" (Schatzentdecker) bDud-'dul-rDo-rje (1615 bis 1672), Reliquien der Fünf Schätze aus Kharchung im südtibetischen Lho-brag – oder gemäß anderer Tradition aus dem tibetischen Gründungskloster Samye – dafür übergeben hatte. Diese bilden

[75] Nach K.-H. Erhardt, Kathmandu, mündlich.

seither den namensspendenden Schatz dieser heiligen Stätte. „Wer immer der Gnade dieser heiligen Reliquien teilhaftig wird, empfängt von mir, Padmasambhava, den Segen... Krankheiten werden vergehen, Regen und reiche Ernten werden eintreffen, schlechte Einflüsse werden abgehalten ... und man wird die Stärke der Todlosigkeit erlangen ...“.

Thini (oberhalb von Jomosom): Inneres der kleinen Bön Gömpa. Links die höchste Bön-Gottheit rGyal-ba-'dus-pa.

Die in einer kleinen Metalltruhe aufbewahrten „Fünf Schätze“ wurden 1992 dem Verfasser – angeblich als dem „ersten Ausländer“ – gezeigt: fünf kleine Figuren eines Buddha, von Padmasambhava und von dessen tantrischer Gefährtin Yeshe Tshögyäl, eine sehr feine, vermutlich Pala-indische Miniatur-Steinschnitzerei der Gottheit Cakrasamvara und eine „von selbst entstandene“ vergoldete Statuette eines Lama. Sie sollen Körper, Rede und Geist sowie die Eigenschaften und Handlungen Padmasambhavas repräsentieren. Interessanter noch sind acht weitere (5 + 3) in der gleichen Truhe gehütete Schätze: ein Stein mit Handabdruck (des Klostergründers?), ein vom Himmel gefallener Vajra, die versiegelte Knochenreliquie eines Lama, die Schädelschale eines Lama, eine Portion Erde (?), ein Schuh und ein Gewandteil des Padmasambhava sowie ein gravierter Stein in Gestalt eines Bodhisattva-Kronen-Blatts. Viele Pilger kommen zu den jährlichen Zeremonien im 7. tibetischen Monat, um diese Reliquien zu verehren.

Bis 1973 war die Anlage nach Nordosten orientiert (Eingang). Damals wurden der quadratische Hof mit den doppelten Galerien im Süden hinzugefügt und die Dächer repariert[76]. Über den Klosterhof, in dem jeden Oktober Tscham-Tänze aufgeführt werden, erreicht man den von vier Pfeilern getragenen, durch eine zentrale Dachlaterne mit Tageslicht erhellten Dukhang. Die 1956 erneuerten Wandmalereien zeigen eine auf die Nyingmapa-Schule hinweisende Ikonographie[77], nämlich an der Eingangswand: Vaishravana, vier zornvolle Gottheiten und über dem (nicht mehr benutzten) Portal: v.l.n.r. Shantarakshita, Padmasambhava, König Trisongdetsen – der Gründer und Bauherr des ältesten Klosters von Tibet, Samye. Li. Seitenwand: Samantabhadra mit Prajna, Padmasambhava, eine zornvolle Schutzgottheit. Re. Seitenwand: der tausendarmige Avalokiteshvara, Amitayus mit Prajna, Padmasambhava, zwei zornvolle Schutzgottheiten, eine Dakini. Im Lichtgaden fällt eine hier ungewöhnliche Tsongkhapa-Triade auf.

Im Innenraum imponieren die großen Statuen vor der Altarrückwand, insbesondere die von einem Newar-Künstler im späten 17. Jh. geschaffene Bronzestatue des Maitreya links, die stilistisch an ähnliche Figuren in der Tsarang Gömpa erinnert. Nach rechts anschließend: der vierarmige Avalokiteshvara-Sadakshari zwischen zwei stehenden Bodhisattvas, in der Mitte der Buddha Amitabha zwischen den Bodhisattvas Manjushri und Vajrapani (r.), dazwischen kleine Figuren der Klostergründer-Inkarnationen, folgend ein kleiner und ein großer Padmasambhava mit den beiden Dakinis. Alle Statuen sind von üppigem Stuckrankenwerk umgeben. An den Pfeilern sind mehrere Tanzmasken aufgehängt. Der kleine Raum daneben (Thugche chenpo) birgt einen großen Gebetszylinder und links einige provinzielle Tonfiguren (Sakya-Lama, Avalokiteshvara-Sadak-shari, Padmasambhava). - Fotografieren ist in den Innenräumen nicht gestattet. Mehrere Partien des Klosters sind baufällig. Die in Thini wohnenden „householder-priests" sind sehr an einer finanziellen Unterstützung für Renovationen interessiert. Vom Kloster hat man eine prächtige Aussicht über das Kali-Gandaki-Tal.

---

[76] Corneille Jest, 1981.

[77] Nach Corneille Jest, 1981, betreuen heute Kagyüpa-Mönche das Kloster.

Zahlreiche Geisterfallen (Sagho namgho, „Erde und Himmel") sollen an den Hauseingängen, hier in Lo Manthang, das Übel von den Bewohnern fernhalten.

Wenn man nicht denselben Weg über Thini zurückgehen will und einen steilen Abstieg „querfeldein“ nicht scheut, kann man direkt zum Kali Gandaki hinunterlaufen, dort die Brücke auf der Höhe des Dorfes Syang überqueren und am westlichen Flußufer bis Jomosom zurückgehen, – ein kürzerer, aber nicht eben bequemer Weg.

Marpha, 2700 m

Eine lohnende, ab Jomosom (Westufer) etwa zweistündige leichte Wanderung auf gutem Wege nach Süden führt nach Marpha. Der Besuch dieses malerischen Thakali-Dorfes bietet sich am Ankunftstag von Jomosom aus zur „Einstimmung“ auf das Mustang-Trekking an. Am Ortseingang von Marpha passiert man einen Tor-Chörten mit einem Samantabhadra-Mandala im Durchgang. Inmitten üppiger Buchweizenfelder, Apfel- und Aprikosenhaine gelegen, weist sich der hübsche Ort vor allem durch sein traditionelles Stadtbild aus. Die alten Steinhäuser sind mit reichen Holzschnitzereien geschmückt. Die „Hauptstraße“ säumen mehrere Touristenherbergen und Restaurants, in denen man u. a. Äpfel, Yakkäse, Trockenobst, Apfelwein und Aprikosenschnaps einkaufen kann. Etwas oberhalb im Ort liegt die **Samling Gömpa** (Nyingmapa). Der Blick von hier auf Marpha ist ergiebiger als die neue Ausstattung dieses neben Tukche und Larchung südlichsten Tempels des lamaistischen Buddhismus in Mustang. Die Altarfiguren hinter Glas v.l.n.r.: Avalokiteshvara-Sadakshari, Amitabha, Padmasambhava. Im November wird hier ein Fest mit Maskentänzen im Klosterhof gefeiert. Oberhalb des Dorfes sieht man an der Felswand eine Einsiedelei, die einige bescheidene Kultbilder birgt. Der Weg dort hinauf lohnt aber nur wegen der Aussicht auf das Kali-Gandaki-Tal.

Tukche (Tukuche)

Eine Tagestour ab Jomosom könnte noch den weitere zwei Wegstunden südlich Marpha gelegenen Ort Tukche einschließen, einst das Zentrum der ganzen Thakali-Region und bis in die Neuzeit der traditionelle Warenumschlagplatz für den Nord-Süd-Handel. Auch hier sind wie in Marpha die Sakralbauten ohne besondere Bedeutung: Rani Gömpa, Mahakali Gömpa, Gömpa sarwa[78]. Ein wenig weiter Kali-Gandaki-abwärts hat man

[78] David Snellgrove, 1961, pp. 178 f.

in Larchung die südlichste Verbreitungsgrenze des lamaistischen Buddhismus erreicht.

Gut vier Kilometer südlich Marpha gelangt man über eine Brücke zur auf dem östlichen Kali-Gandaki-Ufer gelegenen **Cherok Gömpa** (auf Karten auch Chhairo bzw. Chhairogaon oder Tsherok Gömpa), die aus dem 18. Jh. stammen soll und heute von einigen Nonnen betreut wird. In der Versammlungshalle sieht man im Zentrum eine Shakyamani-Statue, an der rechten Wand Malereien von Samantabhadra zwischen einer Dakini und Avalokiteshvara, links die acht Manifestationen Padmasambhavas, Vajradhara, einen Medizinbuddha; darunter jeweils 8 bzw. 13 Karmapa-Lamas. An der Eingangswand über dem Portal Vajrasattva und Dharmapalas. In der Kapelle nebenan dominiert eine neuere, etwa drei Meter hohe Padmasambhava-Statue zwischen zwei großen „Gebetsmühlen". Ein höher gelegener Raum ist für die Schutzgottheiten bestimmt.

Als lohnender Tagesausflug ab Jomosom ist zu empfehlen: Thini – Kutsap-Ternga-Gömpa – am östlichen Kali-Gandaki-Ufer bis Cherok Gömpa – über die Brücke nach Marpha und von hier zurück nach Jomosom.

Route Jomosom bis Kagbeni: 8 km, ca. 3 Stunden, 2750 bis 2810 m

Nach Erledigung der Formalitäten am Check-post in Neu-Jomosom (ganz in der Nähe der Tourist Lodges) überquert man die zweite Brücke und folgt dann dem Hochpfad am Ostufer des Kali Gandaki. Während der Trockenzeit kann man auch größtenteils im Flußbett gehen bzw. den Weg damit kombinieren.

Lubra, 2950 m

Wenn man auf halber Strecke dem Panda Khola drei Kilometer flußaufwärts folgt, erreicht man nach zwei Stunden (ab Jomosom) das Dorf Lubra (*kLu-brag*, „Naga-Fels", d. h. der Sitz der Nagas, der Unterwelt-Gottheiten mit Schlangenleib), wo es eine der wenigen Bön Gömpas in Mustang gibt. Gegen 1160 gründete hier Yangtön Lama Tashi Gyältsen (*Yang-ston bkra-shis rgyal-mtshan*) das erste Bön-Kloster im einstigen Königreich Serib, dem südlichen Teil des heutigen Mustang, aus dem bzw. um das herum später das gegenwärtig 13 Häuser und etwa 85 Einwohner zählende Dorf entstanden ist.[79]

Lubra Tashi Namgyäl oder einfach nur Lubragpa, „Der Mann von Lubra", wie der Bön-Missionar sonst auch genannt wird, soll aus Dolpo nach Lubra gekommen sein, obgleich die lokale Überlieferung dies umgekehrt sieht. Er gilt als der Begründer des Bön in Serib und damit im heutigen Gebiet von Mustang. Durch einen Eid besänftigte er hier die lokalen Götter und Dämonen des Erdreichs (tib. *kLu*, Sanskrit: *Naga*) und erhielt von ihnen dafür den Grundbesitz für die Klostergründung, mit der das Dorf und dessen Bewohner in engstem Zusammenhang stehen. Als der gelehrte Yangtön Lama früh schon an diesem Ort weitere Mönche um sich versammelte, gründeten diese ja nicht dem Zölibat unterliegenden Lama-Priester mit der Zeit Familien und damit eigene Anwesen. Möglicherweise stand aber auch am Anfang eine zunächst vom Dorf separat lebende, voll ordinierte Mönchsgemeinschaft, die sich erst im Laufe der Zeit zu „householder-priests" entwickelte und dann die führenden Familien des Dorfes stellte. Das Priesteramt in diesen einzelnen Haushalten wurde – bis auf den heutigen Tag – erblich und jeweils vom ältesten Sohn übernommen. Jeder männliche Haushaltsvorstand der neun landbesitzenden Großfamilien in Lubra ist also automatisch „Priester", sei es durch Geburt oder durch Einheirat. Diese weder an bestimmte Klosterregeln gebundenen noch durch anspruchsvollere buddhistische Lehren geschulten „householder-priests" (zum Begriff „householder-priest" siehe Näheres im Abschnitt „Mönche" im Kapitel „Der Buddhismus in Mustang"), die bezeichnenderweise vor Ort nicht „Lama", sondern nur „Trapa" (tib. *grwapa*, d. h. einfacher Mönch) genannt werden, sind Bauern, Betreuer und Ritualvollzieher der lokalen Gömpa und „Seelsorger" für diverse Familien in den umliegenden Dörfern. Die Lubragpas, die folgerichtig natürlich alle Bönpos sind, haben auch ein „geistliches Oberhaupt", das die householder-priests einweiht, ihnen bestimmte Ritualkenntnisse vermittelt und spezielle Zeremonien leitet, aber unserer Beurteilung nach in der Regel seinen „Mitarbeitern" keine höhere spirituelle Ausbildung vermitteln kann – von Ausnahmen und einstigen kulturgeschichtlichen Blütezeiten abgesehen. Diese Funktion hatte in Lubra 20 Jahre lang ein 1959 aus Tibet geflüchteter Bönpo inne, der heute aber in Thini lebt und die dortige

[79] Die folgenden Ausführungen basieren im wesentlichen auf der noch unveröffentlichten Dissertation von Charles Ramble (1984).

Gömpa betreut, während er seine „Priestergemeinde“ in Lubra nur noch zu bestimmten Zeremonien besucht.

Schon immer hatte Lubra durch seinen Status eines „Priester-Dorfes“ bestimmte Privilegien wie Steuervergünstigungen oder das von Garabdzong, der vermutlichen Residenz der Serib-Herrscher, zugesprochene Recht, von gewissen Dörfern tributartige Abgaben zu erheben. Noch heute gehen zwei Dorfoberhäupter von Lubra einmal im Jahr in andere Dörfer des Baragaon, um dort in den einzelnen Haushalten Gerste oder Buchweizen in Empfang zu nehmen. Obgleich Lubra als „priestly community“ gilt, sind nur wenige Lubragpas praktizierende Geistliche. In dieser ganzen sehr eigenen sozio-religiösen Struktur unterscheidet sich die Lubra Gömpa erheblich von den Bön-Klöstern in Tibet oder Dolpo, gleicht aber in einigen wesentlichen Merkmalen wie den householder-priests zahlreichen buddhistischen Tempeln bzw. Dörfern im übrigen Mustang und insbesondere im Thakkhola.

Im Inneren der Püntsoling Gömpa (tib. *Phun-tshogs gling*)[80], die in ihrer heutigen Form aus der zweiten Hälfte des 19. Jhs. stammt, nimmt wie in Thini die Stuckfigur der mehrarmigen Gottheit Gyälwa düpa (tib. *rGyal-ba 'dus-pa*)[81] den zentralen Platz ein. Sie ist die erste Emanation des Buddha Samantabhadra (tib. *Kun-du bzang-po*) und in dieser Gestalt die höchste Bön-Gottheit, das Höchste Prinzip und der „Schöpfer des Geistes“, von dem alles erleuchtete Wissen seinen Ausgang genommen hat.

Von Lubra führen direkte Wege nach Dzarkot und Muktinath, und man mag hier bereits eine alternative „Ost-Route“ wählen, die via Muktinath, Chönkhor und Tetang in Tshuksang wieder auf die Hauptroute treffen würde (höchster Paß: 4100 m). Kurz vor Kagbeni zweigt beim „Munal Guesthouse“ (Teeausschank, Rastgelegenheit) ein Weg nach Muktinath ab, das man für einen zweitägigen Abstecher in ein Mustang-Trekking einschließen sollte.

---

[80] Der ursprüngliche Bau hieß nach Charles Ramble (1984) vielleicht – möglicherweise in Beziehung zu dem bekannten gleichnamigen Kloster in Dolpo – Samling Gömpa (*bSam-gling*).
[81] Für eine Abbildung siehe Gudrun John, 1993.

Kagbeni, 2810 m

Die einst wichtige, an einem engen Durchgang des Kali-Gandaki-Tals gelegene Festungsstadt kann als Eingangspforte nach Ober-Mustang gelten, d. h. in das kulturgeographisch und -historisch „rein tibetische" Gebiet von Lo. Gleich einer Zitadelle riegelt „Kag" (tib. *skag*, auf deutsch „Felsblock" oder „blockieren"), wie es die Einheimischen nennen, das Tal ab. „Beni" spielt auf den Zusammenfluß des von Muktinath kommenden Dzong Khola mit dem Kali Gandaki an. So war Kagbeni bisher auch der nördlichste Ort, den Ausländer besuchen konnten. Heute hat man hier auf dem Weg nach Lo Manthang den Check-post zu passieren.

Kagbeni markiert auch die Sprachgrenze zur südlichen Thakali-Region, denn erst hier ist das Tibetische tatsächlich die einheimische Sprache. Und hier trifft man auch auf den ersten „Mustang-Chörten", den man wie ein Stadttor passiert. Über Kagbeni regierte einst ein selbständiger König. Später starb die Dynastie aus. G. Tucci fand 1952 noch Ruinen des alten Schlosses vor. Als gegen 1680 der ladakhische König Dedan Namgyal dem Lo-Raja, seinem Großvater und Onkel mütterlicherseits, eine Armee zur Hilfe senden ließ, wurde dabei das Kagbeni-Fort eingenommen. Das Ereignis zeigt deutlich, daß in Kagbeni damals eigene, vom Lo-Königreich unabhängige Herrscher ihren Sitz hatten. Im konfliktreichen 18. Jh. hatte an diesem Ort ein Jumla-König den Raja von Mustang und seine ladakhische Frau eingesperrt, die beide später wieder durch einen Ladakh-Heerführer befreit wurden. – An den Häusern sind zahlreiche „Geisterfallen" zur Abwehr übelbringender Mächte befestigt, die als „Sagho namgho" (wörtlich genau: Erdtor-Himmelstor, denn ihre Funktion ist, die Portale von Himmel und Erde vor den zahllosen übelwollenden Wesen zu verschließen, die in diesen beiden Bereichen wohnen, siehe Kapitel „Volkskundliches", Abwehrmagie) bezeichnet werden. An einem Straßendurchgang trifft man auf eine archaisch anmutende **Lehmfigur einer mythischen Dorfvorfahrin**.

Der mächtige rote Kubus der wie eine Festung aussehenden Gömpa (Sakyapa) ist nicht ohne weiteres zugänglich. G. Tucci fand hier 1952 noch „Hunderte von Bronzefiguren" vor, u. a. einen Vajrasattva „aus der besten Zeit von Nepals Kunst". Hauptkultbild ist eine bronzene Shakyamuni-Statue. Die Wandmalereien (16. Jh.?) zeigen u. a. die fünf Tathagata-Buddhas. – Südlich Kagbeni führt ein Pfad nach Dolpo über den 5110 m hohen Sangdak La, der Mitte Oktober bereits zugeschneit ist.

Route Kagbeni bis Muktinath: 6 bis 7 Stunden, 2810 bis 3800 m

Das dem Dzong Khola folgende Hochtal von Muktinath ist bekannt als Dzar-rDzong yul-drug, frei übersetzt: „Die sechs Dörfer, Dzar, Dzong und andere Orte". Beiderseits des Dzong Khola-Flußlaufs gibt es je drei bedeutendere Siedlungen, nördlich Chönkhor, Putra und Dzong, südlich Khyeng-khar, Dzarkot und Purang. Das Ende des Tals bildet, 1000 Meter oberhalb des Ausgangspunktes am Kali Gandaki, Muktinath.

Dzong

Ein Zweig der einst in Kagbeni etablierten Herrscherfamilie errichtete an dieser Stelle eine Burg (tib. *Dzong*), von wo aus auch Kagbeni sichtbar war. Dzarkot (Dzar), auf deutsch etwa „Vorteil(hafter) Ort", war ein weiterer Außenposten dieser die Muktinath-Region kontrollierenden Familie. Dzong, das größte der Dörfer[82], war die ursprüngliche Residenz des über das gesamte Tal herrschenden Lokalkönigs. Einer der Könige verlegte später seinen Sitz nach Dzarkot, wo das heute amtierende Dorfoberhaupt noch aus jener königlichen Familie stammt. Die eindrucksvollen Fort-Ruinen von Dzong auf der anderen Talseite zeugen von dieser großen Vergangenheit. Die Burg gehörte einst der Familie des Gründerlamas von Shey in Dolpo, Tenzin Repa. Das dem Fort integrierte Kloster war früher bei weitem das größte im Tal und folgte wie andere Tempel hier auch der Ngor-Sakya-Schule, während in Muktinath die Nyingmapa dominieren. Das innerhalb des Forts zuoberst errichtete, historisch bedeutende Kloster ist das einzige noch einigermaßen intakte Gebäude der ganzen Anlage[83]. An der Altarrückwand der Tempelhalle sieht man neben einer Shakyamuni-Statue eine Figur des Lama Tenzin Repa. – Das Muktinath-Tal und Kagbeni markieren die südliche Verbreitungsgrenze der tibetischen Dialekte. Entsprechend wurde diese Region schon in einigen frühen tibetischen und Mustang-Texten als zum Reich Lo zugehörig angesehen.

Wir folgen auf unserer Route, vorbei an mit Buchweizen, Kohl, Rüben, Mais, Hirse und Chili bestellten Terrassenfeldern, den südlichen Dörfern, deren Häuser zwar im allgemeinen „tibetisch" aussehen, aber noch die Holzschnitzereien der Thakalisiedlungen aufweisen. Nach der Ernte im

---

[82] Ehemaliger Name: *Rab-rgyal-rtse*, „Gipfel der höchsten Sieger".

[83] Siehe auch Corneille Jest, 1981, pp. 68 ff., mit Abb.

September sind die Feldfrüchte auf den Flachdächern farbenreich zum Trocknen ausgebreitet. Wie in allen Mustang-Dörfern ist über das ganze Dach wie ein abschließender Schmuckfries Brennholz aufgestapelt, das gewöhnlich nicht benützt wird und mehr als Statussymbol den Wohlstand der Familien bezeugen soll. – An der gegenüberliegenden Felswand erkennt man zahlreiche frühgeschichtliche Höhlen, die zu einem kleinen Teil von Dieter Schuh und seinen Mitarbeitern in den letzten Jahren erforscht wurden.

Das Dorf Dzarkot - auf dem Wege von Kagbeni nach Muktinath - liegt noch außerhalb des historischen Mustang-Reiches Lo. Der Einschnitt im Hintergrund markiert den östlich nach Marang führenden Thorong La (5140 m).

Dzarkot (Jharkot), 3450 m

Nach 2½ Stunden erreicht man die sehr sehenswerte Siedlung Dzarkot (Dzar), die schon von weitem als malerisches „Burgdorf" auf einem Felssporn hoch über dem Flußtal sichtbar ist. Die genauere ethnische Identität der noch nicht zu den Lopas zählenden Einwohner im Muktinath-Gebiet bzw. im ganzen Baragaon ist nicht leicht zu definieren. Die meisten bezeichnen sich als „Gurung" und „Thakuri", da diese Volksgruppen bzw. Kasten nach orthodoxem Hindu-Denken „respektabler" sind, d. h. einen höheren gesellschaftlichen Status haben als die Bhotias. Vielfach sind die Baragaon-Bewohner aber von Norden, also von Lo und Tibet, einst eingewanderte Volksgruppen wie z. B. die Familien von Lubra (12./13. Jh.) oder von Chönkhor –. Interessant sind an einem Durchgang im Ort zwei idolhafte Lehm-Effigien der mythischen Dorfahnen (s. Abb. S. 68). Die meist geschlossene Gömpa (Ngor-Saykapa) konnte der Verfasser leider nicht von innen sehen. – Bei einem Trekking ab Jomosom bietet sich das Gebiet oberhalb Dzarkot zum Errichten des Zeltlagers an.

Muktinath, 3800 m

Ziel für zahllose Hindu-Pilger und Buddhisten am hochgelegenen Ende dieses so fruchtbaren Tals ist Muktinath, eine der heiligsten Stätten ganz Nepals: der „Ort der hundert Quellen", wie der Nepali-Name und auch die tibetische Bezeichnung Chumig Ghyatsa (genau: gNas-chen chu-mig brgya-rtsa „Der große heilige Ort der 108 Wasserquellen") zu übersetzen ist. In der Hindu-Tradition gilt die ganze Region als „Muktikshetra", als „Ort der Erlösung". Brahma soll hier durch das Entzünden einer Flamme über dem Wasser ein wunderbares Opfer gebracht haben. Und Padmasambhava, der Lotosgeborene, habe daselbst meditiert. Die 84 Mahasiddhas sollen hier auf dem Wege nach Tibet ihre Pilgerstäbe, aus denen später die Pappeln des heiligen Haines gewachsen seien, zurückgelassen haben.

Historische Daten zu Muktinath sind höchst spärlich. Für das 13. Jh. ist ein Tempel bezeugt, der als Filiale eines Drigung-Kagyüpa-Klosters am Kailash in Westtibet gegründet worden war.[84] Unlängst konnte durch dendrochronologische Altersbestimmung für eine der Gömpas ein Baudatum von 1768 herausgefunden werden, was zu der Annahme paßt, daß die heutigen Gebäude samt ihrer Ausstattung kaum vor das 18. Jh. zurückgehen.– Im September feiert man am Quellheiligtum in Muktinath unter Beteiligung der Dörfer Dzar, Chönkhor und Khyingar ein mehrtägiges Erntefest, das „Muktinath-Yartung".[85] Das Hauptfest findet dabei bei Vollmond am 15. Tag des 7. tibetischen Monats statt, wo nachmittags der Drazur-Tanz (dgra-zor) aufgeführt wird, eine Art ritueller Solidaritätsreigen der drei repräsentativen sozialen Gruppen, d. h. von Klerus, Adel und

---

[84] David Jackson, 1976, p. 44.

[85] „Yartung" ist die lokale Aussprache von Dbyar-ston, „Sommerfest" (nach Charles Ramble, 1987).

Gemeinen. Eine weitere Attraktion sind zu diesem Anlaß Reiterspiele, bei denen noch bis vor wenigen Jahrzehnten auf recht hitzige Art Feuerwaffen gebraucht wurden, bis dies von den nepalesischen Behörden untersagt wurde.

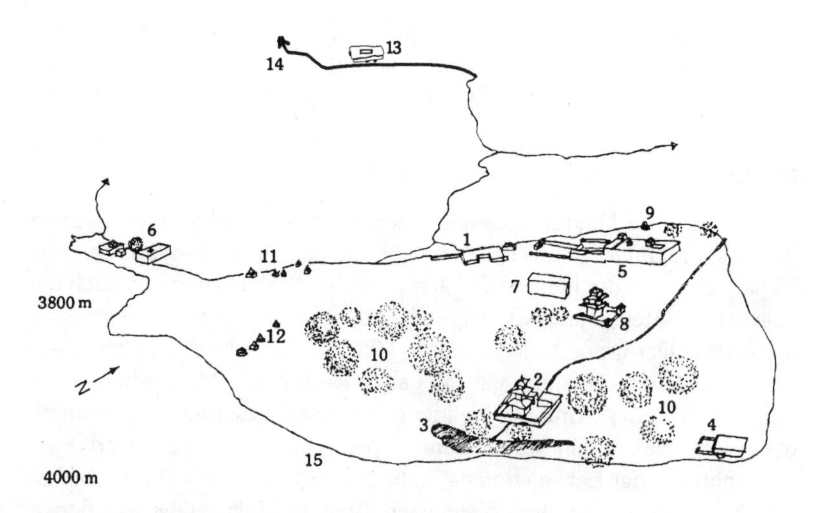

Bildlegende zum Plan von Muktinath (nach C. Jest 1981)

1 Eingang zum Heiligen Hain
2 Vishnu-Lokeshvara-Tempel
3 See der Heiligen Quelle
4 Marme Lhakhang
5 Gömpa sarba
6 Gömpa des Heiligen Feuers
7 Pilgerunterkunft
8 Shiva Mandir
9 Fußabdruck Padmasambhavas
10 Heiliger Wald
11 Chörten
12 Schrein der Schlangengottheit
13 Pilgerunterkunft
14 Weg zum Dorf Dzar
15 Heiliger Umwandlungsgang

Am Ortseingang trifft man auf die unvermeidbaren Spuren der vom Trekking-Tourismus berührten Wallfahrtsorte ("5 minutes to Hot Shower"), doch läßt man auf dem Wege zu Höherem – der heilige Hain liegt noch weiter oberhalb – derlei irdische Bequemlichkeiten bald hinter sich. Das religiöse Muktinath ist eine weitläufige, von einem heiligen Umwandlungsweg umgebene idyllische Stätte, in einem von 3800 auf 4000 m ansteigenden Gelände ausgebreitet. Schattenspendende Bäume und sprudelnde Quellflüsse, die Andacht der Pilger und das sich immer wiederholende Klingen der Tempelglocken schaffen eine dem Ort angemessene friedliche, zeitlose und kontemplative Atmosphäre.

Vom Eingang des heiligen Bezirks (1) führt der Weg zum Hauptheiligtum, dem von 108 heiligen Quellen umgebenen, im nepalesischen Pagodenstil erbauten Vishnu-Lokeshvara-Tempel (2). Unter den 108 von einem dahinter liegenden Quellsee (3) gespeisten Wasserspeiern gilt es für die Pilger ein Bad zu nehmen oder von dem Wasser zu trinken. Nach indisch-hinduistischer Tradition ist dieser Ort „Tirtha", eine heilige Stätte am Wasser, wo man durch das sakrale Bad Reinigung erfährt. Und genauso sehen es hier auch die Gläubigen des diamantenen Buddhismus: „Wenn man von dem reinigenden Wasser trinkt, wird das Schlechte der fünf unermeßlichen Sünden weggewaschen.... Wer sich hier nur einen Tag aufhält, erreicht die Stufe der Bodhisattva-Tugend. ... Ein Ort, wo Wassergeister (Nagas), dämonische Mächte und Dakinis zusammenkommen, wo Samvara und seine tantrische Gefährtin residieren, ... wo die Würdigen geistiges Verdienst erlangen..." (übersetzt nach D. Snellgrove 1979). Im Tempelschrein werden Kultstatuen von Vishnu (= Avalokiteshvara für die Buddhisten![86]), Lakshmi, Sarasvati und Garuda verehrt.

Unter den buddhistischen Schreinen sind drei nennenswert: links vom Eingang zum heiligen Bezirk die vor ca. 50 Jahren errichtete **Gömpa sarba** (*dGon-pa gsar-pa*, „Neues Kloster" [5]) mit interessanten Holzdekorationen im Inneren und einer großen Padmasambhava-Statue. Links hinten befindet sich der **Marme Lhakhang** (*Mar-me Lha-khang* [4]), der „Tempel der Lichter" (Nyingmapa). Und rechts vom Eingang am Rande des Areals die Nyingmapa Gömpa **des Heiligen Feuers** (*Sa-la me-'bar-rdo la-me dGon-pa* [6]). Hier brennt eine von Erdgas gespeiste und von den Pilgern hochverehrte ewige Flamme[87] unter dem Altar „aus Erde, Stein und Wasser[88]", wie die Überlieferung sagt, ein Wunder, das mit der tantrischen Gottheit Samvara verbunden wird. Die großen, recht rustikalen Tonfiguren auf dem Altar zeigen v.l.n.r.: Padmasambhava, Manjushri, Avalokiteshvara-Sadakshari und den zornvollen Padmapani.

---

[86] Daher auch der tibetische Name für den Tempel: *spyan-ras gzigs klu-khang rgyal-po*, d. h. der dem Avalokiteshvara (Chenrezi) geweihte Tempel der Wassergötter (Nagas).

[87] Nach David Snellgrove, 1961, seit den 1950er Jahren nicht mehr brennend. Das Erdgas hat hier möglicherweise seinen Ursprung im Petroleum der an Ammoniten reichen Schieferlagen des Erdaltertums.

[88] Direkt neben einer kleinen Quelle.

Links vom Eingang in den heiligen Hain befindet sich neben der Pilgerherberge (7) eine weitere dreigeschossige Nepal-Pagode, der Shiva-Mandir (8), umgeben von vier kleinen Sanktuarien für Shiva, Vishnu, Krishna und Rama, die die vier heiligsten Pilgerorte Indiens repräsentieren.

Außer Hindu-Schreinen und buddhistischen Gömpas gibt es an diesem „ökumenischen" Wallfahrtsort ca. 1½ km südwestlich auch einen kleinen Bön-Tempel, die Tsultim Gömpa (*Tshul-khrim dGon-pa*). Bön-Pilger aus Lubra besuchen auch die buddhistischen Schreine bei bestimmten Festen wie z. B. dem Muktinath-Yartung, insbesondere den Marme Lhakhang und die Gömpa sarba, worin Swastika-Zeichen in „Bön-Richtung" (also umgekehrt), wie die Labragpas sagen, vor drei Generationen im Rahmen einer Renovation von (Bön-) Handwerkern aus Lubra geschaffen wurden, die auf diese Art ihre eigenen Symbole eingeschmuggelt hätten.[89]

Hinter Muktinath steigt der Weg, der seit Jomosom auch einen Teilabschnitt des „Annapurna-Trekkingrundwegs" bildet, gegen den vom 5911 m hohen Lupratse und vom 6150 m hohen Dersatse überragten Thorong La (5140 m) an, über den man die Region von Manang erreicht.

Von Muktinath führt ein direkter Weg via Tetang nach Tshuksang, auf dem ein 4100 m hoher Paß zu überqueren ist (6½ bis 7 Stunden). Bald hinter Muktinath passiert man ein kleines Nonnenkloster, überquert dann eine Brücke und erreicht das Dorf Chönkhor (Changur) mit einer kleinen Gömpa. Nach ca. 3½ Stunden ab Muktinath kommt man an eine von Wiesen umgebene Quelle, die sich gut als Rastplatz eignet.

Route (direkt) **Kagbeni bis Tshuksang**: ca. 15 km, ca. 6 Std., 2810 bis 2920 m

Bei steilem Anstieg nach Ortsende folgt der Weg weiterhin dem östlichen Kali-Gandaki-Ufer. Mehrfach geht es auf und ab. 4 Stunden sind es bis nach Tangbe (2930 m), dessen Bewohner der rund 30 Häuser nach eigenen Aussagen aus Manang stammen. In der Tat bilden sie mit den Einwohnern von Tshuksang, Tetang, Tshele und Ghyakar im sogenannten Panchgaon („Fünf Häuser") eine zusammengehörende Volksgruppe, die

[89] Charles Ramble, 1987.

sich „Gurung“ nennt, nicht zu den Bhotias gehört und mehr den Manang-Bewohnern nahesteht als den Lopas oder den Thakalis. Ihre Sprache, ein westtibetischer Dialekt, ist eher dem Thakali verwandt als dem Tibetischen. – Ähnlich Kagbeni, nur höher, liegt der Ort über dem stark erodierten Flußlauf. Tangbe hat eine kleine Gömpa mit einer von zwei schreckensvollen Gottheiten assistierten zentralen Kultstatue des Padmasambhava.

Tshuksang, 2920 m

Nach weiteren 1½ bis 2 Stunden erreicht man Tshuksang am Zusammenfluß des Narsing Khola mit dem nunmehr als Mustang Khola bezeichneten Kali Gandaki. Buchweizen, Gerste, Getreide und Kartoffeln sind hier die Hauptanbauprodukte. Das Dorf besteht aus drei an den verschiedenen Flußufern liegenden Siedlungen: Tshuk, Tshuksang und Tshomnang. Tshuksang ist ein günstiger Rastplatz und Ausgangspunkt für kleinere Exkursionen nach Tetang und Gömpa Khang. Von Lo Manthang aus gesehen bietet sich hier die Gelegenheit, die Ostroute nach Jomosom via Tetang, Muktinath und Lubra zu wählen. Von Kagbeni aus kommend kann man vom Lagerplatz in Tshuksang aus noch am gleichen Tag einen Abstecher zum sehenswerten Dorf Tetang machen.

Tetang, 2980 m

Etwa 45 Minuten dauert der Weg durch das steinreiche Flußbett des Narsing Khola. Bald hinter Tshuksang zur Rechten trifft man auf eine interessante Fels Gömpa, den „Tempel der heiligen Medizin“ (*sMan-rtsi Lhakhang*). Zentrales Kultbild ist darin eine recht alt erscheinende gekrönte Maitreya-Statue. Das von bizarren, höhlenreichen Felswänden überragte Tetang besteht aus hohen viergeschossigen Lehmhäusern, die an die Kasbah-Burgen der Berber im nordafrikanischen Atlasgebirge oder an die Hochbauten im Yemen erinnern. Der Rundgang durch den Ort ist wirklich lohnend. Die kleine Gömpa im Ortsteil links des Narsing Khola ist wegen ihrer bescheidenen Ausstattung weniger sehenswert. – Bei Tetang gibt es eine kleine Salzmine, die mehrere Dörfer bis nach Marpha versorgt.

Von Tshuksang aus sollte man den reizvollen Ausflug zum hoch über dem westlichen Ufer des Kali Gandaki (steiler Anstieg) gelegenen „Kloster des guten Dharma“, Künzang Chöling (*Kun-bzang chos-gling*), machen, besser bekannt als **Gömpa Khang** (übersetzt etwa „Einsames Klosterhaus"). Der einst bedeutende, heute nicht mehr aktive Nyingmapa-Tempel ist teilweise in recht ruinösem Zustand. Die Malereien der Vorhalle zeigen die „Vier Weltenhüter" und das „Rad der Wiedergeburten". Zentrales Kultbild der großen Versammlungshalle ist ein bis ins Obergeschoß reichender Maitreya (15./16. Jh.?). Auf dem Altar davor sieht man mehrere alte Tonfiguren von Padmasambhava und seinen Emanationen[90]. Unter den schönen alten Wandmalereien (ca. 18. Jh.) sind u. a. die fünf Tathagatas, Shakyamuni, Vajradhara, ein Medizin-Buddha, Maitreya, Samantabhadra, Hevajra zu erkennen.

Dorf Pyon, am Pyon Khola-Fluß, in einem Seitental des Mustang Khola (Weg nach Luri Gömpa).

Route Tshuksang bis Samar

Der direkte Weiterweg bis Lo Manthang verläuft von Tshuksang via Tshele nach Samar (ca. 5 Std., 2920 bis 3560 m). Für eine Stunde folgt man dabei dem Ostufer des Mustang Khola, der bald so sehr von Felsmassen ein-

---

[90] Abbildung hierzu siehe Gudrun John 1993, S. 142 ff.

geengt und versperrt ist, daß der Weg nicht länger am Flußlauf entlang geht. Vor einem durch steile Felsen gebildeten rotfarbenen, tunnelartigen Durchlaß führt eine Stahlbrücke zum Westufer, wo man nach steilem Anstieg bald **Tshele** erreicht (3050 m; 1½ bis 2 Std. ab Tshuksang). Kurz danach sieht man zur Linken, jenseits des Canyon, den Ort **Ghyakar** (3250 m) und steigt über einen Paß insgesamt 500 Meter höher bis **Samar** (3560 m), auf deutsch „Rote Erde". Samar war seit jeher ein bevorzugter Rastort für Karawanen. Weidebäume umgeben die dreizehn Häuser, Bewässerungskanäle führen klares Wasser. Von hier aus bietet sich eine prachtvolle Aussicht auf den vom Nilgiri überragten Annapurna Himal. Die neue Gömpa ist ohne besonderes Interesse.

Zur **Route von Samar bis Lo Manthang**: siehe Beschreibung des Rückweges von Lo Manthang.

Alternative „**Ost-Route**": **Tshuksang über Tangye zur Luri Gömpa**, weiter über Dri nach Lo Manthang

Dieser Wegverlauf bietet großartige Naturszenerien, ist aber durch häufigere steile An- und Abstiege schwieriger als die Route via Samar. „Schwierig" heißt, daß hier eine wirklich gute Kondition für das Bergwandern erforderlich ist, ohne daß aber – abgesehen von den Steigungen – tatsächlich schwierige oder gar gefährliche Wegstrecken zu gehen sind. Es ist empfehlenswert, einen Einheimischen als Führer mitzunehmen. Die Wasserstellen und damit die Orte für das Zeltlager liegen weiter auseinander als sonst üblich. Meist geht man über flußlose Hochplateaus. Nur die Täler der drei Nebenflüsse des Mustang Khola, das sind der Tangye Khola, Ghechang Khola und Pyon Khola, eignen sich für die Übernachtungs-Camps.

Abschnitt Tshuksang bis Pee: ca. 9 Std., 2920 bis 3950 m

Man überquert den (im Herbst kniehoch wasserführenden) Narsing Khola und steigt ab Tshomnang etappenweise auf ein rund 4000 m hohes, völlig unbewohntes Plateau. Nach einem langen Trekking-Tag erreicht man noch vor dem Narsing La in einer Senke einen auch von den Einheimischen des öfteren benutzten, „Pee" genannten Lagerort an einer Wasserstelle in knapp 4000 m ü. M. (keine Siedlung!). Dieser Wegabschnitt führt mehrfach durch grandiose, bizarr geformte Felslandschaften.

Abschnitt Pee bis Tangye: 4 bis 4½ Std., 3950 bis 3310 m

Eine dreiviertel Stunde nach Pee überquert man den 4110 m hohen Narsing La und trifft nach insgesamt zwei Stunden auf das Steilufer des Yak Khola, der nach einem Abstieg von über 700 Höhenmetern wie auch der dann folgende Tangye Khola zu überqueren ist. Ein alternativer Weg führt am oberen Canyonrand bis auf die Höhe von Tangye, das man dann auf etwas beschwerlichere Art nach steilem Abstieg und Passage des nunmehr breiteren Tangye Khola ebenfalls erreicht. Vom Flußbett aus muß man sich über einige Terrassenfelder seinen Weg in den etwas höher gelegenen Ort suchen.

Tangye: Die „Stupa-Landschaft" bildet das Zentrum der kleinen Siedlung Tangye. Die Gruppe von acht Chörten links versinnbildlicht die acht wichtigen Lebensstationen des Buddha. Die farbige Streifung weist auf die Sakya-Schule hin.

Tangye, 3310 m

Als Wahrzeichen dieses von rund 50 Familien bewohnten Ortes kann die umfangreiche, sehr malerisch wirkende Chörten-Gruppe gelten. Die acht dicht nebeneinander stehenden Stupas (Sanskrit: Mahācaitya; tib. *mChod-*

rten che-brgyad), symbolisieren die acht wichtigsten Lebensstationen Buddhas. Die farbenreiche Streifenbemalung ist ein Erkennungszeichen der in Mustang durch die Ngor-pa vertretenen Sakya-Schule. Interessant ist, daß die Stupas hier über einer Manimauer errichtet sind. Der große Chörten birgt innen Wandmalereien (ca. 18. Jh.): Manjushri, Amitayus, Padmasambhava, Buddha Shakyamuni, Weiße Tara, Lehrender Buddha, Ushnishavijaya und an der Eingangsseite die Buddhas der drei Zeiten (d. h. Vergangenwart, Gegenwart und Zukunft).

Von Tangye aus verläuft ein Pfad nach Südosten über den 5450 m hohen Mustang-Paß in den Damodar-Himal und weiter hinab bis ins Marsyangdi-Tal.

Frühgeschichtliche Höhlen im oberen Pyon Khola-Tal, kurz vor Luri Gömpa.

Abschnitt Tangye bis Ghechang Khola: ca. 6 Std., 3310 bis 3370 m

Der Weiterweg nach Norden über das steinige Flußbett des Tangye Khola und Mustang Khola sollte allenfalls (!) in der wasserarmen Jahrezeit benutzt werden, da man sonst zu oft die Flußläufe – unter Umständen mehr als kniehoch – queren muß. Man wählt stattdessen lieber den Höhenweg. Auf beiden Routen kann man von Tangye aus direkt nach Tsarang gehen (via Mustang Khola ca. 6 Stunden). Die Tragetiere werden ohnehin den Flußtälern folgen, auch wenn die Trekker den Höhenweg wählen.

Gleich hinter Tangye führt der Pfad 250 Meter steil nach oben (schöne Sicht auf den Ort!), und bald erreicht man ein Hochplateau (ca. 3650 m), von wo aus in der Ferne Tsarang zu erkennen ist. Immer wieder faszinierend sind die bizarren farben- und formenreichen Felsformationen. Drei Stunden hinter Tangye erreicht man einen 3860 m hohen Paß, der den Blick auf den Canyon des Ghechang Khola freigibt. Nach insgesamt 4½ Stunden kommt man in die Talsohle hinunter (3370 m), muß aber flußabwärts fast bis zur Einmündung in den Mustang Khola über eine Stunde gehen, um einen geeigneten Lagerplatz zu finden, da nur hier die Tragetiere Grünzeug finden.

Abschnitt G h e c h a n g K h o l a z u r L u r i G ö m p a , weiter bis Dri: ca. 11 Std., 3370 bis 3340 m

Sehr früher Abmarsch notwendig! Der lange Trekking-Tag ergibt sich aus der Logistik und erlaubt lediglich eine einzige Variation: vom Camp am Ghechang Khola nach Dri und von hier aus am folgenden Tag zur Luri Gömpa und zurück nach Dri. Wegen fehlender Rastplätze für Mensch und Tier und wegen des mitunter schwierigen Geländes kann man die ganze Karawane weder auf das Hochplateau nach Surkhang noch das Pyon Khola-Tal aufwärts schicken. Die Pferdetreiber gehen mit Tier und Gepäck durch das Mustang Khola-Tal direkt zum günstigen Lagerort Dri. Wer auf den langen Abstecher nach Luri Gömpa verzichten will, kann sich also der Karawane nach Dri anschließen und dort einen Ruhetag einlegen.

Nach Überquerung des Ghechang Khola (im Sommer hüft-, Herbst knietief) steiler Anstieg (1¼ Std.) am nördlichen Ufer auf ein Hochplateau (3550 m), von wo aus man einen herrlichen Rundblick hat. Weitere zwei Stunden sind es bis zum Pyon Khola, in dessen Canyon man hinuntersteigt, um dann dem immer enger und flacher werdenden Flußlauf gen Osten zu folgen. Nach insgesamt knapp fünf Stunden trifft man hier auf frühgeschichtliche Höhlen, in deren Nähe am Flußufer gute Rastplätze für die Mittagspause zu finden sind. Nach weiteren 1½ Stunden erreicht man schließlich **Luri Gömpa** (Kakom-Felstempel), das wie eine Bilderbuch-Einsiedelei hoch oben „zwischen Fels und Himmel" liegt. Man vergewissere sich schon zuvor, wo der Schlüssel-Lama zu finden ist und sende gegebenenfalls einen Begleiter zu den benachbarten Dörfern voraus. Bei der neuen, wegen ihrer schlichten Ausstattung nicht sonderlich sehenswerten Gömpa kann man das für den etwa 20minütigen Aufstieg zur hoch in der Felswand errichteten Einsiedelei hinderliche Gepäck lassen.

Luri Gömpa (Kakom-Felstempel)

Das wegen seiner einzigartigen Malereien so bedeutende Höhlensanktuar gehört der Drukpa Kagyüpa-Schule an, die in Bhutan fast das gesamte Mönchstum stellt. Ein mit einer bhutanesischen Ehefrau verheirateter Lo-König soll es ihr zu Ehren gegründet haben[91]. Die hohe Qualität der Ausstattung dieses von den Herrscherresidenzen und Kulturzentren in Lo Manthang und Tsarang so weit entfernten, abgelegenen Sakralbaus macht einen königlichen Auftraggeber durchaus wahrscheinlich. Peter Aufschnaiter traf 1963 die Eremitage schon verlassen an[92], was freilich auch den „Normalzustand" treffen könnte, da die Felsklause nur für bestimmte religiöse Zeremonien oder eben für Besucher geöffnet wird. Nach einem Erdrutsch 1972 wurde eine Fensteröffnung in die Außenwand gebrochen, die seither ausreichend Tageslicht einläßt.

Man betritt zunächst den heute religiös genutzten Hauptraum, der einige gute alte Tonfiguren von Drukpa-Lamas (16. Jh.?) und Tsa-tsa-Reliefs enthält. Links gelangt man in einen nur vier mal vier Meter großen Raum mit einem diesen fast ausfüllenden Stupa (tib. Chörten, *mChod-rten*) in der Mitte. Die höchst qualitätvollen Malereien des 14. Jhs. machen diesen Schrein zu einem Juwel der frühen buddhistischen Bildkunst in Mustang.

Der Stupa ist mit vier Gottheiten bemalt: Ushnishavijaya, die den weiblichen Aspekt des Mitleids verkörpernde „Siegreiche Königin der Erleuchtung" zwischen den Bodhisattvas Avalokiteshvara und Vajrapani (rechts) an der Eingangsseite im Osten; eine zerstörte, nicht mehr identifizierbare Darstellung an der südlichen Fensterseite; der vierarmige weiße Sadakshari-Avalokiteshvara im Westen; der zornvolle Vajrapani im Norden.

[91] Nach Michel Peissel, 1968, p. 267. Inwieweit diese Überlieferung historisch evident ist, bleibt jedoch fraglich.
[92] Peter Aufschnaiter, 1983, Farbtafel 55.

Luri Gömpa: Wandmalerei des Buddha Vajradhara (14. Jh.)

Luri Gömpa: Die hervorragenden Malereien des Stupa im Inneren der hoch in der Felswand gelegenen Einsiedelei stammen aus dem 14. Jh. Hier der den Lotos tragende Buddha Padmapani.

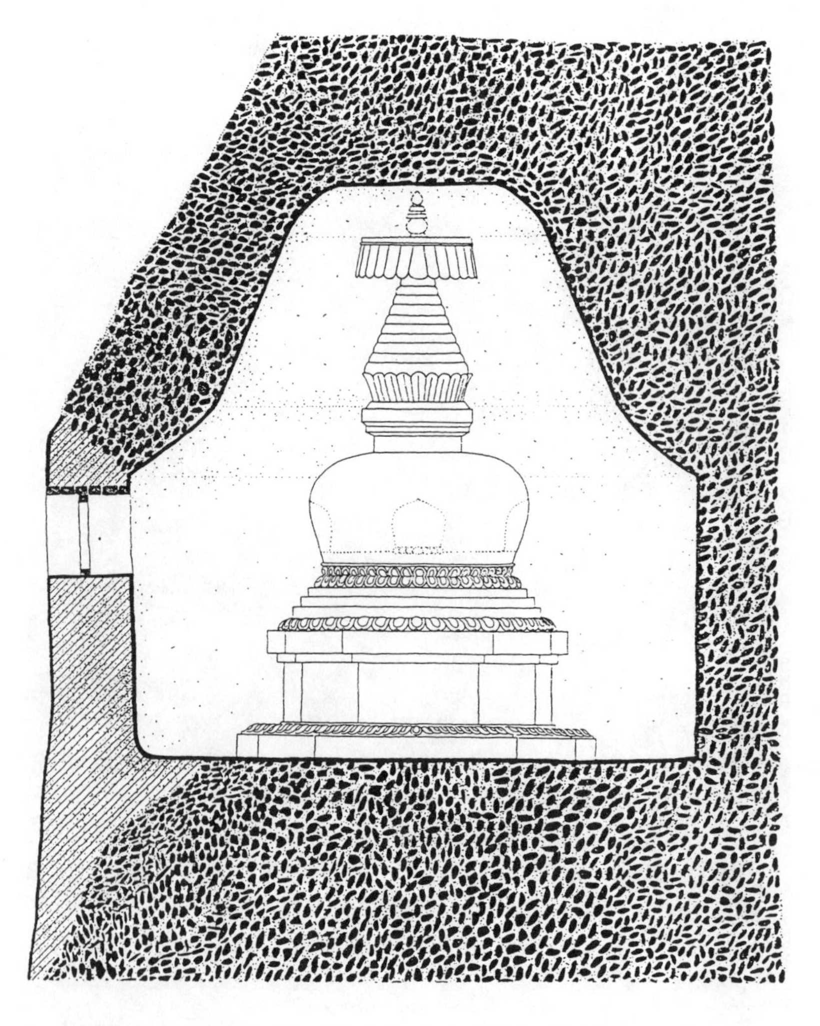

Luri Gömpa: Querschnitt (Nord-Süd) durch die Kakom-Höhle des großen Stupa. Links das 1972 eingebrochene Fenster (1:40). Zeichnung von Niels Gutschow (1992).

An den vier Seiten des Sockels sind die von Glückssymbolen umgebenen Vier Weltenwächter dargestellt: Vaishravana, Dhritarashtra, Virudhaka und Virupaksha. Nicht genau bestimmbare Dharmapalas (Wächter der Lehre) schmücken die acht Ecken der Basis. Am quadratischen Harmika über dem runden Stupakörper erkennt man die vier Tathagatas: Vairocana, Ratnasambhava, Amitabha und Amoghasiddhi. In den inneren Schirm des Stupa sind acht Medizin-Buddhas gemalt, auf die Innenseiten der 16 herabhängenden Schirmblätter alternierend weibliche Figuren und Dekormuster.

Das Decken-Mandala mit der weiblichen Gottheit Byang-chub sems-ma[93] und die acht diese umgebenden weiblichen Bodhisattvas dienen im ikonologischen Zusammenhang dem Stupa als Baldachin. Die Malereien der Rückwand (Westen) v.l.n.r.: ein Lama; Buddha Shakyamuni; Vajrasattva mit dem das Unzerstörbare und das Ewig-Absolute (der Lehre) symbolisierenden Vajra und der auf das Unbeständig-Vergängliche anspielenden Glocke (ihr vergehender Klang!) – der absoluten Leerheit und der allesdurchdringenden Weisheit. Rechts Acala, der „Unbewegliche“, mit dem Flammenschwert der erkennenden Weisheit. Die rechte nördliche Wand enthält eine religiöse Inschrift in Gestalt einer blaugrundigen tibetischen Buchseite.

Besonders meisterhaft sind auch die Darstellungen der acht Siddhas an der Decke: Luipa mit dem Fisch, der Magadha-König Dombhipa auf dem Tiger, der Jäger Shavaripa mit dem Pfeilköcher, der große Philosoph Nagarjuna, Virupa, der Meister der Dakinis (oder Karnaripa?), der Hundefreund Kukkuripa und der keusche Mönch Ghantapa. Diese tantrischen Meister des mystischen Pfades und Träger geheimen Wissens waren oft selber Höhlen-Einsiedler. Nicht immer über alle historischen Zweifel erhaben lebten diese aus allen sozialen Schichten stammenden unorthodoxen Freidenker und Visionäre, radikalen Existentialisten und geistigen Revolutionäre des (meist) 9. und 10. Jahrhunderts die Lehren der Tantras und erlangten die Erleuchtung schon zu Lebzeiten. Ihr Wirken ist mit zahlreichen übernatürlich-magischen Kräften verbunden.

Die restliche Deckenwölbung zeigt einen schönen ornamentalen Pflanzendekor. Durch stilistischen Vergleich mit den recht ähnlichen, gut da-

---

[93] Nach Niels Gutschow, dem ich insbesondere auch für die Abdruckgenehmigung seiner Querschnittszeichnung danke.

tierbaren Wandmalereien im tibetischen Shalu-Kloster (1306/30) und im Jonang-Kumbum-Stupa bei Lhatse (ca. 1330) sind die Malereien der Luri Gömpa eindeutig dem 14. Jh. zuzuweisen. Sie sind damit auch die ältesten noch erhaltenen Zeugnisse der buddhistischen Kunst und Kultur in Mustang.

ଓ

Den Rückweg bis Dri sollte man oberhalb (nördlich) des Pyon-Khola über die Dörfer Dhyakar, Yara und Gara wählen, um dann wieder im Flußbett des Pyon Khola bis zur Einmündung in den Mustang Khola zu gehen. Hier folgt man für ein kurzes Stück dem östlichen Ufer und überquert dann auf der Höhe des Lagerplatzes von Dri eine schmale (!) Einbaum-Brücke. **Achtung**: bei dieser Route sollte man vor 7 Uhr morgens am Ghechang Khola losgehen, um noch kurz vor Dunkelheit in D r i einzutreffen! Dri (gesprochen: Dih) war in Mustang ein traditioneller Haupthandelsort, dessen Einwohner vorwiegend vom Warenverkehr mit Tibet lebten. Nachts ist es an diesem Ort, wo noch Apfelbäume gedeihen, im Oktober noch erstaunlich warm, während man in höheren Lagen sonst um diese Jahreszeit dann schon Temperaturen gegen den Gefrierpunkt antrifft.

Route Dri bis Lo Manthang: 6 bis 7 Stunden,
3340 bis 3790 m (reine Marschzeit: 5 Stunden)

Ab Lagerplatz Dri am westlichen Mustang Khola-Ufer steiler Anstieg nach Nordwesten. Von einem kleinen Plateau aus in 3600 m Höhe hat man eine herrliche Sicht auf das nahe Flußdreieck des Mustang Khola und Ghechang Khola sowie auf die ferne Nilgiri-Annapurna-Kette. Nochmals geht es durch eine enge Klamm steil nach oben. Nach 1½ Std. erreicht man die Höhe von 3780 Metern, eine Stunde später einen 4000 m hohen Paß. Nunmehr bereits auf dem Hauptweg von Tsarang her, bietet sich von einer Anhöhe (3950 m) eine erste eindrucksvolle Aussicht auf die mauerumgebene Stadt Lo Manthang und auf das nur durch niedrige Pässe eingekerbte Panorama der Tibetgrenze. Von hier aus überblickt man gut das auf Tibet zuführende, von den schneebedeckten Sechstausendern umrahmte Mustang-Tal. Die topographisch-naturräumliche Zugehörigkeit von Lo zum tibetischen Hochplateau wird an dieser Stelle besonders anschaulich. Nach einem kurzen Abstieg liegt die legendäre festungsartige Stadt vor einem, das ersehnte Hauptziel für jeden Mustang-Reisenden.

Lo Manthang: Blick auf die mauerumgebene Stadt von Norden.

Lo Manthang (3790 m)

„Umgeben an allen Seiten von einer Kette weißer Felsgipfel, reich an immerwährend von dort herabströmenden Wassern, – so klar und sauber wie ein Kristall. Das ist der Ort, wo der König von Lo residiert.“[94]

So beschrieb im Jahre 1535 ein Einheimischer, der später in Tibet zu hohen Ehren gekommene gelehrte Mönch Künga Dölchog (*Kun-dga' grol-mchog*, 1507–1566) die Hauptstadt von Mustang. – Über die Geschichte von *sMon-thang rgyal-sa*, der „Residenz des Königs“, ist nur wenig bekannt. Die Überlieferung bringt die Gründung von Lo Manthang mit dem ersten König von Lo, Amepal (von Anfang 15. Jh. bis ca. 1445) in Verbindung. Konkrete zeitliche Anhaltspunkte geben jedoch lediglich die ganz offensichtlich während der Aufenthalte des Ngor-Lama Künga Zangpo in Lo zwischen 1427 und 1446/47 errichteten zwei Stadtklöster, Jampa Lhakhang und Thubchen Lhakhang, die fraglos zu den ältesten Bauten der Stadt gehören und mit deren Gründung in einem zeitlichen Zusam-

[94] Übersetzt nach David Jackson, 1976, p. 39.

menhang stehen müssen. Seither dürfte sich diese über 550 Jahre alte Stadtanlage kaum oder nur sehr wenig verändert haben. Und in dieser Authentizität des mittelalterlichen Weichbildes liegt auch der große Reiz von Lo Manthang.

Die ein Rechteck von ca. 300 mal 160 Metern umschließende, 7 Meter hohe Stadtmauer (1) gab von Anfang an das Maß der Stadt, das bis heute nicht überschritten wurde. Geht man durch das Labyrinth der engen Gassen, fühlt man sich in das 15. Jh. zurückversetzt. Die 123 zweigeschossigen, nur bei einigen Adelsfamilien noch höheren, mittelalterlich anmutenden Häuser (mit 170 Familien) scheinen oft wie zusammengewachsen und kaum von der modernen Zeit berührt. Erst 1989 wurden einige Wasserleitungen für den öffentlichen Gebrauch installiert. Tunnelartige Durchgänge unter den Wohnbauten setzen mehrfach die winkligen Wege fort. In dieser Kompaktheit und Verwobenheit des Stadt- bildes liegt, insbesondere im Vergleich mit Tibet, das Eigenständige der faszinierenden Stadtarchitektur von Lo Mantang.

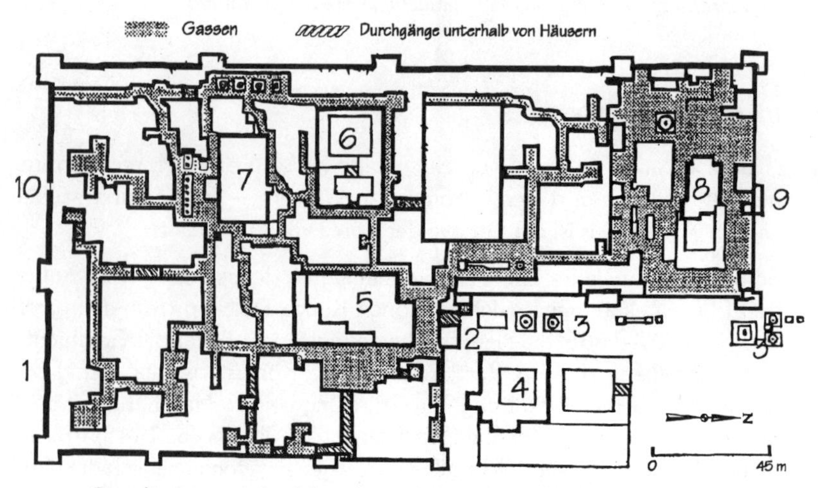

Stadtplan von Lo Manthang (nach M. Peissel 1968)

1. Stadtmauer
2. Stadttor
3. Chörten
4. ehem. Kontrollposten
5. Königspalast
6. Jampa Lhakhang
7. Thubchen Lakhang
8. Chöde Lakhang
9. Fluß-Seite
10. Neuer Durchgang/südliche Stadtmauer

Die Zahl der Einwohner intra muros wird auf rund eintausend geschätzt. Bestimmte als sozial niedrigstehend angesehene Berufskasten wie Schmiede, Müller und Musiker hatten seit jeher nur außerhalb der Stadtmauern Wohnrecht. Mustang kannte bisher offensichtlich kein Bevölkerungswachstum, und man hat generell den Eindruck, daß hier die Siedlungen seit Jahrhunderten eine konstante Einwohnerzahl aufweisen.

Lo Manthang: Das Stadttor war für über 500 Jahre der einzige Zugang in die ummauerte Stadt.

Die Hausfassaden sind des täglichen, vom Thakkhola her blasenden Windes wegen nicht nach dem sonnenreichen Süden ausgerichtet, sondern nach Osten. Im Erdgeschoß der Häuser sind Vieh und Waren untergebracht, das erste Obergeschoß enthält die Wohnräume, die in den höher gebauten Adelshäusern nur für den langen und sehr kalten Winter benutzt werden, während man im Sommer zum folgenden, nur von kleinen Fenstern erhellten Oberstock überwechselt. Häufig verbinden nur Einbaum-Stufenleitern die einzelnen Stockwerke miteinander. Läden gibt es in Lo Manthang gar keine. Die insgesamt 107 Schüler unterrichtende Schule, der Polizei- und Sanitätsposten sind außerhalb der Mauer errichtet. Nachdem in den 1980er Jahren mehrere umliegende Ländereien vom Raja verkauft worden waren, grenzen heute diverse Stallungen und Dreschplätze direkt an die Stadtmauer an. Die von Steinmauern umgebenen großen Felder vor der Stadt werden einst auch den Handelskarawanen als Lagerplätze gedient haben.

Das einzige originale Stadtportal (2) wurde noch bis in die 1960er Jahre über Nacht geschlossen. Das von den Sakyaklöstern Südtibets vermittelte, ursprünglich chinesische Konsolgebälk im Durchgang scheint die Entstehung von Stadt und Stadtmauer im 15. Jh. bau- und stilgeschichtlich zu bestätigen. Erst in den vergangenen Jahren hat man gegenüber in die südliche Mauer einen schmalen Durchgang gebrochen (10).

Gleich hinter dem Stadtportal trifft man etwa im Zentrum der Stadt auf den Königs-Palast (5), der zwischen 1950 und 1963 unbewohnt war, danach aber wieder die Residenz von Raja Jigme Palbar Tandul und seiner aus Shigatse stammenden tibetischen Frau wurde – Herr über Ländereien in Lo Manthang, Tsarang und Gemi, über 30 Bedienstete, 40 Pferde, 250 Yaks, fast 700 Schafe und Ziegen. Wenn der 25. Repräsentant der Lo-Dynsastie anwesend ist, ist der Palast durchaus für Besucher offen. Sehenswert ist vor allem die Hauskapelle im 3. Stock der privaten Wohnräume, die einen vermutlich aus dem 15. Jh. stammenden Gold-Kandschur und -Tandschur beherbergt, darunter auch einen prachtvollen Buchdeckel mit getriebenem figürlichem Silberdekor, ferner zehn Statuen und eine schöne Mahakalafigur aus Bronze. Das vierte Geschoß enthält einen Schrein mit Reliquien-Chörten und einen der Gottheit Mahakala geweihten Raum mit Hevajra- und Dakiniskulpturen. – Zu bestimmten Anlässen werden auf dem Vorplatz des Palastes Tscham-Tänze aufgeführt (siehe Kapitel „Volkskundliches“).

Jampa Lhakhang (6)

Der gewöhnlich verschlossene dreigeschossige Tempel des zukünftigen Buddha Maitreya (tib. *Byams-pa Lha-khang*) wurde alten Texten zufolge unter Angun Zangpo (*A-mgon bzang-po*, regierte ca. 1445 bis 1465), dem Sohn und Nachfolger von König Amepal, gegen 1445 gegründet und dürfte vor 1447 vollendet gewesen sein.[95] Der Stil der Wandmale-

[95] In diesem Jahr wurde Künga Zangpo eine offensichtlich bedeutende vergoldete Maitreyastatue gezeigt, die mit dem Hauptkultbild des Jampa Lhakhang identisch gewesen sein könnte (Giuseppe Tucci, 1956, p. 19). Aufgrund der anzunehmenden

reien bestätigt eine Entstehung im zweiten Viertel des 15. Jhs. Der Tempel ist schon mindestens seit G. Tuccis Besuch in Lo Manthang 1952 nicht mehr „aktiv", liegt aber rituell nicht eigentlich brach, sondern wird noch täglich morgens und abends von Laienpersonen betreut, die die Butterlampen nachfüllen, Wasserschalen und Räucherwerk erneuern und somit den Tempel in gewissem Sinne unterhalten. Den Schlüssel hat jeweils für vier Wochen eine der Familien in Lo Manthang, die damit auch für die regelmäßige Betreuung des Tempels verantwortlich ist.

Lo Manthang: Jampa Lhakhang. Die fensterartige Öffnung oben bezeichnet den 3. Stock dieser mächtigen Klosteranlage des 15. Jhs. (Das Erdgeschoß ist auf diesem Bild nicht sichtbar).

Regierungszeit des Bauherrn Angun Zangpo, ca. 1445 bis ca. 1465, und des dritten Besuchs von Ngorchen Künga Zangpo 1446/47 in Lo kann für die Bauzeit des Jampa Lhakhang das fünfte Jahrzehnt als wahrscheinlich gelten. Mit Sicherheit muß der Tempel beim Besuch Künga Zangpos 1446/47 vollendet gewesen sein, da neben der genannten Maitreyastatue auch der offensichtlich unter Amepal (1436) in Auftrag gegeben Gold-Kandschur damals fertiggestellt war und auch der als geistlicher Lehrer von Angun Zangpo bekannte 'Jam-dbyangs shes-rab von vermutlich 1446/47 bis 1457 in Lo Manthang nachweisbar ist. Zum Text der Tsarang Molla siehe bei David Jackson, 1984, p. 147.

Lo Manthang, Jampa Lhakhang: Siddha-Statuen des 15. Jhs.

Man betritt den Tempelkomplex über einen Hof mit umlaufender Kolonnade, deren Pfeiler schöne Kapitelle aus der Gründungszeit tragen. Im Erdgeschoß passiert man zunächst ein prachtvoll geschnitztes Torana (15. Jh.), über dessen Dreipaßbogen ein Tympanon das charakteristische Formen-Repertoire der Rückwände (Prabha) von Buddhafiguren zeigt: Makaras, Nagas und Pflanzenranken. Wandmalereien sind hier nicht mehr erhalten. Reste finden sich noch links im umlaufenden Korridor. Die zentrale angeblich 15 m hohe , dem 15. Jh. angehörende Maitreya-Statue aus Stuck mit einer schönen Prabha („Licht-Aureole“) ragt über einem hohen, schön reliefierten Sockel bis in den Oberstock hinauf. Die Bemalung ist neueren Datums. Auch der später übermalte Stupa links und der Siddha daneben stammen aus der Zeit der Tempelgründung. Links davon ein schönes Ushnishavijaya-Thangka des 15. Jhs.

Den von zehn Pfeilern (schöne Kapitelle!) getragenen ersten Oberstock erreicht man über die Galerieterrasse des Vorhofes. Eine Holztüre mit kunstvollem alten Dekor führt in das Innere. Hier sind vor allem die 44 Mandalas von allererstem Rang. Diese stilistisch mit den Wandbildern im Tsuglagkhang und im Kumbum-Stupa von Gyantse (1425/35 datier-

Lo Manthang, Jampa Lhakhang: Wandmalerei eines Vajra-humkara-Mandala, 2. Viertel 15. Jh. (innere Eingangswand).

Lo Manthang, Jampa Lhakhang: Mandala-Wandmalerei des Nageshvaravajra, 2. Viertel 15. Jh. (innere Eingangswand).

bar) vergleichbaren und diesen wohl zeitlich unmittelbar nachfolgenden Malereien bilden den bedeutendsten Schatz alter religiöser Bildkunst in Mustang. In zwei Reihen übereinander bedecken 40 Mandalas die Wände ringsum bis zur Decke dieser – bis auf die eine Öffnung oberhalb des Eingangs fensterlosen – auffallend dunklen Halle: je zwölf an der Eingangs- und an den Seitenwänden, vier an der Rückwand beiderseits des Maitreya. Hinzu kommen noch vier kleinere Zwickel-Mandalas an der Eingangswand, wo die meisten dieser für die Einweihung in tantrische Lehren besonders wichtigen „Meditations-Instrumente" - wie der Tibeter sagen würde - Mahakala und Vajrahumkara geweiht sind, andere den Gottheiten Mahavairocana oder Nageshvararaja, die sich in diesen abstrakten Diagrammen des Buddhakörpers (Dharma-kaya) manifestieren. Als imago mundi repräsentieren diese geometrischen Projektionen der Welt symbolisch die kosmische Ordnung, als Psychokosmogramme sind die das Wesen (Sanskrit: manda) und das Wesentliche ergreifenden (Sanskrit: la) bzw. einschließenden magischen Kreise und zugleich ein Modell der Beziehungen zwischen Mensch (Mikrokosmos) und Überwelt (Makrokosmos).– „Kunst" ist für den Menschen im tibetischen Kulturkreis „Befreiung durch Sehen" (*mthon-grol*), aber wie waren und sind diese Bilder in der Dunkelheit des Tempelschreins überhaupt sichtbar? Es geht jedoch nicht primär um das optische Sehen und intellektuelle Wissen dieser bereits mit dem geistigen Auge gemalten Bilder. Ihr bloßes Dasein steht vor dem Gesehenwerden, ihr im Ritual magisch aufgeladenes spirituelles Sein und die in ihnen dann anwesenden und verkörperten Gottheiten verleihen den visionär, meditativ und symbolisch geschauten „Bildern" Sinn und Funktion.

Die Ausmalung ganzer Tempelhallen mit solchen esoterischen Initiationsbildern hatte in den großen Sakyapa-Klöstern Tibets des 13. bis 15. Jhs. (Sakya, Shalu, Gyantse) und insbesondere im vom Mustang-Missionar Künga Zangpo 1429 gegründeten Kloster Ngor bei Shigatse ihre Vorstufen. Auch die Mandalas im Jampa Lhakhang mögen wie diejenigen des Ngor-Klosters in Tibet (nicht mehr erhalten) auf ikonologische Konzepte Ngorchen Künga Zangpos zurückgehen, ist doch von diesem genialen Mönchsgelehrten bekannt, daß er die Malereien von zwölf Mandala-Wandbildern der Yoga-Tantras in einem heute nicht mehr identifizierbaren „Kandschur Lhakhang" weihte.[96] – Direkt beiderseits des Eingangs beschützen zwei gemalte Dharmapalas („Wächter der Lehre") das Sanktua-

[96] Giuseppe Tucci, 1956, p. 18.

rium. Gemäß einer längeren Inschrift (siehe Anhang) sind die Malereien von dem Meister „Devalhaga aus Nepal“ geschaffen worden. Da newarisch-buddhistische Künstler im 14./15. Jh. regelmäßig auch in tibetischen Klöstern arbeiteten und die tibetische Malerei damals wiederholt stark inspirierten, läßt sich die Bildkunst jener Zeit zwischen Mustang und Gyantse oft nicht nach „Nepal“ und „Tibet“ unterscheiden.

Den atriumartig offenen zweiten Oberstock (3. Geschoß) kann man heute nur mit Hilfe einer eigens angelegten Leiter durch die fensterartige Öffnung links an der Fassade von der Terrasse der oberen Hofgalerie aus betreten. Die insgesamt 33 hier lediglich von den umlaufenden Galerien geschützten Mandalas des 15. Jhs. sind weniger gut erhalten und meist an der Maloberfläche erodiert (die sieben Mandalas der Nordwand sind ganz zerstört). Im Zentrum der Rückwand ist der Adi-Buddha Vajradhara zwischen dem Bodhisattva Vajrapani (links) und einer Dakini dargestellt. Das Bildprogramm der Mandalas illustriert die Lehrsysteme der Vier Höchsten Yoga-Tantras. – 1993 werden im Rahmen des “Nepal-German Project on High Mountain Archaeology“ Bauaufnahmen am Jampa Lhakhang und am Thubchen Lhakhang durchgeführt (Leitung: Niels Gutschow).

Thubchen Lhakhang (7)

Etwas südlich vom Maitreya-Tempel befindet sich der zweite alte Sakralbau von Lo Manthang, der gemäß einer zeitgenössischen Inschrift im Innern der Tempelhalle (siehe Anhang) unter König Amepal gegen oder nach 1427 gegründete Thubchen Gyäl-ba Podrang (*Thub-chen rgyal-ba'i phobrang*), der „Palast des großen siegreichen Buddha Shakyamuni“[97]. Schon Giuseppe Tucci fand diesen eingeschossigen, heute nicht mehr benutzten Tempel, einst das Herzstück eines großen Klosters (in Lo Manthang sollen

[97] Bei David Snellgrove (1961) als Thugs-chen Lhakhang, „Tempel des großen Mitleidvollen (=Avalokiteshvara)“ bezeichnet. – Gemäß dieser Inschrift habe König Amepal die Ausmalung des Tempels in Auftrag gegeben, und ein nicht identifizierbarer „*Chos-nyid bzang-po*“ habe diesen „vollendet“ (?). Nach dem Tsarang Molla-Text (David Jackson, 1984, p. 148) hat jedoch Amepals Enkel, König Tashigon (*Tshangs-chen bKra-shismgon*), der von ca. 1465 bis 1489 regiert haben dürfte, Tempel und Buddhastatue „gesponsert“. Man ist geneigt, der Inschrift mehr zu glauben als der Tsarang Molla, zumal eine Entstehung des Baus gegen oder nach ca. 1465 wegen des mit den Gründungen der Lo Manthang-Tempel in gewisser Weise verbundenen Ngorchen Künga Zangpo (1427/47 in Lo Manthang!) eher unwahrscheinlich ist.

sich damals über 2000 Mönche aufgehalten haben[98]), in sehr desolatem Zustand vor. Wie auch der Jampa Lhakhang wird der Thubchen heute noch täglich von Laien-Buddhisten betreut.

Über eine kleine Vorhalle mit den vier Statuen der übelabwehrenden Dvarapalas („Tor-Wächter") gelangt man in das Innere. Die von 35 Pfeilern getragene Halle erhält wenig Licht durch eine im Dach ausgesparte, von 28 Löwenkonsolen eingefaßte Öffnung. Weniger gut erhalten als im Jampa Lhakhang, aber von der gleichen hervorragenden künstlerischen Qualität sind die Wandmalereien aus der Gründungszeit. 15 große Tathagata-Buddhas schmücken drei Wände (die Malereien der Nordwand sind verloren), in ihrem reichen und eleganten Stil ebenso den vorangehenden Bildzyklen in Gyantse wie den etwa zeitgenössischen Ausmalungen der Tempel im westtibetischen Tsaparang gleichend und in der Meisterschaft diesen ebenbürtig. Zusammen mit den Wandbildern im Jampa Lhakhang sind sie – neben Gyantse und Tsaparang – in ihrem geradezu rein tibetischen Idiom die einzigen hochwertigen Malereien des 15. Jhs. in Tibet und Nepal.

Zentrales Kultbild der rückwärtigen Altarwand ist eine künstlerisch bedeutende große Bronzestatue des Buddha Shakyamuni (15. Jh.), tibetisch „Sha-kya Thub-pa", der dem Tempel den Namen gibt. Links davon Avalokiteshvara-Sadakshari und ein Stupa mit einer zwar übermalten, aber offensichtlich noch auf das 15. Jh. zurückgehenden Darstellung der Ushnishavijaya, der „Siegreichen Göttin der Erleuchtungserhöhung". Rechts vom zentralen Buddha ein Manjushri sowie Padmasambhava. In der Mitte des Raumes stehen auf einem Altar weitere in der Substanz alte, jedoch längst neu bemalte Tonstatuen, v.l.n.r.: der Urbuddha Vajradhara, Padmasambhava mit seinen beiden tantrischen Gefährtinnen, der Langlebens-Buddha Amitayus und der zornvolle Hayagriva. An einem Pfeiler links sieht man eine ältere kleinere Malerei des tibetischen Königs Songtsengampo (gest. 649) und seiner beiden Gemahlinnen Bhrikuti und Wencheng.

Direkt südlich neben dem Thubchen Lhakhang steht eine große Gruppe von acht Chörten (11), die die acht wichtigsten Lebensstationen des Buddha repräsentieren.

---

[98] Gemäß Tsarang Molla, David Jackson, 1984, p. 147.

Lo Manthang: Der Chöde Lhakhang (auch Neues Kloster) ist heute der einzige „aktive“ Sakralbau von Lo Manthang.

Chöde Lhakhang (8)

Nahe der nördlichen Stadtmauer ist spät erst (angeblich 1785) der Chöde Lhakhang (*Chos-sde Lha-khang*), der „Tempel des heiligen Ortes“, auch Gömpa Sarba (*dGon-pa gsar-pa*), das „Neue Kloster“ genannt, errichtet worden, das einzige heute aktive Stadtkloster von Lo Manthang, mit 55 Mönchen und ihrem Abt Tashi Tenzin der Sakya-Tradition. Nach Rivalitäten mit der von Anfang an die Ngor-Schule vertretenden Namgyäl Gömpa etablierte sich im Chöde Lhakhang eine dissidente Fraktion der Sakyapa.[99] Diese Orientierung wird bereits in der mehrfarbigen, die großen Bodhisattva-Tugenden (Stärke der Lehre Buddhas, vollkommene Weisheit, barmherzige Güte) symbolisierenden Streifung der Außenmauer deutlich, einem Erkennungszeichen dieser Schulzugehörigkeit, hier noch um gelbe Streifen bereichert.

Die rustikalen Wandmalereien der Vorhalle sind neueren Datums: die Vier Weltenwächter, das Rad der Wiedergeburten als die didaktisch-lehrhafte

---

[99] Michel Peissel, 1968, p. 167.

Summa unseres karmisch geprägten Existenzzyklus, seinen kausalen Abhängigkeiten und möglichen Resultaten im Lebenskreislauf, sowie ein an „Kreuzworträtsel" erinnerndes, mandalaartiges Textpiktogramm, das in vertikaler, horizontaler und diagonaler Anordnung religiöse Verse enthält und als Künsang Khorlo (tib. *kun-bzang 'khor-lo*), auf deutsch „der heilsame Kreis", bezeichnet wird. Die innere Eingangswand weist ältere, vermutlich noch dem 18. Jh. angehörende Malereien auf. Die Darstellungen im Obergaden lassen die Sakya-Ikonographie erkennen. An der linken Seitenwand sind die heiligen Bücher aufgestellt, unter denen sich eine Biographie des Künga Zangpo befinden soll. Eine größere Tonfigur stellt Ngawang Künga Sonam dar, den Vater eines heute in den USA lebenden Sakya-Hierarchen. Links davon eine über 50 cm große Weiße Tara aus Bronze.

Lo Manthang: Raja-Palast.

Zum wertvollsten Inventar gehören bei weitem die alten Bronzefiguren (meist 15. Jh.), die mehrfach Inschriften an den Sockeln aufweisen, aufgestellt in drei Reihen unterhalb des zentralen Buddha Shakyamuni, in fünf Reihen rechts hinter Glas (hier im mittleren Register ein offensichtlich aus Westtibet-Guge stammender Buddha mit interessantem Sockel). Von besonderem Wert ist eine prächtige, knapp halbmetergroße Nepal-Bronze (um 1300), daneben ein gekrönter Buddha, eine Tara (16. Jh.), ein Reliquien-Chörten und diverse kleinere Stupas. Links der zentralen Buddhastatue ein großer Vajradhara.

Fotografieren ist im Haupttempel nicht erlaubt, wohl aber im kleinen Neubau zur Linken, in dem freilich nur zwei großformatige Thangkas Beachtung verdienen: ein im Stil des 17./18. Jhs. gemalter, aber kaum besonders alter „Zeltstab-Mahakala (*Gur-gyi mgon-po*), die Schutzgottheit der Sakyapa, und ein zornvoller Heruka, wie er in den Bardo-Visionen des tibetischen Totenbuchs erscheint. Die restliche Ausstattung ist neu und ohne nennenswerte Bedeutung. In der Chöde Gömpa werden auch die Tanzmasken für die Tscham-Spiele aufbewahrt.

Lo Manthang: Chörten vor dem Stadttor.

König Jigme PalbarTandul ist zwar nicht mehr Herrscher über ein unabhängiges Mustang, doch ist seine Stellung im Lande Lo noch immer die eines „Raja" – des ersten Mannes in Mustang.

Umgebung nördlich von Lo Manthang

Auf zwei Hügeln nördlich von Lo Manthang haben sich Ruinen von alten Burgen erhalten, die man mit König Amepal als dessen erste Residenz und der frühesten Geschichte von Lo in Zusammenhang bringt. Der höhere von beiden ist der Khachö Dzong (auch Katschö oder Getschö gesprochen, tib. *mKha'-spyod*) oder Ili Khachö, die „Burg" (Dzong) bzw. der „Hügel der Himmelswandler". Amepal soll hier zunächst ein Fort in quadratischer Form gebaut haben, dessen Ecken gegen die nahegelegene Burg eines lokalen Potentaten wiesen, was dessen Unwillen hervorrief, wäre er doch dadurch negativen Einflüssen ausgesetzt gewesen. Amepal mußte jene erste Anlage niederreißen und ließ einen größeren, von einer runden Mauer umgebenen Dzong errichten, der heute noch in seinem Plan erkennbar ist.[100] Der kleinere wird Khartsum Dzong oder Ili Khartsum genannt, im Volksmund der „Kleine Palast" oder auch „Herzogs-Fort" (*mKhar*=„Festung", „Haus"). Der Weg hinauf – einen Pfad gibt es nicht – lohnt allein wegen der Aussicht, aber auch um des Ortes willen, wo die alten Mythen und heroischen Geschichten aus der Zeit der Anfänge des Reiches Lo wieder lebendig werden mögen.

Namgyäl Gömpa (*rNam-rgyal dGon-pa*)

Sehr empfehlenswert ist eine Tageswanderung zum Namgyäl-Kloster (eine Stunde von Lo Manthang) und zum Sommerpalast des Mustang Raja in Thingkhar. Das festungsartig auf einer Anhöhe über dem Tal zur tibetischen Grenze liegende – auch Thubten Dargyeling (tib. *Thub-bstan dar-rgyas-gling)*, „Ort, wo die Lehre Buddhas blüht" – genannte, wichtige Kloster der Ngor-Schule soll unter Tashigon (*Tshangs-chen bkra-shis-mgon*), dem Lo-König der Enkelgeneration nach Amepal, d. h. gegen oder nach ca. 1465 gegründet worden sein[101]. Da der nach Sakya-Art außen mehrfarbig getünchten Gömpa durch ihre strategisch günstige Lage eine Schlüsselstellung in der Verteidigung des Tals zukam, wurde sie mehrfach angegriffen und zerstört. Nach einem Erdrutsch ist das Kloster 1953 neu

---

[100] Michel Peissel, 1968, p. 161.

[101] Siehe David Jackson, 1984, p. 42 f., hier gemäß Tsarang Molla. Nach einer Biographie des Künga Zangpo sei es während dessen ersten Besuches in Lo 1427 restauriert und damit bereits zuvor errichtet worden. Die Namgyäl Molla und die Autobiographie des *gLo-bo mKhan-chen* (1420-89) nennen Künga Zangpo als Gründer noch zur Zeit Amepals. Da die Stichhaltigkeit dieser Quellen hinsichtlich solcher Daten etwas fraglich bleibt, ist keine genauere Datierung möglich.

errichtet worden. Entsprechend neu sind die schlichten Wandmalereien im Innern.

Der mächtige Kubus besteht zur Hälfte aus einem Hof mit einer zweigeschossigen Galerie und einem mittleren Mast des Siegesbanners (Tarboche) für die Tscham-Tänze, die hier am Ende eines zehntägigen Festes am 29. Tag des 9. tibetischen Monats jährlich stattfinden.

Neben dem Neuen Kloster in Lo Manthang beherbergt die Namgyäl Gömpa die wertvollsten Bronze-Figuren in Mustang. Viele davon stammen aus der Gründungszeit des Klosters (15. Jh.). Altarrückwand v.l.n.r.: Metall-Chörten des Künga Dolchog (*Kun-dga 'grol-mchog*, 1507–66), einem bedeutenden Mönchsgelehrten und Verfasser einer Biographie des gLo-bo mKhan-chen (1420–1489), der, aus königlichem Hause stammend, zu hohen Ehren in Mustang und Tibet kam. Rechts davon der Reliquien-Chörten von Künga Dolchogs Vater, Kalon (Minister) Tsewang Zangpo, neben König Amepal und Ngorchen Künga Zangpo einer der „Drei Heiligen" der frühen Lo-Dynastie. Oberhalb der zentralen neuen Buddha-Statue (Stuck) ein alter großer Bronze-Buddha und vier Bronzen im „Dolpo-Stil" des 15. Jhs., davor Vaishravana, Künga Zangpo, ein Mönch und ein Siddha. Rechts weitere Bronzen des 15. Jhs.: Nairatmya, – die Yogini und mystische Partnerin der Yidam-Gottheit Hevajra; ein Lama, Vajradhara, Shakyamuni. Einige weitere Bronzefiguren verdienen wegen ihrer archaisch wirkenden Sockel Interesse. – Fotografieren ist in diesem Tempelraum nicht gestattet.

Der Lamdré Lhakhang im Oberstock dient der Praxis der für die Sakya-Schule zentralen Lamdré-Lehre (siehe Kapitel „Lehren und religiöse Praxis der Sakyapa"). Bemerkenswert ist hier das Fragment einer sehr alten Ritualkrone (Holz, ca. 14. Jh.).

Thingkhar (auch Trenkar)

Der Weg nach Thingkhar führt hinter der Namgyäl Gömpa an den von Steinmauern umzäunten königlichen Pferdeweiden vorbei. Auf der Höhe des Dorfes Phuwa passiert man eine Burgruine, „Bönpo Dzong", wo sich einst eine Bön Gömpa befunden haben soll. Rote Berberitzen und Alpenastern geben zum kräftigen Grün der von zahlreichen Wasserläufen durchzogenen Wiesen weitere Farbtupfer und lassen Mustang hier im Unterschied zu Tibet als fruchtbares, gut bewässertes Tal erscheinen.

Als der Königspalast in Lo Manthang zunehmend verfiel, baute man 1950 im Flecken Thingkhar eine neue Sommerresidenz, in der der Raja und die Rani bis 1963 wohnten und noch heute sich hier häufiger aufhalten als im Stadtpalast. Auch hier sind gelegentliche Besucher will-kommen. Die sehr einfache Ausstattung enthält jedoch nichts speziell Sehenswertes. Für Thingkhar ist aber bereits der schöne Weg das Ziel.

Tagesexkursion nach **Garphu** und **Nyiphu Gömpa**: ca. 8 Std. (mit Pferd)

Für diesen längeren Ausflug kann man in Lo Manthang Pferde mieten, was Flußüberquerungen und die Passagen steinreicher Geröllsohlen erleichtert. Auf der Höhe von Chösar – einer durch ihre zahlreichen Höhlen auffallenden Siedlung – folgt man dem linken Mustang-Khola-Ufer. Nach einer Stunde kommt die Dzong-Ruine Rizung Domden Ling in Sicht. Insgesamt 2½ Stunden sind es bis Garphu am östlichen Flußufer. Hier läßt man die Pferde, besucht den Dorf-Tempel und die nahe gelegene Nyiphu Gömpa (20 Minuten).

„Garphu war bei weitem das sauberste und schönste Dorf, das wir angetroffen hatten“, berichtet Michel Peissel über seinen Besuch im Jahr 1964, „... denn es war tatsächlich kein gewöhnliches Dorf, denn alle Bewohner waren Mönche oder deren Angehörige“[102] Garphu ist eine Nyingmapa-Siedlung und entsprechend weist auch die bildliche Ausstattung der erst vor etwa 50 Jahren gegründeten Gömpa auf diese Schulrichtung hin. Die künstlerisch bescheidenen Malereien illustrieren an der linken Seitenwand das Bardo-Reich nach dem tibetischen Totenbuch mit dem blaufarbenen Buddha Samantabhadra – ein typisches Bildprogramm der Nyingmapa. An der rechten Wand sind Shakyamuni und die Arhats dargestellt. Die Altarfiguren (hinter Glas) zeigen in der Mitte Padmasambhava, links Vajradhara in Yab-yum, rechts Shakyamuni und davor eine alte Buddha-Bronze (um 1500). Links in der Pfeilerhalle hängt ein schönes Chenresi-Thangka (um 1800). In der Vorhalle der Gömpa die dort üblichen Darstellungen: Rad der Wiedergeburten und die Vier Weltenwächter. – Nach einem kurzen Spaziergang erreicht man die malerisch in die Felswand gebaute Nyiphu Gömpa (3870 m), die von außen sehenswerter

---

[102] Michel Peissel, 1968, p. 217. Mit den Mönchen dürften hier die householder-priests gemeint sein (siehe unter Ort Lubra), die Michel Peissel generell nicht von den regulären (Sakya-) Mönchen unterschieden hat.

als von innen ist. Die schlichte Ausstattung bietet nichts Außergewöhnliches. Der Weg zu dieser „Eremitage" aber ist auf jeden Fall lohnend.

Wenn man ab Garphu nicht einfach den gleichen Weg zurückgehen möchte, ist der Rundweg über Namdrol (gesprochen: Namdo) empfehlenswert. Vorbei am Weiler Nechung („Kleiner Ort") und einem Checkpost gelangt man zum nur aus wenigen Häusern bestehenden Ort Namdrol. Die auf einer Anhöhe liegende Gömpa wird von einem „Laien-Mönch" dieser Nyingmapa-Gemeinde betreut und enthält nur eine ganz einfache Ausstattung. Für den Rückweg im Mustang-Khola-Tal braucht man auf direkter Route etwas mehr als zwei Stunden.

Nyiphu Gömpa: Bei der Ortschaft Garphu (nördlich Lo Manthang). Wie eine Einsiedelei ist das Innere der einfachen Dorf-Gömpa in den Fels gehöhlt.

Drei bis vier Kilometer westlich von Lo Manthang liegt im ansteigenden Gelände die Samdruling Gömpa (*bSam-grub-gling*), die neben Luri Gömpa als einzige in Lo der Kagyüpa-Schule angehört und der lokalen Textüberlieferung zufolge[103] von König Tsewang (*Tshe-dbang*, gest. ca.

[103] Tsarang Molla, David Jackson, 1984, p. 151.

1700) in der 2. Hälfte des 17. Jhs. gegründet wurde. Hier befand sich in den 1960er Jahren ein Hauptquartier der tibetischen Khampas, die von Mustang aus für die Befreiung Tibets kämpften. – Von Samdruling führt ein direkter Weg via Marang nach Tsarang bzw. nach Gemi (siehe Route Dri nach Lo Manthang).

Route Lo Manthang über Lo Gekar nach Tsarang: 8½ Std., 3790 bis 3530 m

Bei genügend Zeit sollte man auf dem Rückweg den Umweg über die Lo Gekar Gömpa wählen, weniger auf dem Hinweg nach Lo Manthang, da nur die Tsarang-Route die großartige Sicht von oben auf Mönthang und auf das bis zur Tibetgrenze reichende Tal erlaubt. Es empfiehlt sich, einen Ortskundigen mitzunehmen, der einem – gerade am Anfang – den Weg zeigt.

Nach einer Stunde ist der erste von drei Pässen erreicht (3910 m), eine weitere halbe Stunde dauert es dann noch bis zur 4000-Meter-Höhenlinie. Nach 2½ Stunden (ab Lo Manthang) überquert man den 4210 m hohen Lugri La, die höchste Stelle der hier beschriebenen Trekkingrouten. Eine weitere Stunde später nähert man sich einem steilen Felsmassiv und gelangt nach insgesamt gut vier Stunden bis zur Lo Gekar Gömpa, die einsam inmitten einer idyllischen Baumoase liegt.

Lo Gekar (*gLo-bo dGe-dkar*) Gömpa

Sanggye Lama - der „Schatzentdecker" von Lo Gekar Gömpa (ca. 990-1070)

Die Gömpa von Lo Gekar (3870 m), gewöhnlich nur Kar Gömpa genannt, wird zwar häufig von Pilgern besucht, ist aber keineswegs immer geöffnet. Der „Schlüssel-Lama", ein Laien-Kustos, wohnt unterhalb im Dorf Lungba. Mit diesem friedvollen und besonders heiligen Ort der „Reinen Tugend von Lo", wie man Lo Gekar übersetzen kann, verbindet sich eine besonders alte Überlieferung. Hier soll der früheste Tertön (*gter-ston*, „Schatzentdecker") Tibets, Sanggye Lama (*Sangs-rgyas bLa-ma*, ca. 990–1070), die ersten „Schatztexte" (*gter-ma*) gefunden haben[104], die der heilige Padmasambhava im 8. Jh. über ganz Tibet und auch hier versteckt hatte, damit sie die Jahrhunderte (auch wohlweislich über dem Buddhismus feindliche Zeiten hinweg!) bis zur Wiederauffindung durch berufene und inspirierte Mystiker überdauern konnten. Diesen vom 11. bis 15. Jh. tätigen „Ausgräbern der Schatztexte", die solcherart die Lehren des Guru Rinpoche sowie seiner göttlichen Inspiratoren und weltlichen Assistenten der Nachwelt wieder zugänglich machten, kommt für die religiöse Tradition Tibets und insbesondere für die Nyingmapa-Schule des Padmasambhava eine höchst bedeutende Rolle zu, die dadurch neues Ansehen erhielt und aktiv die Kontinuität und Tradierung bestimmter Lehren, insbesondere tantrischer Texte, förderte.

Lo Gekar (auch Kar Gömpa): Nach der Überlieferung eine der ältesten buddhistischen Stätten in Mustang.

Weitere historische Anhaltspunkte zur Kar Gömpa fehlen. Lediglich von einer Restaurierung durch König Don-grub rdo-rje (gest. ca. 1580) haben

[104] David Jackson, 1984, p. 155. – Die hier abgebildete Ikone mit dem Bild von Sanggye Lama stammt aus: Dudjom Rinpoche, The Nyingma School of Tibetan Buddhism (vol. I), Boston 1991, p. 752.

wir Zeugnis[105]. Pujas werden zu bestimmten Anlässen von einem Lama aus dem nahen Marang abgehalten.

Man betritt die von zahlreichen Manimauern, Gebetsmühlen und Chörten umgebene, malerisch gelegene Gömpa durch eine Vorhalle mit der hierfür üblichen Ikonographie: Vier Weltenwächter, Rad der Wiedergeburten, Langlebenssymbole. Im Innern des fensterlosen dunklen Schreins verdienen besonders die bemalten Steinreliefs Beachtung, die wie gerahmte Kacheln die Seitenwände schmücken und ein Charakteristikum dieses Ortes sind. Rechts dominiert eine große Pälden-Lhamo-Statue den Schrein der Schutzgottheiten (Gönkhang). Interessant ist auch das rückwärtige enge und dunkle sanctum sanctorum. Padmasambhava und seine beiden tantrischen Gemahlinnen, die Yoginis des geheimen Wissens, Yeshe Tshogyäl und Mandarava, nehmen das Zentrum ein. Links davon eine bedeutende Bronze des Shakyamuni, Vajradhara in Yab-yum und eine Weiße Tara. In der Nische links Padmasambhava auf dem Tiger und zwei Schüler (?), qualitätvolle Stuckfiguren des wohl 15. Jhs. Gegenüber in der rechten Nische eine weitere Manifestation des Padmasambhava, ein zornvoller Vajrapani und der Buddha Shakyamuni, rechts davor eine künstlerisch sehr gute Siddha-Statue. – Der Oberstock ist einem Wohnhaus ähnlich in vier Räume aufgeteilt, die zahlreiche weitere farbige Steintafeln der friedvollen und zornigen Gottheiten, der 25 Panditas, 84 Siddhas, 16 Arhats etc. enthalten. Fotografieren ist in den Innenräumen nicht gestattet.

Etwa zwei Stunden (in umgekehrter Richtung ca. drei Stunden) folgt man nach Überquerung einer Brücke bergab dem Tsarang Chu in Richtung Tsarang. Einen eigentlichen Weg gibt es auf dieser landschaftlich reizvollen Route nicht. Zur Linken liegt oberhalb der teilweise steilen Talböschung der Ort Marang. Bei einer Ankunft zwischen 16 und 17 Uhr trifft man Tsarang im schönsten Nachmittagslicht, und ein erster Rundgang an den prachtvollen Chörten vorbei hinauf bis zum Kloster verschafft Überblick, schöne Ansichten und stimmungsvolle Fotomotive.

---

[105] David Jackson, 1984, p. 149.

Tsarang (tib. *gTsang-brang*; Nepali: *Charang*); 3530 m

Tsarang ist mit rund 800 Einwohnern der zweitgrößte Ort in Mustang, und entsprechend war schon seit jeher die kulturgeschichtliche Bedeutung dieser zweiten „Königsstadt“ neben Lo Manthang. Von Süden her kommend trifft man noch weit außerhalb des Ortes auf den großen, so fotogenen Tor-Chörten (siehe Umschlagsbild), der wie ein einsames Stadttor den Eingang nach Tsarang markiert und zugleich dessen Wahrzeichen ist.

Die Lage der zentralen Bauten, von Kloster und Schloß auf einem schmalen Felsgrat, erklärt den Namen. Denn „Tsarang“ leitet sich ab von Tsaptrun Tsetrang („Hahnenkamm“, tib. *gTsang-brang*; nach M. Peissel 1967). Nach Auskunft der Bewohner Tsarangs habe das Dorf ursprünglich auf der anderen Seite des Klosters gelegen. Als es durch einen Erdrutsch akut gefährdet war, baute man es am heutigen Ort wieder auf. – Wie Thingkhar hat Tsarang seit wenigen Jahren ein eigenes kleines Stromnetz, das aber inzwischen schon nicht mehr funktioniert, da man bald mehr elektrische Geräte verwendete als die zunächst lediglich angemeldete Hausbeleuchtung und somit Stromnetz und Generator überforderte. In einem Health Post versorgt drei mal wöchentlich ein Sanitäter ambulant die Kranken, die in schwierigen Fällen zum lokalen Amchi (traditioneller „Natur-Arzt“) oder ins Hospital nach Jomosom geschickt werden.– Einzelreisende mögen in dem einfachen Hotel und Restaurant der Maya Bista, einer Nichte des Königs, bei der Gömpa Unterkunft finden und hier auch den angeblich besten Tschang (Gerstenbier) von Mustang probieren. Für Gruppen bieten sich Zeltplätze am südlichen Ortseingang an.

Tsarang Gömpa

Von der gesamten Klosteranlage ist heute im wesentlichen nur der imposante Haupttempel erhalten geblieben, „der prachtvollste, den wir auf all diesen Reisen gesehen haben“ (D. Snellgrove 1961). Diese zugleich größte Versammlungshalle in ganz Mustang mit dem genauen Namen *Thubbstan bshad-sgrub dar-rgyas-gling* wurde im 16. Jh. von König *bSam-grub rdo-rje* (gest. ca. 1620) gegründet, der auch „viele heilige gemalte Bilder und Skulpturen“ in Auftrag gegeben hatte[106].

---

[106] David Jackson, 1984, p. 148 f.: die hier als Quelle dienende Tsarang Molla nennt an anderer Stelle *gLo-bo mKhan-chen* (1420-89) als Abt dieses Klosters, was aber irrig sein

Tsarang Gömpa: Die im 16. Jh. erbaute Tempelhalle von Tsarang gehört neben den Sakralbauten von Lo Manthang zu den größten und am reichsten ausgestatteten religiösen Architekturen in Mustang.

Statt einst mehrerer hundert Mönche der Ngor-Sakya-Tradition sind es heute noch nominell deren vierzig, von denen man freilich nur wenige antrifft. Michel Peissel, der hier 1964 dem „Tsarang-Lama"[107] begegnet, dem als Abt amtierenden ältesten Sohn des vorangehenden Mustang-Raja, beschreibt in seinem Buch die für ihn geradezu gespenstische Atmosphäre in den großen nur noch von einer Handvoll Lamas bevölkerten Tempelhallen und Zimmerfluchten. Nach alter Tradition wurde stets der älteste Sohn des Königs Abt des Tsarang-Klosters. Der letzte, heute in Kathmandu lebende Abt, hatte vor Jahrzehnten diese ihm zugewiesene Rolle offensichtlich nur widerwillig akzeptiert. Er heiratete früh, was seinem hohen Amte kaum angemessen war und ihn auch bald um die Gunst der Bevölkerung brachte. Als seine Frau unerwartet früh starb, verpflich-

---

dürfte, zumal schon derselbe Text die Gründung der Tsarang-Gömpa kaum überzeugend Amepal und Künga Zangpo zuschreibt (s. hierzu David Jackson, 1984, p. 155, n. 28).

[107] Abgebildet auf dem Farbfoto des Schutzumschlages von Giuseppe Tucci's "Journey to Mustang" (1977).

tete er sich zu strenger Klausur, ging aber später eine neue Ehe ein, verließ sein Kloster, und nach ihm taten dies nicht wenige Mönche auch. Man hat heute den Eindruck, daß ähnlich wie zu Michel Peissels Zeiten nur noch wenige Kustoden-Lamas das einst so lebensvolle Tempelhaus betreuen.

Man betritt den Klosterkomplex durch einen Tordurchgang links des mächtigen dreigeschossigen Labrang-Gebäudes mit den „Sakya-Streifen", der traditionellen Residenz des Abtes. Über einen kleinen Hof mit Galerien gelangt man in den Tsuglagkhang, die „Hauptversammlungshalle" des Klosters. Die schlichten Malereien der Vorhalle sind neueren Datums: Vier Weltenwächter, Rad der Wiedergeburten, Weltenberg Sumeru. Die große in fünf Schiffe gegliederte Gebetshalle erhält im Vergleich mit den Bauten von Lo Manthang reichlich Oberlicht. Die rückwärtig von Bücherregalen verdeckten qualitätvollen Wandmalereien der Gründungszeit umfassen 15 große Buddha-Darstellungen, die Tausend Buddhas und die 16 Arhats, an den Lichtgaden sind sie jüngeren Datums.

Einen ersten Rang unter der Ausstattung nehmen die Bronzefiguren und Thangkas ein. Im folgenden sind davon die bedeutendsten genannt. B r o n z e n : im Zentrum der rückwärtigen Altar- bzw. Bilderwand (hinter Glas) ein großer Maitreya, flankiert von zwei stehenden Bodhisattvas – Meisterwerke der vergoldeten Bronzeskulptur im Nepal des 16. Jhs.! Links eine große Shakyamuni-Statue im Flickengewand, rechts eine schöne Figur des Vajrasattva, rechts vor dem Glasschrein ein qualitätvoller Shakyamuni. T h a n g k a s : der Tsuglagkhang von Tsarang ist der einzige Ort in Mustang, wo heute noch eine Anzahl hochwertiger alter Thangkas „in situ" zu sehen sind (G. Tucci 1977: "better than in any museum"). Besonderes Interesse verdienen zwei Rollbilder im Mittelschiff (16. Jh.) mit Goldmalerei und Inschriften am unteren Bildrand, die in dieser Art eine Entstehung in Nepal bzw. in Mustang bezeugen (und nicht etwa in Tibet): links Sakya-Pandita (1182–1251); ein weiteres schönes Bild dieses großen Mönchsgelehrten im rechten Seitenschiff), rechts zwei Sakya-Lamas. Zwei andere großformatige Thangkas zeigen den Mustang-Missionar Ngorchen Künga Zangpo (1382–1456) und das Mandala einer zornvollen Gottheit (um 1600). Links bei der Altarwand ein ausgezeichnetes Thangka der Ushnishavijaya, rechts zwei Bilder des Buddha Vajradhara. Auf dem Thron des Abtes ist eine sehr gute Mandala-Malerei (hinter Glas) aufgestellt.

Diese Tempelhalle, in der nicht fotografiert werden darf, ist ein Schatzhaus der frühen religiösen Bildkunst in Mustang, und man erinnert sich hier der Bemerkung des Tibetologen Giuseppe Tucci, der 1952 Mustang besuchte: „Tsarang war einst eine Kunst-Galerie". Weiter hinten in dem sonst ruinösen Klosterkomplex befindet sich noch ein verlassener Lhakhang mit älteren Wandmalereien.

Tsarang: Der Königliche Palast (rechts) ist heute nicht mehr bewohnt.

Die zweite große Sehenswürdigkeit in Tsarang ist das schon seit längerem nicht mehr bewohnte Schloß, *bSam-grub dge-'phel*, die „Wunscherfüllende Residenz", das unter König Döndup Dorje (*Don-grub rdo-rje*; gest. ca. 1580) um die Mitte des 16. Jhs. errichtet worden ist[108]. Bis in die 1960er Jahre soll es noch gelegentlich vom Vater des jetzigen Königs bewohnt worden sein. Nur die Palastkapellen werden heute noch in dem hohen Dzong-artigen, ziemlich verfallenen Bau unterhalten, und sie sind auch für den Besucher das einzige, was zugänglich und sehenswert ist. Ein wahrer Schrein bedeutender alter Sakralkunst ist der *gSer-khang* („Gold-Tempel") im 2. Stock. In dem kleinen Raum erkennt man an der Altarwand v.l.n.r.: im oberen Register eine Gruppe von drei sitzenden

---

[108] Gemäß Tsarang Molla, David Jackson, 1984, p. 149.

Stuckfiguren des Ngorchen Künga Zangpo (links), des zweiten Lo-Königs und Sohnes von Amepal, Angun Zangpo, mit der Kopfbedeckung eines Sakya-Hierarchen und der Langlebensvase eines Amitayus-Buddha, und des Ministers (Kalon) Tsewang Zangpo – also die „Drei Großen" der frühen Lo-Dynastie[109].

Rechts anschließend, von einer schönen, reich geschnitzten Holz-Prabha umgeben, ein stehender Pagpa-Lokeshvara" (*'Phags-pa L.*; Holz), ein in Tibet bis hin nach Ladakh häufig kopierter Figurentyp nach dem ältesten und heiligsten Kultbild im Potala von Lhasa, dem „von selbst entstandenen" Avalokiteshvara aus Sandelholz, der der Überlieferung zufolge von Indien nach Tibet gelangt sei, wo er zur persönlichen Schutzgottheit des ersten historischen Königs Songtsen Gampo wurde, um nach tausend Jahren auf wunderbare Weise in den Neubau des mit dieser Gottheit verbundenen Potala-Berges zurückzukehren. Dieser „Herr der Welt" (Lokeshvara) wurde wie eine byzantinische Muttergottesikone im europäischen Spätmittelalter nach Ikonographie und Stil getreu kopiert, damit die Gläubigen der spirituellen Essenz des hochverehrten Vorbildes auch an entlegenen Orten teilhaftig werden konnten. – Nach rechts folgt neben einem Reliquien-Chörten eine über einen Meter hohe hervorragend vergoldete Bronzefigur des Maitreya (16. Jh.), die vom gleichen Meister oder Atelier stammen dürfte wie das zentrale Kultbild in der Tsarang Gömpa. Rechts davon die Bronzestatue einer Tara. Vor der Seitenwand links sind diverse religiöse Schriften mit zum Teil prächtigen geschnitzten Buchdeckeln aufbewahrt (meist 16. Jh.), u. a. ein illustrierter Prajnaparamita-Text und zwei Buchdeckel mit der Darstellung dreier Buddhas bzw. von Hevajra, der Schutzgottheit der Sakyapa.

Im obersten Stockwerk befindet sich der Schutzgottheiten-Tempel (*mGon-khang*, gesprochen: Gönkhang) des Tsarang-Palastes mit echten, in früheren Kriegen erbeuteten und seither auf andere Art Schutz und Übelabwehr spendenden Waffen, einigen alten Tanzmasken und vier recht guten Stuckfiguren (u. a. Mahakala, Vaishravana, ein Siddha). Fotografieren ist in den Innenräumen nicht gestattet.

Wenn man in Tsarang nicht länger Rast machen möchte oder kann, genügt ein halber Tag für die Besichtigung von Kloster und Schloß samt

---

[109] Diese mehrfache auch in den Molla-Texten genannte Triade *(bzang-po rnam-gsum)* schließt offensichtlich wechselweise Amepal bzw. dessen Nachfolger Angun Zangpo ein.

Rundgang durch den Ort. Dabei ist in Mustang generell zu berücksichtigen, daß wegen des Sonnenlichtes der Vormittag „länger" ist als die zweite Tageshälfte, wenn gegen 17 Uhr meist alles schon im Schatten liegt.

Route Tsarang nach Gemi: 3 Stunden. 3530 bis 3540 m

Nach 1½ Stunden erreicht man einen 3820 m hohen Paß. Die gleiche Höhendifferenz geht es dann nach Gemi wieder hinunter. Vor Gemi, gegen **Tangmar** („Rote Felsklippe") zu, färben sich die Felswände leuchtend rot, und bald – auf der Höhe der Manimauer – lassen senkrecht eingravierte „Orgelpfeifen" das andere Flußufer als abstrakte, wie von Menschenhand geformte Architektur erscheinen. Die 300 Meter lange imposante Manimauer (Mendong) am Wege nördlich von Gemi ist die längste ihrer Art in Mustang. Sie beeindruckt als ganze Anlage, enthält aber nicht wie in Tibet kunstvolle, figürlich gestaltete Manisteine, noch wird sie wie in Ladakh durch immer wieder neu hinzugefügte „erweitert". Der Legende nach soll diese Mauer der zu Stein gewordene Darm eines Dämons sein, der hier in vorbuddhistischer Zeit herrschte und von Padmasambhava getötet und in Stücke gerissen wurde. Das Herz fiel dorthin, wo heute Mustangs ältestes Kloster, Lo Gekar, steht, und die Lunge an die Stelle, wo oberhalb Gemi die roten Klippen aufragen.

Auf der Talsohle des Tangmar-chu angekommen, überquert man die neue Hängebrücke, biegt hier nach Westen ab und erreicht bald den drittgrößten Ort von Ober-Mustang:

Gemi (*dGa'-mi*), 3540 m

Den Reiz dieses Ortes bilden seine Lage inmitten zerklüfteter, stark erodierter Flußtäler, die engen Gassen des kompakten, sehr „ursprünglichen" Dorfbildes und die malerischen Chörten-Gruppen. Vom königlichen Schloß oberhalb der Siedlung (D. Snellgrove 1961) ist nicht mehr viel zu sehen, und auch die höchst einfache Gömpa enthält kaum Bemerkenswertes. In einem der Häuser kann man Tee bekommen und Picknick-Rast halten. Während der 1960er Jahre war Gemi das Zentrum für die Versorgung aller Khampa-Lager in Mustang. Heute wohnt eine Nichte des Königs, dem hier noch Ländereien gehören, im Dorf, und in ihrem Haus werden jeden Mai von 15 der ingesamt 23 in Gemi ansässigen Mönche alle 16 Bände des „Yum“[110] gelesen. – Die hoch über dem Flußbett errichteten, bunt bemalten Chörten-Gruppen sollte man keinesfalls übersehen, bilden sie doch nicht zuletzt vor faszinierenden Felskulissen besonders reizvolle Fotomotive.

Gemi: Chörten-Gruppe.

Route Gemi nach Gelung: 3 bis 4 Stunden, 3540 bis 3500 m

Zwischen den etwa gleich hoch gelegenen beiden Orten führt der Weg über den um 400 Meter ansteigenden Nyi La (3950 m), den man nach 1½ Stunden erklommen hat. Am Ende des Abstiegs gabelt sich der Weg: links geht es nach Gelung hinunter, rechts bzw. geradeaus in Richtung Samar. Auf letzterer Route erreicht man bald einen günstigen Lagerplatz, ohne daß man erst zum Ort hinuntersteigen muß. Wenn man schon morgens Tsarang verläßt, empfiehlt es sich, Gelung als nächste Tagesetappe zu wählen (ca. 7 Stunden).

---

[110] Tibetisch *'Bum*, „die hehre Mutter“, nämlich die Textsammlung Śatasāharikā Prajñāpāramitā. Gewöhnlich als Khams-chen („Großes Reich ...) bekannte Textsammlung, die dem Abschnitt über die „Die Vervollkommnung der Weisheit“ im tibetischen Kanon entspricht.

Gelung (*dGe-lung*), „Tal der Tugend"; 3500 m

Der gewöhnlich „Geling" oder in Nepali „Ghiling somdo" („wo sich drei Wege treffen") genannte Ort umfaßt etwa 30 auffallend locker verteilte Häuser inmitten ausgedehnter Gerstenfelder. Oberhalb der Wohnbauten liegt am Felshang die Tashi Chöling Gömpa (*Tashi Chos-gling dGon-pa*; Ngor-Sakyapa), die auf eine Gründung durch Ngorchen Künga Zangpo im 15. Jh. zurückgehen soll[111], 1991 erneuert wurde und eine neue Ausmalung erhielt. Der aus Tukche (südlich Jomosom) stammende Maler mit dem Namen Tulachan Shashi Dhoj datierte sein Werk in der Vorhalle für die Nachwelt: Vom 18. Mai bis zum 2. Oktober 1991 hat er an den Fresken der Tempelhalle und des Vestibüls gearbeitet. Letztere zeigen die Vier Weltenwächter und die „Eintracht aller Lebewesen". Im Innern an der Eingangswand: Mahakala und Avalokiteshvara Simhanada, an der linken Seitenwand: Vaishravana, Vajrabhairava, Cakrasamvara, eine Dakini, Hevajra, Ngorchen Künga Zangpo. Gegenüber an der rechten Seitenwand v.l.n.r.: Shakyamuni, Ratnasambhava, Akshobhya, Vairocana, Amitabha und Amoghasiddhi. Zentrales Kultbild im Altarschrein ist eine große, sehr gute Bronzestatue des Buddha Shakyamuni (16. Jh.?). Links oben in diesem Schrein zwei schöne Manjushri- und Maitreya-Bronzen des 16. Jhs., unten ein Maitreya und zwei Lamas. Rechts vom Altarschrein fällt die schöne große Stuckfigur eines Sonam Lhondup (?) auf. Fünf alte Thangkas sind aufgehängt (u. a. Vajrabhairava, Mahakala, ein Ngor-Lama), davon zwei schwarzgrundige. Im Frühjahr 1992 wurden hier mehrere alte Thangkas gestohlen. Die strikten Fotoverbote in mehreren Mustang-Tempeln (mit wertvollerem „beweglichem" Inventar) dürften mit diesem Vorfall ursächlich im Zusammenhang stehen. Heute gehören 12 Mönche der Gelung Gömpa an. – Weiter oberhalb kann man noch einen Gönkhang besuchen, den Schutzgottheiten-Tempel für Kloster und Dorf. Neben hierin aufbewahrten Waffen sind unter den neueren Wandbildern u. a. Künga Zangpo, Hevajra und zwei Citipati-Skelett-Tänzer zu erkennen, im Schrein eine Mahakala-Statue, einige schlecht erhaltene alte Thangkas und links vom Eingang alle auf die Wand gemalten Stiftungen der Bewohner Gelungs für ihren Tempel der Schutzgottheiten. 1995 waren hier keine alten Thangkas mehr zu sehen. Der Altarschrein befand sich im Umbau.

---

[111] Gemäß Giuseppe Tucci, 1977, p. 57: "documented by the foundation certificate written by the lama himself on a silk scroll which the custodian proudly unrolls for me". Vom heutigen Bau samt Ausstattung deutet freilich nichts mehr auf das 15. Jh. hin. Diese von Giuseppe Tucci (1956, p. 17) als Originaldokument angesehene Gründungsurkunde bezeugen den Besuch Künga Zangpos in Gelung, Lo Manthang und Tsarang.

Route Gelung über Rangchyung Chörten nach Samar:
6½ Stunden; 3500 bis 3560 m

Mühsamer, aber interessanter als die direkte Route nach Samar ist der Umweg über die Felsklause „Rangchyung Chörten". Bis zum Rastort Shyangboche ist es für beide Versionen zunächst derselbe Weg. Von der Anhöhe oberhalb Gelung bietet sich ein sehr schöner Blick zurück auf das ganze Tal! Nach einstündigem Anstieg erreicht man einen 3750 m hohen Paß, 20 Minuten später das „Rasthaus" von Shyangboche, wo man Tee bekommt und sich für eine der beiden Routen nach Samar entscheiden muß. Vielleicht trifft man hier auch einen Lama, der einen nach Rangchyung Chörten führt. Auf schmalem, gut begehbarem Pfad durch eine enge Schlucht steigt man 250 Meter tiefer in einen landschaftlich sehr reizvollen Canyon und erreicht nach knapp einer Stunde das Höhlenheiligtum Rangchyung Chörten (*Rang-byung mChod-rten*; 3450 m), das ungefähr 50 Meter oberhalb des kleinen Wasserlaufes in der Felswand liegt. Übersetzt heißt der seit alters her von Einheimischen und tibetischen Pilgern oft besuchte, aber meist ganz einsame Ort „Der von selbst entstandene Chörten", womit insbesondere der große runde natürliche Felsmonolith in der Mitte gemeint ist, der das „Gewölbe" zu tragen scheint und vor dem die neueren quadratischen Stupas zu unbekannter Zeit errichtet wurden.

Wie die Kar Gömpa (Lo Gekar) ist Rangchyung Chörten einer der ältesten heiligen Orte in Mustang. Die Überlieferung verbindet ihn mit der Anwesenheit von Padmasambhava und Atisha. Auf seinem Wege von Indien nach Tibet mußte der heilige Padmasambhava über Nepal gekommen sein, und in der östlich an Mustang angrenzenden Region von Gungthang haben seine Spuren auch tatsächlich die Überlieferung geprägt.[112] In einem der von der Tsarang Molla zitierten „Schatztexte" (*gter-ma*; siehe unter Lo Gekar!) finden wir eine Prophezeiung des Guru Rinpoche, wonach im Königreich Lo der erste Herrscher Amepal als seine Emanation erscheinen werde: „In dem Land, das man Lo nennt, wird eine Wiedergeburt erscheinen, von mir, dem einen aus U-rgyan[113]. Er wird die Kraft des Vajrapani erhalten und als Amepal berühmt werden, der viele Dämonen bezwingen wird".

---

[112] Padmasambhava hielt sich von 743-747 in Nepal auf (Rajendra Ram, 1978, p. 41).
[113] Uddiyana, heutige Swat-Region (Pakistan), aus der Padmasambhava stammen soll.
Übersetzung nach David Jackson, 1984, p.146.

Die Wallfahrtsstätte ist nicht regelmäßig von hier anwesenden Mönchen betreut, aber für jedermann jederzeit zugänglich. Pilger kommen und gehen, Lamas ziehen sich hier gelegentlich für kürzere oder längere Zeit zur Meditation zurück, in diese friedvolle Felseneinsamkeit, in der das „Alltägliche“ so weit entfernt ist, daß Raum und Zeit gleichsam aufgehoben zu sein scheinen und man im doppelten Sinne sich „über den Dingen“ findet. Wie sonst auch bei Einsiedeleien und derartigen heiligen Stätten gibt es nichts Spektakuläres zu „besichtigen“. Wer aber für Ausstrahlung und Atmosphäre dieses uralten „Ortes der Kraft“ empfänglich ist, für die hier angesammelten Legenden, meditativen Erfahrungen und frommen Wünsche, wird reich belohnt werden - und den bald folgenden steilen Anstieg geringachten. Die schlichten Räume der vor der natürlichen Höhle aufgemauerten Gömpa sind ohne Ausstattung – als wenn man der Ritualgegenstände und Bilder hier oben nicht mehr bedürfte und nur durch der Gedanken Kraft in kontemplativer Schau die Zeichen und Gestalten des Göttlichen visualisieren würde! Hier entziehen sich auch mehr als sonstwo die einzelnen Objekte der Andacht und Verehrung historischer Bestimmung. Zu unsagbaren Zeiten geschaffen, von zahllosen frommen Händen berührt, mehrfach verfallen und wieder erneuert, verändert in der Form, doch immer gleich im Wesen – so sind die heiligen Bilder überliefert und noch heute lebendige Gegenwart. So ist auch die Bemalung der vier weißen Chörten (nur zwei als solche erkennbar bzw. erhalten) erst jüngeren Datums, v.l.n.r.: Buddha Shakyamuni, Padmasambhava, Amitabha und Avalokiteshvara als Shadakshari, als „Herr der Sechs Silben“ (om ma-ni pad-me hum). Rechts von drei kleineren Stupas ein niedriger Schrein, wo Padmasambhava meditiert haben soll. Die Pilger legen hier gewöhnlich etwas Geld hinein und nehmen dafür eine heiligmäßige Substanz entgegen. Sie sehen in dem mittleren Tropfstein-Stalaktit, dem „wunderbar erschienenen Chörten“, den heiligen Berg Kailash, den sie hier im Parikrama umwandeln, in einer Art Ersatz für die weite Pilgerschaft nach Tibets äußerstem Westen. An den Wänden der Höhle erkennt man archaisch anmutende, gewiß auch sehr alte Relief-Figuren: zwei Buddhas, eine Tara, angeblich auch Atisha.

Von der Talsohle der Schlucht führt der Pfad in einen sich weitenden Canyon und steigt bald um 350 Meter steil nach oben (3780 m, 1¼ Stunden ab Rangchyung Chörten) gegen Samar an. Rote Berberitzen, grüne Dornbüsche und zunehmend Wacholderbüsche und -bäume beleben die hellfarbene Erosionslandschaft, in der man immer wieder – wie zweimal im nun folgenden Wegabschnitt – tief eingeschnittene Quertäler auf und ab durchläuft. Vom Rangchyung Chörten braucht man 2½ Stunden bis Samar, einem traditionellen Rastort für Karawanen (3560 m; s. auch unter Route Kagbeni nach Tshuksang), der günstige Zeltplätze, schattenspendende Bäume, reichlich Bergwasser und einen herrlichen Fernblick auf die Haupthimalayakette bietet.

Route Samar über Dhyakur nach Tiri: 9 Stunden, 3560 bis 2850 m

Diese zum Teil schwierige Route sollten nur geübte Trekker wählen. Bei Übernachtung zuvor in Dhyakur (als Tagesziel von Gelung aus) kann man sie um eine Stunde verkürzen. Der einzige problematische Abschnitt ist zwar „nur" der steile (und weglose!) Abstieg am nördlichen Ufer des Lungpa Khola, er sollte aber von vornherein lediglich als Alternative für die „alpin" Anspruchsvolleren gelten[114]. Man folgt der Hauptroute nach Tshele und zweigt rechts ab, wenn nach einer guten halben Stunde hoch über dem jenseitigen Talufer Dhyakar in Sicht kommt. Der Weg führt steil bis zur Talsohle hinab und steigt auf der anderen Seite wieder bis Dhyakur hinauf (3300 m; 1½ Stunden). Ein Kuriosum ist der Felstunnel, durch den der Aufweg für ein kurzes Stück führt. Terrassenartig angelegte Dreschplätze am Ort können für das Zeltlager gemietet werden. Speziell Sehenswertes gibt es hier nicht. Eine ¾ Stunde hinter Dhyakur erreicht man einen Paß (3590 m), nach einer weiteren halben Stunde – recht unerwartet – ein einsames, hoch gelegenes Gehöft einer tibetischen Flüchtlingsfamilie, die ihre Wildaprikosen und schmackhaften Rettiche gerne den so seltenen Fremden hier verkauft. Eine Rast an diesem schönen Ort ist unbedingt zu empfehlen!

Noch ½ Stunde dauert es von hier bis zu einem weiteren Paß (3750 m), von wo aus man erstmals wieder das Kali-Gandaki-Tal in der Ferne sieht. Vereinzelte hohe Wacholderbäume tauchen auf, und nach ständigem, nicht beschwerlichem Bergab über landschaftlich reizvolle Hochflächen beginnt am oberen Rand des in Richtung Dolpo führenden Lungpa-Khola-Grabens der steile, weglose Abstieg über eine ungefestigte, rutschige Bodendecke bis hinab auf das Niveau des Flusses (2950 m), den man knietief (im Herbst) zu durchwaten hat. Knapp zwei Stunden braucht

---

[114] Ansonsten verläuft der Rückweg von Samar nach Tshuksang (6 Stunden) und am folgenden Tag von Tshuksang nach Kagbeni (5 Stunden); entsprechend der Beschreibung der Route Kagbeni-Tshuksang-Samar (Seite 96 ff.).

man von hier noch bis zum Dorf **Tiri** (tib. *gTing-ri,* Tirigaon): nach kurzem Anstieg ein problemloser Weg über ein weites Hochplateau bis zum westlichen Grabenrand des Kali Gandaki. Außerhalb des Dorfes Tiri finden sich gegen den Fluß hin geeignete Terrassen für ein Zeltlager. Einige Chörten weisen auf die ca. hundert Meter über dem Dorf gelegene Gömpa, die in den letzten Jahren neu ausgemalt wurde und die Statuen des Padmasambhava sowie des Gründers mit vier Inkarnationen birgt.

Auf einem guten Weg oberhalb des Kali-Gandaki-Ufers ist es von Tiri noch eine ¾ Stunde bis Kagbeni, wo man nach Überquerung der Holzbrücke in 2½ bis 3 Stunden auf bereits vertrautem Wege wieder Jomosom erreicht.

Notizen (Korrekturen an den Autor/Verlag):

Praktische Reisehinweise

Einreisebestimmungen

Mit Beschluß der Nepal-Regierung vom 6. Oktober 1991 wurde Mustang für eine jährlich begrenzte Zahl von (1992: rd. 500) Ausländern geöffnet. Außer dem für Nepal erforderlichen Visum ist für Mustang (nördlich Kagbeni) ein besonderes Trekking-Permit erforderlich, das über Reiseagenturen in Kathmandu bzw. – über diese vermittelt – im Westen an Gruppen und „Einzelreisende" (ab zwei Personen) vom Department of Immigration des Ministry of Home Affairs gegen eine Sondergebühr von 500 US Dollar pro Woche erteilt wird.

Obligatorisch ist neben der Organisation durch ein nepalesisches Trekking-Büro die Begleitung durch einen regierungsamtlichen Verbindungsoffizier, der für das Einhalten der genehmigten Route und sonstiger Verhaltensregeln zu sorgen hat. Letztere betreffen u. a. die Mitnahme der notwendigen Basisausrüstung wie Zelte, Verpflegung, Brennstoff (Sammeln von Brennholz ist untersagt) usw., den Rücktransport jeglichen Abfalls zum Ausgangspunkt Jomosom, das Einhalten bestimmter Gebote und die Respektierung einheimischer Sitten.

Nachdem die ersten Reisegruppen 1992 auch die Region nördlich von Lo Manthang gegen die tibetische Grenze problemlos in Tagesausflügen besuchen konnten, wurde dieses Gebiet im Spätherbst des gleichen Jahres für Ausländer gesperrt, angeblich als Folge chinesischer Proteste gegen den Aufenthalt von Fremden in der unmittelbaren Grenzregion. Ein Grenzübergang ist hier zwischen Nepal und China für Ausländer ohnehin nicht möglich.

Anreise

Ausgangs- und Endpunkt einer Mustang-Reise ist in der Regel der Ort Jomosom, den man in zwei Flugetappen via Pokhara oder im gecharterten Direktflug ab Kathmandu erreicht. Der 40minütige Direktflug mit einer 14sitzigen Dornier bietet bei gutem Wetter ein grandioses Naturerlebnis. Die Sicht auf die nahen Himalayariesen Ganesh Himal, Annapurna, Machhapuchare, Dhaulagiri und der steile Anflug auf das Flugfeld Jomosom in der Kali-Gandaki-Schlucht sind überwältigend. Beim „Normal-Flug" via Pokhara, das man auch auf dem Landweg erreichen und das bereits Ausgangspunkt für das Trekking sein kann, ist eine Übernachtung daselbst notwendig. Eine weitere Möglichkeit, Mustang zu erreichen, ist die lange Trekkingroute von Marang aus über den Thorong La via Kagbeni.

Klima und Reisezeit

Das Klima von Mustang entspricht weitgehend demjenigen von Tibet: geringe Niederschläge, meist trockene und warme Witterung im Sommer. Im Hochsommer, Juli-August, erreichen – mehr noch als Tibet – Monsunwolken die Region, begünstigt durch den süd-nordwärts verlaufenden Kali-Gandaki-Graben. Auch außerhalb dieser Periode stauen sich die Wolken in deutlicher Abgrenzung an der Haupthimalayakette südlich Jomosom.

Zwischen April und November kann man nach Mustang reisen. Besonders gute Klimaperioden sind Mai und wegen der klaren Sicht mehr noch Oktober. Doch selbst dann kann es kurzfristig einmal bewölkt sein und sporadische Regenfälle geben. April und November sind kühl bis kalt, aber in den Temperaturen erträglicher, als man für die Himalayahöhen bei uns meist vermutet. Selbst Mitte Oktober sind die Temperaturen tagsüber bei starker Sonneneinstrahlung noch sommerlich warm, können jedoch über Nacht gegen den frühen Morgen bis zum Gefrierpunkt sinken.

Charakteristisch und etwas lästig ist der tägliche, jeden Vormittag geradezu „pünktlich“ zwischen zehn und elf Uhr einsetzende und bis zum frühen Abend anhaltende Wind aus Süden, der einem auf dem Rückweg mitunter recht kräftig ins Gesicht bläst und beim Aufstellen der Zelte hinderlich sein kann.

Als **Zeitdauer** für eine Mustang-Reise sollte man netto mindestens zwei Wochen ansetzen. Das Idealmaß im Rahmen einer Drei-Wochen-Reise liegt bei 16 bis 18 Tagen.

Ausrüstung

Bei den Trekking-Arrangements werden Zelte und Verpflegung von den Agenturen in Kathmandu gestellt. Für Gruppen ist in der Regel ein Extrazelt für die Mahlzeiten vorhanden, und Camping-Tische und -Stühle erweisen sich dann als nützlich. Schlafsack und Luftmatratze als Unterlage muß der Reisende selber mitbringen. Ein Seesack für das Gepäck sollte, wie bei Trekkingreisen üblich, selbstverständlich sein.

Obgleich hier keine Ausrüstungsliste gegeben werden soll, mögen einige wichtige Empfehlungen voranstehen: Tagesrucksack (besser als Schulter- bzw. Fototasche!), knöchelhohe Wanderschuhe, zusätzliche Turnschuhe für Zeltlager und zum Überqueren flacher Flüsse. Zusammenschiebbare Skistöcke können auch guten Berggängern bei den häufigen, nicht selten steilen Abstiegen und bei Flußüberquerungen sehr nützlich sein. Ferner: Mütze (windsicher!), Taschenlampe, Höhenmesser, ausreichend große Trinkflasche, Zwischen- oder Zusatzverpflegung für die Mittagszeit.

Die gesamte Ausrüstung bzw. das persönliche Gepäck wird von Maultieren getragen. „Handgepäck“ (z. B. eine gewichtige Kameraausrüstung), das man tagsüber in Reichweite haben möchte, aber auf die Dauer zu schwer wird, kann man auch den begleitenden Sherpas übergeben.

Anforderungen und Gesundheit

Eine entscheidende Frage für eine Mustang-Reise ist die eigene körperliche Kondition. So relativ die Einstufung des Schwierigkeitsgrades sein mag, ein Trekking auf der gewöhnlichen Route kann als „mittelschwer“ bezeichnet werden. Man hat diverse Quertäler im An- und Abstieg zu überwinden, und sobald man die in der Regel gut begehbaren Hauptpfade verläßt, wird das Gelände oft recht steil. Eine spezifische Bergwander- oder gar Klettererfahrung ist jedoch bei aller notwendigen guten physischen Verfassung nicht erforderlich. Die Wege sind auf den „üblichen“ Routen nicht gefährlich, und man braucht nicht schwindelfrei zu sein. In Mustang gibt es keine Straßen, nur Gehwege, die man zuweilen, etwa entlang des Kali Gandaki, auch verläßt, um auf der Gerölldecke des Flußbetts zu laufen. Mitunter sind Flüsse mit gut kniehohem Wasserstand (Herbst) zu überqueren. Die **Tagesetappen** der üblichen Tourprogramme liegen zwischen vier und acht Stunden. Die höchsten **Pässe** reichen bis 4.200 m, meist hält man sich in Ober-Mustang auf einer Höhe zwischen 3.300 bis 3.800 m ü.M. auf. Durch die allmähliche Anpassung an diese Höhen ist in aller Regel kaum mit Höhenproblemen zu rechnen. Zumindest sind letztere weniger akut als bei einer Tibetreise, wo man gewöhnlich sehr rasch auf fast 4.000 m ü. M. und mehr gelangt und auch in dieser Höhe übernachtet. Eine eventuelle – im übrigen durchaus umstrittene –

Medikamentenprophylaxe ist nicht anzuraten. Dennoch kann die Mitnahme gewisser Mittel wie Diamox oder auch nur von Micoren-Bonbons hilfreich sein. Auf jeden Fall sollte man das generelle Gebot, in Höhen über 3.000 Meter viel zu trinken, berücksichtigen!

Impfungen sind nicht dringend anzuraten. Eine Tetanus-Impfung gegen Wundstarrkrampf sollte jedoch in Betracht gezogen werden.

Wer Bedenken hinsichtlich der eigenen Leistungsfähigkeit hat, kann sich in Kagbeni oder Tshuksang ein **Pferd** mit Führer mieten, das er freilich für die ganze (!) Tour bis zurück zum Ausgangspunkt behalten bzw. bezahlen muß. Die kleinwüchsigen Mustang-Pferde sind leicht zu führen. Man sollte sich aber dabei im klaren sein, daß man dann bei wirklich steilen Wegstrecken absteigen muß, die auch von den Pferden nur ohne Reiter passiert werden können.

Bei Unfällen oder medizinischen Notsituationen besteht die Möglichkeit, in Lo Manthang einen Helikopter aus Kathmandu für den Rücktransport nach dort kommen zu lassen.

Unterkunft/Zeltlager

Die Zeltausrüstung wird von Kathmandu aus mitgenommen bzw. steht mit der Sherpa-Mannschaft am Ausgangspunkt des Trekking in Jomosom bereit. Die Lagerplätze in oder bei den Dörfern sind meist klein und mehrfach schon für ca. zehn Zelte nicht ausreichend. Häufig sind es sonst für die Ernte oder für die Tierhaltung genutzte Plätze, die von den Bauern gemietet werden müssen. Einzelreisende oder Kleinstgruppen können auch zuweilen in den Häusern der Einheimischen Unterkunft finden bzw. auf dem Dachgeschoß ihre Zelte errichten. Hotels von sehr einfachem Standard gibt es außer in Marpha lediglich in Jomosom (meist keine Einzelzimmer!).

Trekking-Arrangement

Mustang-Reisen können nur über eine Agentur in Kathmandu (bzw. über eine solche im Westen) organisiert werden, die die Betreuermannschaft (Sherpas bzw. Träger aus Kathmandu, keine Einheimischen), Zeltausrüstung und Verpflegung bereitstellen. Die Routen sind in der Regel vorgegeben. Tragtiere samt Treiber werden vor Ort, gewöhnlich in Jomosom, innerhalb des Gesamtarrangements angemietet. In jedem Falle ist ein „Verbindungs-Offizier“ aus Kathmandu mitzunehmen.

Verpflegung muß vollständig aus Kathmandu mitgenommen werden. Die Mahlzeiten werden von der Begleitmannschaft zubereitet. In Mustang gibt es keine Läden und damit auch keine Einkaufsmöglichkeiten. In der Gegend von Marpha und gelegentlich noch nördlich von Jomosom bekommt man im Herbst schmackhafte Äpfel und Aprikosen, in Lo Manthang sehr gute Kartoffeln. In Marpha werden zudem ausgezeichneter Yakkäse und Trockenobst angeboten.

Trinkwasser geben die sauberen Gebirgsflüsse, auf die die Lagerplätze abzustimmen sind. An einigen Stellen wie z. B. am Abzweig nach Muktinath vor Kagbeni, in Shyangboche zwischen Samar und Gelung oder in Gemi bekommt man in „Rasthäusern“ Tee und kann daselbst seine Picknick-Mahlzeiten einnehmen. Zwischenverpflegung und „Kraftnahrung“ sollte man allein zur Appetitabwechslung in gewissem Umfange mitnehmen.

Klöster

Im Gegensatz zu anderen tibetischen Kulturregionen wie z. B. Ladakh oder Tibet selber sind die Sakralbauten in Mustang nicht ohne weiteres zugänglich. In der Regel findet man die kleinen Dorf-Gömpas und -Tempel geschlossen vor, die nur während der (nicht einmal täglichen!) Rituale und gelegentlicher Zeremonien offenstehen. Es sind keine „Klöster“ im üblichen Sinne, wo permanent Mönchsgemeinschaften innerhalb eines Klosterbezirks ansässig sind, sondern kleine Gömpas bzw. Tempel, die nur von einigen wenigen im Dorf oder außerhalb wohnenden Lamas oder Laienbuddhisten betreut werden. Das Neue Kloster in Lo Manthang und die Namgyäl Gömpa nahebei bilden hier eher eine Ausnahme. Man muß also stets erst nach dem „Schlüssel-Lama“ suchen, der wie z. B. in Lo Gekar oder Luri Gömpa nicht mal an Ort und Stelle wohnt. Mit dem beginnenden Tourismus werden von den meisten Gömpas Eintrittsgelder (gewöhnlich 100 Rupies) erhoben. Das **Fotografieren** ist in den Tempeln mit wenigen Ausnahmen nicht erlaubt und wird selbst gegen eventuelle Bezahlung oder Spenden nicht gestattet. – Das Verteilen von Dalai Lama-Fotos hat in Mustang nicht den gleichen segenspendenden und

„nützlichen“ Effekt wie in Tibet, obwohl der Dalai Lama natürlich auch hier als religiöses Oberhaupt der Buddhisten anerkannt und verehrt wird.

Verschiedenes

Mit Ausnahme der Orte Tsarang und Thingkhar gibt es in Mustang noch keine **Elektrizität**, die auch in diesen Siedlungen nur der lokalen Stromversorgung dient, also nicht für Fremde und deren Bedürfnisse nutzbar ist. Auch kann man weder Ansichtskarten noch „Souvenirs“ kaufen. Lediglich Ammoniten-Versteinerungen werden einem gelegentlich zum Kauf angeboten, die man freilich auch mit etwas Glück selber finden kann.– Auf den Flügen von Kathmandu nach Jomosom und Pokhara dürfen nur 15 kg Gepäck (statt der üblichen 20 kg) aufgegeben werden.

Mit Recht hat die nepalesische Regierung einen „Verhaltenskodex“ für Trekking-Gruppen aufgestellt, den wir hier in deutscher Übersetzung wiedergeben (nach S. Armington 1992). Diese Bestimmungen wurden speziell für die lokalen Reiseagenturen erlassen, die allein Reisen für Ausländer organisieren können.

1. Nur für Gruppen kann eine Reise organisiert werden.
2. Die lokale Agentur ist verantwortlich für die Durchführung des ganzen Trekking von Anfang bis Ende.
3. Falls nicht die Nepal-Regierung eine andere Regelung erlaubt, muß ein Verbindungsoffizier in diese neu zugänglichen Gebiete mitgenommen werden.
4. Die lokale Agentur ist verantwortlich für die Sicherheit der Trekkinggruppe und muß, falls notwendig, die Hilfe der lokalen Polizeiposten in Anspruch nehmen. In einem solchen Fall hat die lokale Agentur die persönlichen Auslagen und Unkosten der Polizeiposten zu übernehmen.
5. Während des Trekking muß die lokale Agentur für die medizinische Betreuung und andere Bedürfnisse der Gruppe sorgen.
6. Die lokale Agentur ist verpflichtet, Solar-Energie, Strom, Gas, Kerosin oder vergleichbaren alternativen Brennstoff zum Kochen für die Gruppe und für die Begleitmannschaft bereitzustellen. Brennholz darf nicht verwendet werden.

7. Die für das Trekking gebrauchten Lebensmittel-Dosen, Flaschen usw. dürfen nicht unterwegs liegengelassen werden, sondern müssen an bestimmten Plätzen entsorgt werden.
8. Die lokale Agentur hat dafür zu sorgen, daß die Trekkinggruppe nur auf den genehmigten Routen geht und sich nicht in einzelne Kleingruppen (auf verschiedenen Wegen) aufteilt.
9. Die lokale Agentur soll verhindern, daß Geld oder Geschenke an die Einheimischen verteilt werden. Wenn die Reisenden derlei wirklich tun möchten, können kleinere Geschenkpakete über den Chief District Officer vergeben werden.
10. Es dürfen keine Ausländer zu religiösen oder kulturhistorischen Stätten geführt werden, die für Fremde nicht zugänglich sind.
11. Die lokale Agentur darf keinerlei Handlungen begehen oder zulassen, die der Religion, der Kultur oder der Umwelt Schaden zufügen können.
12. Die lokale Agentur muß eine Versicherung der nepalesischen Begleitmannschaft gewährleisten. Eine Versicherung oder eine Depotsumme ist für eventuell vorkommende Notfälle auf Hilfsaktionen sicherzustellen.
13. Trekking-Gruppen nach Lo Manthang müssen dem Tourist Information Service in Jomosom eine Liste der mitgenommenen Ausrüstung und Güter vorlegen. – Nach Rückkehr ist der Abfall von der Tour hier zu deponieren. Daraufhin wird das korrekte Verhalten bestätigt und dieses Papier (clearance) ist dem Ministry of Tourism vorzulegen.
14. Der Verbindungsoffizier (Environmental Officer) ist mit Lebensmitteln, Unterkunft, Reiseauslagen und Spesen von 200 Rupies pro Tag für die gesamte Dauer des Trekking zu versorgen. Auch die Ausrüstung wie Schlafsack, Kleidung und Schuhwerk müssen ihm für die Tour zur Verfügung gestellt werden.
15. Die Trekking-Genehmigung für die Lo-Manthang-Region in Mustang muß innerhalb von 21 Tagen nach der Genehmigung durch das Ministry of Tourism erteilt werden.
17. Die lokale Agentur hat die medizinische Versorgung des Verbindungsoffiziers zu gewährleisten.

Zwei Inschriften in den Tempeln

Thubchen Lhakhang und Jampa Lhakhang in Lo Manthang

Der Tibetologe Giuseppe Tucci hat 1952 die fragmentarisch erhaltenen Inschriften der Wandmalereien dieser beiden Tempel aus der ersten Hälfte des 15. Jahrhunderts gelesen und in lateinischer Umschrift veröffentlicht[115]. Sie stammen zweifellos aus der Gründungszeit und nennen u. a. die königlichen Bauherren und den Namen des aus Nepal stammenden leitenden Malers der Mandalas (im Jampa Lhakhang).

Zur Übersetzung ins Deutsche wurde die Umschrift G. Tuccis zunächst von Loten Dahortsang, Mitglied der Mönchsgemeinschaft des Klösterlichen Tibetinstituts Rikon/Schweiz, in tibetische Schrift umgesetzt, diese wird hier in seiner wie gedruckt wirkenden Kalligraphie wiedergegeben (mit Ausnahme einiger weniger Zeilen am Ende der von G. Tucci transkribierten und hier auch ins Deutsche übersetzten Inschriften). Die deutsche Übersetzung besorgte Loten Dahortsang in Zusammenarbeit mit dem Verfasser. Es ist unseres Wissens die erste veröffentlichte Übersetzung einer alten tibetischen Inschrift aus Lo überhaupt.

Um den Text auch für den allgemein interessierten Benutzer lesbar und verständlich zu machen, wurde eine mitunter freiere Übertragung gewählt. Der Fachmann möge sie deshalb mit Nachsicht aufnehmen. Die „interpretierende" Übersetzung dieser religiösen und nach unserem Verständnis oft poetischen Texte mag zuweilen auch andere inhaltliche Akzentsetzungen zulassen.

Für die Namen der Gottheiten haben wir mehrheitlich die entsprechenden Sanskritformen gebraucht, da sie gewöhnlich vertrauter und auch leichter „lesbar" sind als die tibetischen Bezeichnungen in ihrer korrekten wissenschaftlichen Umschrift. Runde Klammern schließen im Text gemeinte, aber nicht wörtlich formulierte und für das Verständnis unentbehrliche Begriffe ein, eckige Klammern enthalten zusätzliche, kaum weniger notwendige Erklärungen. Fehlstellen bzw. unlesbare Partien der originalen Inschriften sind hier wie schon in G. Tuccis Veröffentlichung mit Pünktchen angezeigt.

---

[115] Giuseppe Tucci, Roma, 1956.

Inschrift im Thubchen Lhakhang

(Thub-chen rgyal-ba'i pho-brang)

So tiefgründig und umfassend wie die sechzig Eigenschaften der Sprache Manjushris und wie die Quelle der zehn Juwelen, so siegreich möge der Hauptsohn der Allwissenden Buddhas, Kshitigarbha,[116] sein!

Die heilbringenden Taten und der Reichtum des Herrschers (A-me-) dpal bzang-po[117] machen immerwährend die großen heilsamen Handlungen des Buddha deutlich ... .

Obgleich du den samsarischen Kreislauf überwunden hast, nimmst du die Gestalt der samsarischen (d. h. diesseitig-weltlichen) Wesen an. ... .

Oh, wie wunderbar sind die heilbringenden Zeichen! Vollkommen in der Ausübung von Religion und irdischer Herrschaft, ist er auch von großer Weisheit.

Sein Reichtum gleicht der Pracht eines goldenen Netzes.

Herrscher[118] A-me (-dpal), du gläubiger Wohltäter!

Diese heilsamen Taten in der Welt (?[119]) .... nicht mit anderen vergleichbar.

Die in seinem Auftrag geschaffenen Malereien sind so prachtvoll, daß sie selbst Brahma[120] mit seinen vier Gesichtern bewundern würde.

Das Licht des Geistes, anderen zu helfen, das der lebenspendenden Sonne gleicht, befreit die lebenden Wesen von Unwissenheit.

---

116 Im Text die tibetische Bezeichnung *Sa-yi-snying-po*, Sanskrit: Kshitigarbha, zu deutsch „Mutter der Erde", im Sinne von „Wesen der Erde". Gewöhnlich zu den Acht Mahabodhisattvas gehörend, oft in Einweihungszeremonien für Lamas genannt. Attribut: Cintamani-Juwel. Mudra (d.h. Geste): *vitarka* oder *abhaya*.

117 Gemeint ist hier der nach der Überlieferung erste König von Lo, Amepal, der in der ersten Hälfte des 15. Jh. herrschte.

118 Im Text: *rDzong-dpon* (Dzongpön), „Distrikt-Gouverneur". Amepal war von einem west-tibetischen König zum Dzongpön des Grenz-Dzongs Tsarang ernannt worden.

119 Wörtlich: „Zeichen des Lichtnetzes".

120 Im Text der tibetische Name Tshangs-pa, den Giuseppe Tucci freilich mit dem Herrscher Tshangs-pa bkra-shis (Enkel von Amepal) in Verbindung bringt. Die von Giuseppe Tucci (1956, p.16) mit „Experte in der Malkunst" wiedergegebene Übersetzung der 14. Textzeile seiner Transkription (pir gyi adu byed) wird in unserer Textübersetzung nicht deutlich, soll hier aber dennoch erwähnt werden.

Heil höchster Geist!

Brahma, Indra und die Halbgötter[121], die in der Welt mächtigen Gottheiten, werfen sich in Verehrung zu Boden. Verehrung dem Buddha Shakyamuni[122].

Der goldene Boden [des Tempels] ist mit Blumen geschmückt, die aus blauem Edelstein bestehen. Dieses herrliche Gebäude ist aus Pagsam-Holz[123] errichtet, die Pfeiler sind aus Korallen gemacht.

Dieser Tempel ist von Licht umgeben, der Thron [Sitz des Abtes] mit Perlen geschmückt.

Heil! Der Leib des grünen Edelstein-Lichtes [der Buddha] ist freudespendend ... .

Dieses wunderbare Licht befreit von Unwissen und schützt vor Unheil.

Der mächtige Herr der Menschen [der König[124]] wird in der Welt wiedergeboren werden, in der Höchste Glückseligkeit herrscht, er wird in Glückseligkeit leben, die ihm auch in späteren Leben zuteil sein wird. Er wird einem Minister gleich beim König der Götter [Indra?] verweilen und den Sinn der Leerheit erkennen. Der gemäß der Sittlichkeit wohlerzogene Chos-nyid-bzang-po[125] hat dieses Juwel [den Tempel] vollendet.

Der vor den Weisen gelehrte Künstler [der Maler?], wie schön, daß er sein Werk dargebracht hat!

Die übernatürliche Kraft der Bilder ... .

Der wunscherfüllende Baum der großen Weisheit – die Frucht der unendlichen Tugenden – erfüllt die Hoffnung der lebenden Wesen und bringt unermeßliche Glückseligkeit hervor.

Der Zaun [?] aus sieben Juwelen ist geschmückt mit Lichterkränzen. Der Vorhof [?] und der Garten sind von einem goldenen Hag umgeben. Sie [die Gottheit?] rühmt sich ihrer Schönheit und ihrer blütengleichen Brüste.

---

121 Im tibetischen Text: *tshangs(-pa), brgya-byin; dgan-po'i-dgra* hier als „Halbgötter" übersetzt.

122 Im tibetischen Text: *Thub-pa dpal-sbas.*

123 Pagsam (*dpag-bsam-shing*) ist der wunscherfüllende Baum (Lebens- und Weltenbaum!).

124 Im Text wird ein *dGe-ba'i-dpal* genannt, der nach Giuseppe Tucci eventuell der Sohn von *Tshangs-pa bkra-shis* ist, einem Enkel von Amepal.

125 Nach Tucci vielleicht identisch mit König *Chos-nyid seng-ge bzang.*

Sie ist wie das wunscherfüllende Juwel. Wie wunderbar die Glückseligkeit der Menschen und Götter ist!

Obwohl seit langer Zeit das Mitgefühl (unter den Menschen) nachgelassen hat, hat er [der König] es nie aufgegeben. Dieses Werk [der Tempel] entstand durch die karmische Kraft (des Königs).

Inschrift im Jampa Lhakhang *(Byams-pa Lha-khang)*

Der Tempel, in dem Jampa [Maitreya] segensvolles Licht ausstrahlt.

Von der Unkenntnis der drei Welten ... .

Befreier in der Gestalt Vajrasattvas.

Akshobhya in seiner zornvollen Erscheinung – Verehrung der Gottheit Trailokyavijaya[126].

Um die weltlichen Götter wie den Großen Gott [Shiva] zu leiten, nimmt Vairocana die Gestalt der zornvollen Gottheit *Me-ltar-'bar-ba*[127] an.

Verehrung dem Me-ltar-'bar-ba, der von acht großen Gottheiten umgeben ist!

Alle Verblendungen der lebenden Wesen ... .

Verehrung dem, der von neun zornvollen Gottheiten umgeben ist!

Mögen die zornvollen Gottheiten die Heerscharen Maras besänftigen. Mögen die Schutzgottheiten die heilbringenden Taten fördern. Mögen die weltlichen Herrscher dem Dharma gemäß regieren.

Verehrung den Schutzgottheiten und ihrem Gefolge!

Dieser Tempel des Körpers, der Sprache und des Geistes des Buddha gibt allein durch Sehen, Hören und Berühren Befreiung, ebenso durch das Sichniederwerfen, das heilige Umwandeln und das Wahrnehmen.

Mögen durch die angesammelten heilsamen Verdienste der Stifter [König], dessen Gemahlin, Söhne und Verwandte sowie alle Lebewesen frei von

---

126 Der „Besieger der drei Welten“, im tibetischen Text: *Khams-gsum-rnam-rgyal*, eine zornvolle blaufarbene Gottheit in Vajrahumkara-Mudra.
127 „Der wie Feuer Brennende“.

Verblendung und in den zwei Ansammlungen vollkommen sein und den allwissenden Zustand der Buddhaschaft erlangen.

Der juwelengleiche, wie die Sonne leuchtende Maitreya befreit die lebenden Wesen von den geistigen Trübungen. Diese durch das rechte Bemühen des Künstlers entstandene (Maitreya-) Figur wird von den Gläubigen bewundert.

Um die Lehre der Buddhas der drei Zeiten zu beschützen und um die zornvollen Wesen zu besiegen, nehmen die (vier) Weltenhüter schreckenerregende Gestalt an.

Verehrung den Weltenhütern, den Besiegern der Heere Maras!

Verehrung dem von acht zornvollen Gottheiten umgebenen Vajrasattva, der die Verblendung durch den Weisheits-Vajra der Leerheit besiegt.

Verehrung der zornvollen Gottheit *Me-ltar-'bar-ba*, die von den acht Planetengöttern (tib. *gza'* „Planet") und von den Sterngöttinnen (tib. *rgyu skar* = Stern) umgeben ist, die die zornvolle Gestalt annimmt, um die Wesen zu befreien und die die heilbringende Essenz der Buddhas der drei Zeiten verkörpert.

Verehrung dem Vajrasattva, der von den Gottheiten der zehn Richtungen umgeben ist, dem Besieger der Gifte der Verblendung. Er ist durch die Eigenschaften der Fünf Weisheiten anderen hilfreich.

Verehrung dem Vajrapani, der von den Vier Weltenwächtern umgeben ist, die Weisheit aller Buddhas verkörpert, dargestellt in königlicher Gestalt, in den Händen Vajra und Glocke haltend ... . (Er) nimmt die Gestalt des himmlischen Königs an, um die Ichsucht zu überwinden.

Verehrung dem Amoghasiddhi, der die vollkommene Weisheit verkörpert.

Verehrung den Gottheiten, die den lebenden Wesen Heil bringen, die Natur der unterscheidenden Weisheit und die alles-durchdringende Gestalt des Avalokiteshvara verkörpern, sowie die Rede des Amitabha, um die lebenden Wesen zu erlösen.

Verehrung dem Trailokyavijaya, der wie ein Spiegel die geistigen Trübungen erhellt und dessen Geist so unveränderlich wie das Wesen des Vajrasattva ist.

Verehrung den Tathagatas, die die Natur der Dharmasphäre verkörpern. Vairocana, die illusionäre Erscheinung der Weisheit, nimmt Verkörperungen an, die für uns wie Sinnestäuschungen sind.

Verehrung der Hauptgottheit, dem Bodhisattva Akashagarbha[128]. Durch das Gebet des Himmelsschatzes rettet diese Gottheit unzählige Lebewesen von den nicht endenden Schrecknissen des Samsara.

Verehrung dem großen Retter. Allein schon sein Anblick und das Anhören seiner Rede befreit aus dem Samsara.

Mehrfarbig leuchtend wie die Waffe Indras[129] erscheinen diese Mandalas, in denen sich Weisheit und Methode vereinigen. Sie sind von Devalhaga[130] aus Nepal mit Herz und Hand geschaffen worden – der Sonne gleich von zauberhafter Wirkung! Om svasti.

In der reinen, weiten Sphäre des Dharmakaya hast du, Buddha, getrieben vom Wind der zwei Ansammlungen [den heilsamen Handlungen], alle Bestandteile der Weisheit und des Mitgefühls vollendet. Du erhellst die drei Welten und bist das Höchste aller Wesen.

Nachdem du zunächst den Erleuchtungsgedanken erzeugt und die beiden Ansammlungen,[131] d. h. religiöses Verdienst und Weisheit, vollständig erlangt hast, erscheinst du im höchsten Himmel Akanishtha als Buddha in einem Regenbogen-Vajra-Körper.

Du hast, geschmückt mit den Körpermalen und -zeichen (eines bedeutenden Menschen)[132] allein für den Herrscher der zehn Bereiche der zu Bekehrenden, das Rad der tiefen und weiten Lehre des Mahayana in Bewegung gesetzt.Ohne Auf- und Untergehen[133] bist du immerdar beständig anwesend, um die Lebewesen in den unreinen Ländern zur Erlösung zu bringen ... die Taten eines Inkarnierten ... aufzuzeigen ... ... gemacht ... .

[Auf den nachfolgenden Seiten: Tibetischer Text der Inschriften im Thubchen Lhakang (S. 156-160) und im Jampa Lhakhang (S. 160-167)].

---

128 Im tibetischen Text als *Nam-mkha'i snying-po* bezeichnet, der stehend oder sitzend dargestellt wird, in *varada mudra* und einen Lotus in der Rechten haltend. Sein Sanskritname lautet übersetzt: „der seinen Ursprung im Raumäther hat“.

129 Im tibetischen Text *dBang po*, „Herr“, womit Indra gemeint sein dürfte, dessen Waffe das regenbogenartige Strahlenbündel bzw. der daraus gebildete Vajra ist.

130 Tibetisierter Name des Malers der Mandala-Bilder, im tibetischen Text: *Dhe-va-lha-dga*.

131 Übliche, aber nicht ganz zutreffende Übersetzung von Sanskrit *sambhāra*, tib. *tshogs*.

132 Dies sind die 32 Lakshanas und die 80 Anuvyanjanas, an denen der Wissende einen Buddha, einen Bodhisattva oder einen Cakravartin erkennt.

133 Diese Bild geht von der Sonne aus, die im Verlauf von Tag und Nacht auf- und untergeht; es soll die Beständigkeit zeigen.

༄༅། ཕྱུགས་ཆེན་ལྷ་ཁང་ །།

༡ ཤར་ཕྱོད་ལྷ་པའི་བརྒྱུད་ '''' བཞིན་ཡན་ལག་དྲུག་བཅུ་ལྡན་པའི་གསུང་།

༢ རིན་ཆེན་འབྱུང་གནས་བཅུ་ཡི་གཏེར་བཞིན་ཟབ་རྩེད་རྒྱ་ཆེའི་ཕྱུགས་མཐའ་ལ།

༣ ཀུན་མཁྱེན་རྒྱལ་བའི་སྲས་ཀྱི་ཐུ་བོ་ས་ཡི་སྙིང་པོ་རྒྱལ་སྲུར་ཅིག།།

༤ མི་དབང་ས་ཡི་དབང་ཕྱུག་འདི་ཡིས་ལེགས་བྱས་དཔལ་འབྱོར་བཟང་པོ་ལ།

- - - - - - - - - - -

༥ ལན་གཅིག་མིན་པར་རྒྱལ་བའི་སྤྱོད་པ་རླབས་ཆེན་བསྟན་པ་ཡིས།།

༦ སྲིད་ལས་འདས་ཀྱང་འགྲོ་བའི་ལམ་འདིར་སྲིད་པའི་ཚུལ་འཛིན་པ།

- - - - - - - -

༧ ས་ལེ་རྣམ་དཀར་ལེགས་ཀྱི་རི་མོ་འདི་ནི་ཨེ་མ་མཚར།།

༨ ལུགས་གཉིས་བྱ་བའི་ཁུར་གྱི་མི་དལ་ཞིང་།

༩ རྣམ་དཔྱོད་བློ་གྲོས་མཆོག་ཏུ་མི་ཟིན་ལ།

༡༠ ལོངས་སྤྱོད་གསེར་གྱི་དྲ་བས་གདོན་པའི་ –

༡༡ རྗེ་དཔོན་ཡ་མེད་དད་པའི་སྦྱིན་བདག་ཡིན།།

༡༢ འོད་ཟེར་དྲ་བའི་རི་མོ་འདི་ནི་འཇིག་རྟེན་གྱི།

༡༣ - - - - - - - - གཞན་གྱི་མིན།།

༡༤ འོན་ཀྱང་ སྲིད་ བརྟན་པོར་གྱི་འདུ་བྱེད་སྒྲུལ་བ་ན།

༡༥ ཚངས་པ་བདག་ཀྱང་གདོང་བཞི་སྤྲུལ་ནས་བཟླ་བར་བརྩོམ།།

༡༦ གཞན་ཕན་སེམས་ཀྱི་འོད་ཟེར་ཅན།

༡༧ སྙིང་སྟོབས་ཆེན་པོའི་རྣ་ལྕང་གིས།།

༡༨ འགྲོ་བའི་མ་རིག་མུན་སེལ་བ།

༡༩ སེམས་པ་མཆོག་གི་དགེ་ལེགས་སྒྲུར།།

༢༠ ཚངས་དང་བརྒྱ་སྦྱིན་དབང་པོའི་དགྲ་ལ་སོགས།

༢༡ འཇིག་རྟེན་ཆེ་བར་གྲགས་པ་ཐམས་ཅད་ཀྱི།།

༢༢ རྣལ་པའི་རྟོད་པན་ས་ལ་འགྲིམས་མཛད་པ།

༢༣ གྲུབ་པ་དཔལ་སྒྲས་མཆོད་པས་མཉེས་པར་བྱས།།

༢༤ གསེར་གྱི་ས་གཞི་བཻཌཱུརྻ་མེ་ཏོག་གསར་བས་རྣམ་པར་བྱས།།

༢༥ མཆོག་མཛེས་སྤྱོད་བྱའི་སྤྱིང་ཁང་དང་ལྡན་སྤྱི་རྣུའི་འཕྲེ་ཕྲིང་མགོ་སོ་ཀ་གཡི།།

༢༦ རིན་ཆེན་བ་གམ་འོད་ཀྱི་ཉེ་བར་འཕྲུད།

༢༧ སྤུ་ཏིག་དམར་པོས་སྤྲས་པའི་ཁྲི་ལ་ཆོས་ཀྱི་བདུད་རྩིའི་འགྲམས།།

༢༨ ༎ ཨོཾ་སྭསྟི།

༢༩ མར་གད་ཉི་འོད་དང་འགྲོགས་རྐྱ་ཡི་དཔལ་ནི་མདོན་དགའ་ཞིང་།

༣༠ ཞིང་མཆོག་གཙོ་བོ་གྲུབ་དབང་ --- དོ་ཕྲལ་ན་ ཟས་མཛེས།།

༣༡ མཛེས་སྡུག་འོད་ཀྱིས་འགྲོ་བའི་སྒྲིབ་སེལ་ཉེས་པ་ཀུན་ལས་བསྲུངས།

༣༢ མི་དབང་མཆོག་དུ་མི་ཟད་མཐུ་ལྡན་གང་།

༣༣ གང་ན་བསོད་ནམས་ཕུལ་བྱུང་དར་བའི་མཆོག།།

༣༤ མཆོག་ཏུ་མངོན་སུམ་ཀྱི་མཆོན་དགེ་བའི་དཔལ།

༣༥ དཔལ་འདི་སྐྱེ་བ་གཞན་དུ་ཏེ་བ་ཉིད།།

༣༦ ལྷ་དབང་དྲུང་ན་ཕེ་དབང་ལྷུར་གནས་ཅིང་།

༣༧ ལེགས་པའི་སྤྱོད་ལ་རྗེས་སུ་སྤྱོད་བྱེད་པ།།

༣༨ ཡ་རབས་མཆོག་འདེས་ཡ་རབས་ཇེ་བཞིན་དུ།

༣༩ ཆོས་ཉིད་བཟང་པོས་ནོར་བུ་འདི་བརྒྱབས།།

༤༠ རིག་པ་སྤུལ་བྱུང་མཁས་པའི་མདུན་སར་མཁས་པ་ཡི།

༤༡ ཡིད་ཀྱི་དགའ་སྟོན་སྟོན་པར་དེ་ལ་སྐལ་བཟང་ཅན།།

༤༢ རི་མོའི་རྣམ་འཕྲུལ་ - - - - - -

༤༣ བསོད་ནམས་རྒྱ་མཚོས་རབ་བསྒྲིན་པའི།

༤༤ ཡེ་ཤེས་ཆེན་པོའི་དཔག་བསམ་ཤིང་།།

༤༥ འགྲོ་བའི་རེ་སྐོང་ནོར་བུ་ཆེ།

༤༦ དགེ་ལེགས་དཔག་མེད་རྫོལ་བར་མཛད་།།

༤༧ རིན་ཆེན་སྣ་བདུན་ར་བ་དང་ཕྱན་རབ་གསལ་འོད་ཀྱི་འཕྲེན་བས་འཁྱུད།

༤༨ ས་སྙིང་ར་བའི་སྐྱིད་ཚལ་དོ་རར་སྲིད་མི་པ་ལ་ཡུན་མ་ཉེམ།།

༤༩ བཞིན་བཟད་ནུ་མའི་ཀེ་སར་དོམ་ཁྲིང་ཡིད་བཞིན་ནོར་བུའི་དགོས་པས་
བརྟན།

༥༠ ཟླ་མེའི་ - - བདེ་ཚོགས་འཁོར་བས་མདོན་དགའ་ཆོས་པའི་སྐྱོན་འདོའི་།།

༥༡ དེ་ལ་སྙིང་ཧེ་ཡུན་རིང་འབྲེ་བ་བཞིན།

༥༢ དེ་ནི་སྙིང་ཧེ་ནམ་ཡང་ཡོངས་མ་བཏང་།།

༥༣ ལས་ཀྱི་དབང་གིས་དེ་ལྟར་དེ་གྱུར་གདམ།

༥༤ དེ་ཉིད་མཐུ་ཡི་དེ་ནི་དེ་ལྟར་གྱུར།།

༥༥ ༄༅། བྱམས་ཆེན་གཟི་འོད་འབར་བའི་གཙུག་ལག་ཁང་།།

༥༦ ཁམས་གསུམ་འཁོར་བ་ཉོན་མོངས་ལས་ - - །

༥༧ རྒྱལ་མཛད་རྡོ་རྗེ་སེམས་པའི་སྐུར་བསྟན་ནས།།

༥༨ མི་བསྐྱོད་ རྡོ་རྗེ་ཁྲོ་བོའི་རྩལ་འཛིན་པ།

༥༩ གསུམ་པའི་ཁམས་གསུམ་རྣམ་རྒྱལ་ལ་ཕྱག་འཚལ།།

༦༠ ལྷ་ཆེན་ལ་སོགས་འཇིག་རྟེན་རྗེས་བཟུང་ཕྱིར།

༦༡ རྣམ་པར་སྣང་མཛད་ཐུགས་ལས་སྤྲུལ་པ་ཡིས།།

༦༢ ཁྲོ་བོའི་རྒྱལ་པོ་མེ་ལྟར་འབར་བ་ལ།

༦༣ ལྷ་ཆེན་བརྒྱད་ཀྱི་བསྐོར་བ་ལ་ཕྱག་འཚལ་ལོ།།

༦༤ འགྲོ་བའི་ཆོས་ཅན་སྒྲིབ་པའི་བུད་ཤིང་རྣམས།

༦༥ འདི་འཇིགས་བྱེད་དག་ཡིས་བསྐོར་ལ་ཕྱག་འཚལ་ལོ།།

༦༦ ཁྲོ་བོ་རྣམས་ཀྱིས་བགེགས་དཔུང་ཞི་བར་མཛོད།

༦༧ ཆོས་སྐྱོང་རྣམས་ཀྱིས་ལས་རྣམས་དགེ་བར་མཛོད།།

༦༨ འཇིག་རྟེན་སྐྱོང་བ་འཇིག་རྟེན་ཆོས་བཞིན་སྐྱོང་།

༦༩ བསྟན་བསྲུང་འཁོར་བཅས་རྣམས་ལ་ཕྱག་འཚལ་ལོ།།

༧༠ རྒྱལ་བའི་སྐུ་གསུང་ཐུགས་ཀྱི་གཙུག་ལག་འདི། །

༧༡ མཐོང་ཐོས་རེག་པ་ཙམ་གྱི་གྲོལ་བ་དང་། །།

༧༢ ཕྱག་སོགས་བསྐོར་བ་ཙམ་གྱི་གྲོལ་བ་དང་། །

༧༣ ཡིད་ལ་བསམ་པ་ཙམ་གྱིས་གྲོལ་བ་སོགས། །།

༧༤ འདི་བཞིན་དགེ་བ་རབ་དཀར་དྲི་མེད་དེས། །

༧༥ སྒྲིབ་བདག་སྐུ་མཆེད་སྲས་དང་བཙུན་མོར་བཅས། །།

༧༦ འགྲོ་ཀུན་སྒྲིབ་སྦྱངས་ཚོགས་ས་གཉིས་རབ་རྫོགས་ནས། །

༧༧ ཀུན་མཁྱེན་རྒྱལ་བའི་གོ་འཕང་མྱུར་ཐོབ་ཤོག །།

༧༨ གང་ཞིག་མཐོང་བ་ཉི་མའི་མདངས་འཕྲོག་པ། །

༧༩ བྱམས་ཆེན་འགྲོ་བའི་མུན་སེལ་ནོར་བུ་འདི། །།

༨༠ དྲང་ཆེན་བརྩོན་པའི་གྲུ་གཟིངས་ལ་བརྟེན་ནས། །

༨༡ གདུལ་བྱ་སྐལ་ལྡན་མཚན་དཔེས་མཐོང་བ་མཚར། །།

༨༢ དུས་གསུམ་རྒྱལ་བའི་བསྟན་པ་སྲུང་བའི་ཕྱིར། །

༨༣ ཁྲོ་བོ་ཅན་ལ་ཁྲོ་བོའི་སྐུར་བསྟན་ནས། །

༨༤ ལོག་འདྲེན་བདུད་དཔུང་འཇོམས་པར་མཛད་པ་ཡི། །

༨༥ ཁྲོ་ཆེན་འཇིག་རྟེན་སྐྱོང་ལ་ཕྱག་འཚལ་ལོ། །

༨༦ སྟོང་པ་ཉིད་ཀྱི་ཡེ་ཤེས་རྡོ་རྗེ་ཡིས། །

༨༧ དངོས་པོར་བཟུ་བའི་རི་བོ་མཐོན་པོ་རྣམས། །

༨༨ ཀུན་ནས་འཇོམས་མཛད་རྡོ་རྗེ་སེམས་པ་ལ། །

༨༩ ཁྲོ་ཆེན་བརྒྱད་ཀྱིས་བསྐོར་ལ་ཕྱག་འཚལ་ལོ། །

༩༠ དུས་གསུམ་རྒྱལ་བའི་འཕྲིན་ལས་གཅིག་བསྡུས་པ། །

༩༡ འགྲོ་བ་འདུལ་ཕྱིར་ཁྲོ་བོའི་སྐུར་བསྟན་པ། །

༩༢ རབ་འཇིགས་ཁྲོ་ཆེན་མེ་ལྟར་འབར་བ་ལ། །

༩༣ གཟའ་བརྒྱད་རྒྱུ་སྐར་གྱིས་བསྐོར་ཕྱག་འཚལ་ལོ། །

༩༤ ཉོན་མོངས་དག་ལྡན་རྣམ་པར་དག་པའི་དངོས །

༩༥ ཡེ་ཤེས་ལྷ་ཡི་ཌོམྦྷ་གཙན་ཡན་མཛད །།

༩༦ རྡོ་རྗེ་སེམས་དཔའ་རིགས་རྣམས་ཀུན་གྱི་བདག །

༩༧ ཕྱོགས་སྐྱོང་བཅུ་ཡི་བསྐོར་ལ་ཕྱག་འཚལ་ལོ །།

༩༨ རྒྱལ་བ་ཀུན་གྱི་ཡེ་ཤེས་གཅིག་བསྡུས་ནས །

༩༩ འཁོར་ལོ་བསྒྱུར་བའི་གཟུགས་སུ་ལེགས་སྟོན་པ །།

༡༠༠ རབ་དཀར་འགྱིང་བག་རྡོ་རྗེ་དྲིལ་བུ་བསྣམས །

༡༠༡ ཕྱག་རྡོར་རྒྱལ་ཆེན་བཞེངས་བསྐོར་ཕྱག་འཚལ་ལོ །།

༡༠༢ སེར་སྣ་སྐྱོང་ཕྱིར་ནམ་མཁའི་རྒྱལ་པོའི་སྐུ །།

༡༠༣ མཉམ་ཉིད་བྱ་གྲུབ་ཡེ་ཤེས་ངོ་བོ་ཉིད །

༡༠༤ དོན་ཡོད་གྲུབ་པའི་ལས་རིགས་ཕྱག་འཚལ་ལོ །།

༡༠༥ གདུལ་བྱ་འདུལ་ཕྱིར་འོད་དཔག་མེད་པའི་གསུང །

༡༠༦ ཀུན་ཁྱབ་སྤྱན་རས་གཟིགས་ཀྱི་སྐུར་བསྟན་པ །།

༡༠༧ སོ་སོར་ཀུན་རྟོག་ཡེ་ཤེས་ངོ་བོ་ཉིད །

༡༠༨ འགྲོ་བ་འདུལ་བའི་ལས་རིགས་ཕྱག་འཚལ་ལོ །།

༡༠༩ རྡོ་རྗེ་སེམས་དཔའ་མི་འགྱུར་རྡོ་རྗེའི་གཟུགས །

༡༡༠ གསལ་མཛད་མེ་ལོང་ཡེ་ཤེས་ངོ་བོ་ཉིད །།

༡༡༡ ཁམས་གསུམ་རྣམ་རྒྱལ་ལས་རིགས་ཕྱག་འཚལ་ལོ །།

༡༡༢ རྣམ་པར་སྣང་མཛད་ཡེ་ཤེས་སྒྱུ་མའི་སྐུ །

༡༡༣ མིག་འཕྲུལ་ལྟ་བུར་གཟུགས་ཀྱི་སྐུར་བསྟན་ནས །།

༡༡༤ ཆོས་ཀྱི་དབྱིངས་ཀྱི་ཡེ་ཤེས་ངོ་བོ་ཉིད །

༡༡༥ དེ་བཞིན་གཤེགས་པའི་ལས་རིགས་ཕྱག་འཚལ་ལོ །།

༡༡༦ མི་ཟད་ནམ་མཁའ་མཛོད་ཀྱི་སྨོན་ལམ་གྱི །

༡༡༧ གདུལ་བྱ་མཐའ་ཡས་ནམ་མཁའ་ཁྱབ་པ་རྣམས །།

༡༡༨ མཐའ་མེད་འཁོར་བའི་འཇིགས་ལས་སྐྱོབ་མཛད་པ། །

༡༡༩ རྗེ་བརྒྱུད་རྗེ་བའི་ནམ་སྙིང་ལ་ཕྱག་འཚལ། །།

༡༢༠ གང་གི་ཁྱོད་སྐུ་མཐོང་བར་གྱུར་བའམ། །

༡༢༡ ཁྱོད་གསུང་ལན་གཅིག་ཐོས་པ་ཙམ་གྱིས་ཀྱང་། །།

༡༢༢ སྲིད་ཞིའི་ — ང་པ་མཐའ་དག་སྐྱོབ་བྱེད་པ། །

༡༢༣ རྗེ་སྒྲུད་རྗེ་བའི་འགྲོ་འདུལ་ལ་ཕྱག་འཚལ། །།

༡༢༤ དབང་པོའི་གཞུ་ཟེར་བཀྲབ་ཡིས། །

༡༢༥ དཀྱིལ་འཁོར་ཁབས་ཁེས་ཟུང་འཇུག་འདི། །།

༡༢༦ བལ་པོ་ཧྲེ་བ་ལྷ་དགའ་ཡིས། །

༡༢༧ ཡིད་ལག་ - - - ཉེ་མས་འཕྲུལ། །།

༡༢༨ ཨོཾ་སྭསྟི། །

༡༢༩ རྣམ་དག་ཆོས་སྐུའི་ནམ་མཁའ་ཡངས་པ་ལ། །

༧༣༠ ཚོགས་གཉིས་ལྷུང་གི་ཤུགས་ཀྱིས་རབ་བསྐྱོད་ཤིང་ ། །

༧༣༡ མཁྱེན་བརྩེ་ཆ་ཤས་མ་ལུས་ཡོངས་སུ་རྫོགས ། །

༧༣༢ པ་གསུམ་གསལ་མཛོད་སྐྱེ་དགུའི་གཙུག་ན་རྒྱལ ༎

Bibliographie

Armington, Stan: Trek to Mustang. Kathmandu 1992. – Broschüre mit kurzer Streckenbeschreibung.

Aufschnaiter, Peter: Sein Leben in Tibet. Bearbeitung, Zusammenstellung und Herausgabe durch Martin Brauen. Steiger, Innsbruck 1983; Berwang 1988[2]. – Einige informative Fotos von Mustang, keine Beschreibung im Text.

Avedon, John F.: In Exile from the Land of Snows. Knopf, New York 1984, p. 156-164. – Informiert ausführlich über die von Mustang aus operierenden Khampa-Guerillas 1961–73.

Baumann, Bruno: Mustang. Das verborgene Königreich im Himalaya. München 1993.

Bista, Dor Bahadur: People of Nepal. Kathmandu 1987. – Kurz und oberflächlich über Mustang-Bewohner.

Bordet, Pierre et al.: Recherches géologiques dans l'Himalaya du Népal, Région de la Thakkhola. Editions du C. R. N. S., Paris 1971.

Donner, Wolf: Mustang. Observations in the Trans-Himalayan Part of Nepal. Unveröffentlichtes Manuskript (maschinenschriftlich, 45 Seiten) von 1968. – Bericht und Empfehlungen zu den Möglichkeiten von Landbau und Bewässerung.

Donner, Wolf: Nepal. Raum, Mensch und Wirtschaft. (Schriften des Instituts für Asienkunde. 32). Otto Harrassowitz, Wiesbaden 1972. – Enthält ein kurzes, aber informatives Kapitel zur Geographie Mustangs.

Eimer, Helmut: Preliminary Notes on Nor chen's Kanjur Catalogue. In: Tibetan Studies, Proceedings of the 6th Seminar of the International Association for Tibetan Studies, Fagernes/Norway 1992 (im Druck).

Francke, August Hermann: Antiquities of Indian Tibet. 2 volumes. (Archaeological Survey of India, New Imperial Series, Vol. 38 und 50). Calcutta 1914/26. Reprint Delhi 1972.

von Fürer-Haimendorf, Christoph: Himalayan Traders. Life in Highland Nepal. John Murray, London 1975; reprint Time Books International, Delhi 1988. – Kapitel über die Thakalis im südlichen Mustang.

von Fürer-Haimendorf, Christoph: Exploratory Travels in Highland Nepal. Sterling Publ., Delhi 1989. – Mit ausführlichen Kapiteln „Thakalis and Bhotias of the Kali Gandaki Valley“ und „The Realm of the Mustang Raja“ als Ergebnis einer ausgedehnten Mustang-Expedition 1962.

Gauchan, Surendra und Vinding, Michael: The History of the Thakaali according to the Thakaali tradition. (Kailash. A Journal of Himalayan Studies, 5, No. 2, pp. 97-184). Kathmandu 1977. – Interessante „Selbstdarstellung“ der Thakalis, u. a. über die drei sprachlich verschiedenen Gruppen der Tamang-, Puntan- und Thin-Thakalis.

Gibbons, Bob u. Pritchard-Jones, Sian: Mustang. A Trekking Guide 1993. Tiwaris's Pilgrims Book House, Kathmandu 1993. – Schmale Broschüre mit knapper Routenbeschreibung.

Graafen, Rainer u. Seeber, Christian: Important Trade Routes in Nepal and their Importance to the Settlement Process. (Ancient Nepal, Journal of the Department of Archaeology, No. 130-133, p. 34-48). Kathmandu 1993.

Gurung, Harka: Vignettes of Nepal. Sajha Prakashan, Kathmandu 1980. – Einige Reiseimpressionen zu Land und Leuten.

Gutschow, Niels: mChod-rten (Chörten) of Mustang. With special reference to the Kākom Cave at Luri. Nepal-German Project on High Mountain Archaeology, German Research Council (DFG). Unveröffentlichtes Manuskript (maschinenschriftlich, 17 S. mit 19 Abb.). Bonn 1992. – Kurzer Überblick über den Stupa-Typus in Mustang und Beschreibung des Chörten in der Höhlen-Gompa von Luri. Gute Architekturzeichnungen und Fotos.

Gutschow, Niels: Chörten in Mustang. A Preliminary Architectural Account of Chörten (mchod-rten) with Special Reference to the chörten of the Cave at Luri. (Ancient Nepal, Journal of the Department of Archaeology, No. 130-133, p. 59-62). Kathmandu 1993. – Veröffentlichung des vorangehenden Manuskriptes.

Hagen, Toni, Friedrich Traugott Wahlen und Walter Robert Corti: Nepal. Königreich am Himalaya. Kümmerly & Frey, Bern 1960, 1980[3]. – Enthält einige sehr gute Fotos mit ausführlicheren Bildlegenden zu Mustang.

Hagen, Toni: A Foot in Roadless Nepal. (The National Geograpic Magazine). London, March 1961.

Hagen, Toni: Report on the Geological Survey of Nepal. 2 Vols. plus Index of the Attached Plates. Mém. Soc. helv. Sci. nat., Zürich 1968/69. – Ausführlich über die Geologie von Mustang und Nachbarregion (Vol. 2: Geology of the Thakkhola, including adjacent areas).

Hagen, Toni: Erinnerungen an Nepal. Academia Verlag, St. Augustin 1993. – Kurzes Kapitel zu Mustang (1952).

Hedin, Sven: Transhimalaja. Entdeckungen und Abenteuer in Tibet. 3 Bände. 1. und 2. Band 1909. 3. Band 1912. F. A. Brockhaus, Leipzig 1909/12. – Über den Abstecher nach Mustang siehe Band 2, S. 60 bis 70.

Hüttel, Hans-Georg: Archäologie am Rande der Ökumene. In: Archäologie in Deutschland, S. 10-15. Konrad Theiss Verlag, Stuttgart 1993 (Heft 2). – Bericht über eine Ausgrabung (1991) der Siedlung und Burg beim Dorf Khyingar im Muktinath-Tal, im Rahmen des Nepal-German Project on High Mountain Archaeology.

Jackson, David P.: The Early History of Lo (Mustang) and Ngari.(Contributions to Nepalese Studies, Vol. 4, p. 39-56). Tribhuvan University, Kathmandu 1976, p. 195-227.

Jackson, David P.: Notes on the history of Se-rib and nearby places in the upper Kali Gandaki valley. (Kailash: A Journal of Himalayan Studies, V, Nr. 3). Kathmandu 1978.

Jackson, David P.: A Genealogy of the Kings of Lo (Mustang). In: M. Aris, Tibetan Studies in Honour of Hugh Richardson. Oxford 1979, p. 133-137.

Jackson, David P.: The Mollas of Mustang. Historical, Religious and Oratorical Traditions of the Nepalese-Tibetan Borderland. Library of Tibetan Works & Archives, Dharamsala 1984. – Wichtige Arbeit zu den Molla-Texten von Mustang und zu dessen früher Geschichte. Mit Übersetzungen.

Jest, Corneille: Monuments of Northern Nepal. Paris 1981. – Informative Kurzbeschreibung der Klöster und Tempel im südlichen Mustang-Distrikt (Region Jomosom-Muktinath).

John, Gudrun: Mustang. Ein wiederentdecktes Königreich in Nepal. Artcolor, Hamm 1993.– Bildband mit Erlebnisbericht einer Trekkingtour im April 1992.

Kawaguchi, Ekai: Three Years in Tibet. Madras 1909. – Ein Kapitel beschreibt des Autors Aufenthalt in Tsarang im Jahr 1899.

Kretschmar, Monika: Märchen und Schwänke aus Mustang (Nepal). (Beiträge zur tibetischen Erzählforschung. 7.). In Zusammenarbeit mit Angya Gurung. VGH Wissenschaftsverlag, St. Augustin 1985.

Montgomerie, T. G.: Extracts from an Explorer's Narrative of his Journey from Pitoragarh, in Kumaon, via Jumla to Tadum and Back along the Kali Gandak to British Territory. (The Royal Geographical Society Journal, 45., p. 355-360). London 1875. – Dieser Artikel enthält Auszüge eines Berichts über Mustang von einem anonymen indischen Pandit, dessen Identität bislang nicht bestimmt werden konnte.

Pant, Mahes Raj und Philip H. Pierce (eds.): Administrative Documents of the Shah dynasty concerning Mustang and its periphery (1789–1844 A.D.). [Ergebnisse des Mustang-Projekts im Schwerpunktprogramm Nepal der Deutschen Forschungsgemeinschaft. (Archiv für zentralasiatische Geschichtsforschung. 10)]. Bonn 1989. – Ohne Bezug zu den Sachthemen unserer Schrift. Hier nur der Vollständigkeit halber (für Mustang) aufgeführt.

Peissel, Michel: Mustang, Remote Region in Nepal. (The National Geographic Magazine, Vol. 128, p. 579-604). London 1965.

Peissel, Michel: Mustang, the Forbidden Kingdom. Exploring a lost Himalayan land. Dutton, New York 1967; sowie: A Lost Tibetan Kingdom, London 1968. Neuausgabe Kathmandu 1992.

Peissel, Michel: Das verbotene Königreich im Himalaja. Abenteuerliche Expedition in eine mystische Hochkultur zwischen Indien und China. (Die Welt von heute). Safari (Reinhard Jaspert), Berlin 1968. Auch Fischer TB (TB 3501), Frankfurt/M. 1978. –
Deutsche Übersetzung des zuvor gelisteten Buches. Populärwissenschaftliches Reisebuch über einen zehnwöchigen Aufenthalt des Autors in Mustang im Jahre 1964.

Peissel, Michel: L'organisation politique et sociale du royaume tibetain de gLo dit le royaume du Mustang. Thèse pour le doctorate, Université de Paris, 1969. – Unveröffentlicht. War dem Verfasser nicht zugänglich.

Peissel, Michel: Die Chinesen sind da. Der Freiheitskampf der Khambas. Paul Zsolnay, Wien/Hamburg 1973. (Cavaliers du Kham. Guerre secrète au Thibet. Robert Laffont, Paris 1972). – Das letzte Kapitel beschreibt die Aktivitäten der tibetischen Widerstandskämpfer gegen die chinesische Okkupation 1961–1974.

Petech, Luciano: "Ya-ts'e, Gu-ge, Pu-raṅ: A New Study". (Central Asiatic Journal, Vol. 24, No. 1-2, p. 85-111). Wiesbaden 1980.

Ram, Rajendra: A History of Buddhism in Nepal A. D. 704-1396. Motilal Banarsidass, Delhi 1978.

Ramble, Charles: The Muktinath Yartung – A Tibetan Harvest Festival in its Social and Historical Context. (L'Ethnographie, tome 83, p. 221-246). Paris 1987.

Ramble, Charles: The Lamas of Lubra: Tibetan Bonpo Householder Priests in Western Nepal. Unpublishes Doctorial Thesis. (440 p.). Oxford University 1984. – Sehr wichtige Untersuchung (auch über die Dörfer der Muktinath-Region).

Ramble, Charles: A Ritual of Political Unity in an Old Nepalese Kingdom. (Ancient Nepal, Journal of the Department of Archaeology, No. 130-133, pp. 49-58). Kathmandu 1993.

Schmidt, B.: Dendrochronological Research in South Mustang. (Ancient Nepal, Journal of the Department of Archaeology, No. 130-133, pp. 20-33). Kathmandu 1993.

Schuh, Dieter: The Political Organisation of Southern Mustang During the 17th and 18th Century. (Ancient Nepal, Journal of the Department of Archaeology, 119, pp. 1-13). Kathmandu 1990.

Schuh, Dieter: Research Proposal, Joint Nepal-German Archaeological Research Project High Mountain Archaeology on Prehistoric Dwellings in the Mustang Zone. (Ancient Nepal, Journal of the Department of Archaeology, No. 130-133, pagina c-m [sic!]). Kathmandu 1993.

Simons, Angela: Trial Excavation of a Cave System in Muktinath Valley. (Ancient Nepal, Journal of the Department of Archaeology, No. 130-133, pp. 1-19). Kathmandu 1993.

Snellgrove, David L.: Himalayan Pilgrimage. Oxford 1961, 2nd. edition Boston 1981. – Wichtiges, sehr informatives Reisebuch über die kulturell tibetischen Regionen Nordnepals, vor allem Dolpo, Mustang (40 Seiten), Manang und die Manaslu-Ganesh-Himal-Region.

Snellgrove, David L.: Tshampa Ngawang of Drumpa. Places of Pilgrimage in Thag (Thakkhola). Edited and translated with an introduction by D. L. Snellgrove. (Kailash: A Journal of Himalayan Studies, VII, p. 75-170). Kathmandu 1979. – Über die Kutsap-Ternga-Gömpa bei Jomosom.

Starrach, H.: Mustang. Das geheimnisvolle Königreich. Künzelsau 1993. Bildband mit Bericht der ersten für Ausländer genehmigten Reise im Frühjahr 1992.

Steinmetz, Heinz: Vier im Himalaya. Erlebnisbericht der deutschen Nepal-Expedition 1955. Ch. Belser, Stuttgart 1957. – U. a. über einen Abstecher nach Mustang. Wie auch die beiden folgenden Titel des Autors nur von geringem Informationswert.

Steinmetz, Heinz: Land der Tausend Gipfel. Expedition zu den Menschen und Bergen Nepals. VEB Brockhaus, Leipzig 1959.

Steinmetz, Heinz und Jürgen Wellenkamp: Nepal. Ein Sommer am Rande der Welt. Ch. Belser, Stuttgart 1956. Zweite Auflage Zürich 1962.

Tichy, Herbert. Land der namenlosen Berge. Erste Durchquerung Westnepals. Ullstein, Wien 1954.

Tiwari, D. N.: Cave Burials from Western Nepal, Mustang. (Ancient Nepal, Journal of the Department of Archaeology, No. 85, p. 1-12). Kathmandu 1984/85.

Tucci, Giuseppe: Preliminary Report on Two Scientific Expeditions in Nepal. Roma 1956. – Mit 29 Seiten zu Mustang. U. a. einzige Veröffentlichung alter Inschriften aus zwei Tempeln in Lo Manthang.

Tucci, Giuseppe und Heissig, Walther: Die Religionen Tibets und der Mongolei. (Die Religionen der Menschheit. 20.). [Der Beitrag von Tucci übersetzt von Gustav Glaesser]. W. Kohlhammer, Stuttgart 1970. – Tuccis Darstellung der Religionen Tibets ist derzeit die umfassendste und fundierteste ihrer Art.

Tucci, Giuseppe: Journey to Mustang. Kathmandu 1977. (Erschien zuerst 1953 auf Italienisch: Tra Giungle e Pagoda). – Reisebericht vor allem auch über den südlichen Mustang-Distrikt. Meist mit nur knappen, allgemeinen Angaben.

Vinding, Michael: The local oral tradition about the Kingdom of Thin Garab Dzong. (Kailash. A Journal of Himalayan Studies, 6, No. 3, p. 181-193). Kathmandu 1978. – Die heutige Ruine Thin Garab Dzong oberhalb Thini (bei Jomosom) war ein bedeutendes Zentrum im ehemaligen Königreich Se-rib auf dem Gebiet des neuzeitlichen Distrikts Mustang.

Vinding, Michael: A History of the Thak Khola Valley, Nepal. (Kailash: A Journal of Himalayan Studies, XIV, p. 167-211). Kathmandu 1988.

Von der Heide, Susanne: The Thakalis of North Western Nepal. Ratna Pustak Bhandur, Kathmandu 1988.

Von der Heide, Susanne: Die Thakali des Thak Khola, Central Nepal, und ihr Wanderungsverhalten. In: Neue Forschungen im Himalaya. Erdkundliches Wissen. Schriftenreihe für Forschung und Praxis, 112 (Hrsg. von Ulrich Schweinfurth), S. 129-153. Franz Steiner, Stuttgart 1993.

Zur Schreibweise und Aussprache der Orts- und Eigennamen

Als moderner Verwaltungsdistrikt und auch zum guten Teil in der historischen Geographie fällt Mustang in den ethnischen, kulturellen und sprachlichen Einflußbereich von Tibet einerseits und Nepal andererseits. Zahlreiche geographische Namen wurden seither folglich im Tibetischen und/oder in Nepali verwendet. Entsprechend „vielfältig“ ist die Schreibweise der geographischen Begriffe – und die Verwirrung für den Benutzer der Publikation und Landkarten. Im vorangehenden Text des Buches und für die folgenden Indices haben wir uns um eine möglichst richtige, der jeweiligen kulturell-sprachlichen Region entsprechende und um eine benutzerfreundliche Schreibweise bemüht, die auch in die bis anhin recht willkürliche „Sprachvielfalt“ eine gewisse, verbindlichere Standardisierung bringen mag. Gegenüber der exakten tibetischen Schreibung (die auch bis heute lediglich eine relative Normierung im Sinne einer allgemein bevorzugten, am meisten gebräuchlichen Form kennt) wurde einer phonetischen, aussprachegerechten Schreibweise Priorität gegeben und, soweit möglich, die exakte Form sowohl im Index als auch im Text in Klammern ergänzt. Bei Eigennamen oder gewissen Sachbegriffen, die im Text eine eher marginale, im Inhalt nicht wiederholt vorkommende oder auch für den allgemein interessierten Leser keine wirklich wesentliche Rolle spielen, wurde meist von vornherein die exakte tibetische Schreibweise bewählt.

Wo sich z. B. auf Landkarten eine nepalisierte Namensform für überwiegend kulturell tibetisch geprägte Orte eingebürgert hat (z.B. Chele, Jharkot etc.), soll über Querverweise auf die richtigere bzw. korrekte Schreibform hingeführt werden. In bestimmten, kulturelle Grenzgebiete betreffenden Fällen wie z. B. Kagbeni, Tangbe oder Tetang, belassen wir es bei dieser weitgehend üblich gewordenen (Nepali-)Form, obgleich in dieser sprachlich tibetisch orientierten Region sonst die tibetischen Ortsnamen gelten sollen. Im südlichen, immer mehr nepalisierten Thakkhola bevorzugen wir überwiegend die Nepali-Schreibweise (z. B. Jomosom, Cherok-Gömpa), plädieren aber in Einzelfällen von ganz aus der tibetisch-buddhistischen Tradition entstandenen Bauten (z.B. Kutsap-Ternga-Gömpa) für die entsprechende tibetische Namensform. Wo im Index aus Platzgründen nur die tibetisch-phonetische Schreibweise vorkommt, wurde die exakte Form im Text nach Möglichkeit in Klammern gesetzt.

In Einzelfällen wie „Jomosom“ oder „Jampa Lhakhang“ wurde statt des phonetisch richtigeren „Dschomosom“ bzw. „Dschampa Lhakhang“ die am Englischen orientierte Schreibweise belassen, da sie sich so weitgehend durchgesetzt hat, daß derartige Namen in einer deutschen Phonetisierung vom Benutzer kaum noch gesucht und aufgefunden würden.

Die komplexere kulturgeographische Situation von Mustang und die Absicht, den Text möglichst auch und durchaus in erster Linie für den nicht primär wissenschaftlich interessierten Leser benutzbar zu machen, mögen die Kompromisse in der Schreibweise erklären und rechtfertigen, ohne die auch dieses kleine Mustang-Handbuch nicht auskommt.

Mustang 1999

In den fünf Jahren seit Erscheinen der ersten Auflage dieses ersten Versuches, einen Reiseführer und eine kleine Gesamtschau unseres Wissens über Land und Kultur von Mustang (auf dem Stand von 1992) zu geben, sind zahlreiche neuere Publikationen erschienen, die ich für diesen Nachtrag zur dritten Auflage möglichst umfassend in die Ergänzungs-Bibliographie (S. 198 ff) aufnehmen und in den jeweiligen ergänzenden Sachkapiteln in Auszügen wiedergeben und kommentieren möchte.

Eigene Beobachtungen und Erkundungen vor Ort waren mir seither leider nicht mehr möglich. Daher sind auch diese Nachträge eher eine nach Sachthemen geordnete ausführlichere Literaturschau, die dem Leser die aktuellen Kenntnisse und Forschungen zusammenfassend vermitteln soll.

Für diverse Hinweise zur neueren Forschung und für die Zusendung von Publikationen möchte ich mich bedanken bei: Dr. Helmut Eimer, Dr. Karl-Heinz Everding, Prof. Hans-Georg Hüttel, Prof. Robert Koska, Dr. Perdita Pohle, Prof. Dieter Schuh und Susanne von der Heide; und insbesondere auch bei Prof. Dr. Jürgen Aschoff (Fabri Verlag), der mit viel Umsicht und Unterstützung diese Neuauflage möglich machte. – Meine Hoffnungen, auch von „touristischen“ Mustang-Reisenden außerhalb wissenschaftlichen Forschungsprojekten nennenswerte ergänzende und korrigierende Hinweise zu erhalten, erfüllten sich leider nicht. Einige Auskünfte zur Situation von Reisen in Mustang verdanke ich jedoch Bernhard Banzhaf (Saas Fee).

Vorangehend sei auf einige gewichtigere allgemeine Darstellungen zu Mustang hingewiesen. Einen in Bild und Text reichhaltigen Überblick ermöglicht Bruno Baumanns „Mustang – Das verborgene Königreich am Himalaya“ (1993), Sachbuch und Reisebericht, der eine Besteigung des 6180 m hohen Kang Gongarla im Nordwesten von Lo Manthang einschließt, eine Beschreibung des Tenpa Chirimfestes im Chöde Lhakhang von Lo Manthang, die erstmalige Erkundung der vermeintlichen Kali Gandaki-Quelle beim 6480 m hohen Dongmar-Berg nordwestlich von Lo Manthang sowie Toni Hagens „Impressionen einer Pionierreise“ von 1952 („der erste Weiße, der diese Chance erhalten sollte“, nämlich die Hauptstadt von Mustang zu sehen) und dessen sehr informativen Bericht über die Situation der Tibetflüchtlinge in Nepal nach 1959. Hagen, der

1950-58 die erste geologische Erkundung in Nepal durchführte (siehe hier sein Beitrag zur Geologie Mustangs), hatte als Chef-Delegierter des Internationalen Roten Kreuzes am 8. Januar 1960 der nepalesischen Regierung einen Vorschlag über die Behandlung und Integration der tibetischen Flüchtlinge unterbreitet und führte noch im gleichen Jahr im Sherpa-Gebiet von Khumbu und im oberen Thakkhola eine auf Tonband aufgenommene Ansprache des Dalai Lama vor, in der dieser die Flüchtlinge aufforderte, die Anordnungen der Nepal-Regierung zu befolgen. In Jomosom mußten damals 6000 Flüchtlinge betreut werden. Hagen organisierte auch erstmals für die Tibeter in Nepal die Teppichknüpferei.

Das 1995 erschienene „East of Lo Monthang" von Peter Matthiessen (Text) und Thomas Laird (Fotos) profitiert nicht nur vom durch die Nachbarregion Dolpo bekannten Autor („Auf der Spur des Schneeleoparden", 1982), sondern vor allem auch von den hervorragenden und oft erstmaligen Fotografen wie z. B. der bis anhin für Außenstehende unbekannten „Sao Gömpa" mit wertvollen Wandmalereien des 15. Jhs., die, „irgendwo in Mustang" in einem verborgenen Tal gelegen, die Autoren nicht näher identifizieren wollten, um keine anderen Besucher an diesen vorerst geheim gehaltenen Ort zu locken. Bemerkenswert ist in diesem Buch auch die Schilderung der Tiji-Zeremonie mit Cham-Tänzen und der Präsentation eines großen appliqué-Thangkas des Padmasambhava in Lo Manthang. Thomas Laird machte auch die ersten systematischen und professionellen Aufnahmen der kostbaren Wandmalereien in den zwei alten Tempeln von Lo Manthang, zu denen er sich freilich mit teilweise fragwürdigen Methoden Zugang verschafft haben soll.

Zu den jüngsten und reizvollsten Mustang-Publikationen gehören die künstlerischen Visionen von Robert Powell: „Earth Door-Sky Door" (1999), die mit einem fotografischen und magischen Realismus ein visuell faszinierendes Profil des Landes vermitteln: die sandbraunen Erden, rotglühenden Felsen, die von Wind und Wasser zersägten bizarren Klippen und Höhlungen, den farbigen Dreiklang der Klostermauern, Stupa-Schreine im trompe l'oeil-Effekt, zum Berühren nahe und doch fern wie vor fünfhundert Jahren, Ruinenfragmente, Metaphern der Vergänglichkeit und doch zeitlos, so, wie wir uns Mustang immer vorstellten, noch bevor aus dem Mythos, den wir nicht gerne hinter uns lassen, die Wirklichkeit wurde. Zur Wirklichkeit von Mustang gehören aber auch im weniger trockenen Süden alljährlich die grandiosen Farbwechsel von den verschiedenen Grünstufen der Gerstenfelder über den gelben Senf bis zum rosafarbenen Buchweizen, – für mich eine der abwechslungsreichsten und schönsten Landschaften des Himalaya.

Geschichte und Archäologie

Die meisten neuen Kenntnisse über Mustang wurden in den letzten Jahren über die frühe Geschichte erzielt. Hier ist insbesondere das von Prof. Dieter Schuh angeregte, seit 1992 in der Region zwischen Kagbeni und Muktinath durchgeführte interdisziplinäre Forschungsprojekt einer „Archäologie der Burgen und befestigten Siedlungen" zu nennen, das von der „Kommission für Allgemeine und Vergleichende Archäologie" (AKVA) betreut wird, die ein Teil des „Tibet-Himalaya"-Schwerpunktprogramms der Deutschen Forschungsgemeinschaft ist. Dafür wurde das „Nepal-German Project on High Mountain Archaeology" gegründet, das Wissenschaftler von neun Universitäten in Deutschland, Österreich und in der Schweiz vereint: Archäologen, Tibetologen, Frühgeschichtler, Geographen, Kartographen, Dendrochronologen, Archäozoologen, und das für die Erforschung der frühesten Geschichte Nepals eine ganz wesentliche, pionierartige Rolle spielt. Das diese Feldforschungen verbindende zentrale Thema sind die „Siedlungsprozesse und Staatenbildungen" bei betont historischem Ansatz.

Hierzu wurden seither umfangreiche archäologische Grabungen und Inspektionen von Felsenhöhlen durchgeführt, – die ersten systematischen archäologischen Forschungen im Himalaya überhaupt! Die Leitung dieses Projektes liegt bei Prof. Dieter Schuh (Universität Bonn) und Prof. Willibald Haffner (Universität Gießen).

Archäologie in Mustang ist vor allem siedlungsgeschichtliche Forschung und Wüstungsarchäologie. Weit mehr als in anderen Regionen schließt sie hier geologische, zoologische und botanische Untersuchungen ein. Die noch andauernden Arbeiten, die in Zusammenarbeit mit dem nepalesischen Department of Archaeology durchgeführt werden, konzentrieren sich vor allem auf das von Kagbeni nach Muktinath führende Dzong-chu Tal, also entlang des „Flusses der Burgen", wo auf der dem Pfad gegenüberliegenden Talseite zahlreiche Felsenhöhlen erhalten sind, deren Siedlungsspuren nach Radiokarbonanalysen bis auf das 8. Jh. v. u. Z.

zurückreichen. Man vermutet hier auch die einstigen „Höhlenstädte des Reiches Se-rib, einem heißen Land im Südwesten Tibets", dessen König im Jahre 709 gefangen genommen worden war, wie es in Dunhuang gefundene Texte bezeugen (nach R. A. Stein, Die Kultur Tibets, Berlin 1993, S. 61). Der bis ins 17. Jh. übliche Name Se-rib ist vermutlich in der Bezeichnung Se-skad überliefert, wie die Sprachen der fünf Dörfer Tshug, Taye, Tsele, Gyaga und Tetang (Te) nördlich Kagbeni genannt werden und die nach Charles Ramble wohl eine Abkürzung von se-rib kyi-skad, „Sprache von Se-rib" ist. Wie weit sich das Territorium von Se-rib ausdehnte, ist nicht bekannt. Trotz der spärlichen Textüberlieferung und der sich erst im Anfangsstadium befindlichen quellenkritischen Forschung dürfte aber feststellen, daß sich zu Beginn der historischen Kulturperiode Tibets, im 7. Jh., zwei Königtümer das Gebiet des heutigen Mustang teilten, nämlich Se-rib und das von den Tibetern „Südliches Königreich" genannte Lo (gLo), die seit dem 13. Jh. als selbstverständlicher Teil der tibetischen Welt angesehen wurden.

1991 fand man bei Grabungen am Siedlungshügel östlich vom Dorf Khyinga (oder Khingar; der Siedlungshügel ist lokal auch als Khalun bekannt) mittelalterliche Bauten und importierte Keramik aus dem 6. bis 14. Jh. Diese in ihrem Kern auf das ca. 11. bis 13. Jh. zurückgehende Grabungsstätte war insofern interessant, als sie Einblick in mehrere historische Perioden erlaubte, da der Siedlungsort nach seiner Aufgabe später nicht mehr überbaut wurde. Diese von H. G. Hüttel (1994) detailliert dokumentierte Grabung am Talhang des Dzong-chu (auf 3400 m Höhe ü. M.) konnte zunächst bis auf das 2. Jh. zurückreichende Funde nachweisen. 1998 fand man jedoch hier in einem Grab Ordos-Bronzen im Tierstil, die aus der Nord-Mongolei und aus den Ordossteppen hierher gelangt sein müssen und auf einen Siedlungsbeginn im 4. Jh. vor u. Z. hinweisen. Im gleichen Jahr wurden in Khyinga in einem der frühesten Schicht angehörenden Massengrab Skelettreste von Menschen und Pferden sowie Grabinventare gefunden, die „einen nördlich-zentralasiatischen Hintergrund erkennen" (Hüttel) lassen, mit Analogien im zentralasiatischen China des 4. bis 1. Jhs. v. u. Z. (z.B. Tarimbecken und Ordossteppen. Dabei fand man auch einen vermutlichen Sakralbau mit symbolischen Elementen im Grundriß (Schachbrettmuster) und buddhistischen Swastika-Motiven. Ob dies auf regionale oder tibetische Traditionen zurückzuführen ist (z.B. Jokhang in Lhasa, Tradug-Kloster bei Tethang), sei nach Hüttel fraglich. „In jedem Fall" seien diese Funde aber etwa 150-

200 Jahre älter als der Jokhang oder die tibetischen Königsgräber. Die Radiokarbon-Daten für Khyinga reichen von 183 bis ca. 1250. Importierte Keramik der Kuschan-Zeit aus dem 2. und 1. Jh. v. u. Z., Münzen des späten 6. oder frühen 7. Jhs., Keramiken der nepalesischen Licchavi-Dynastie des 8. Jhs., tibetische Votivfiguren (Tsa-tsa) und Keramikfragmente des 10. bis 13. Jhs. bieten genauere historische Anhaltspunkte für die frühe Besiedlung im südlichen Mustang. Nach dem 13. Jh. wurde diese Siedlung offensichtlich verlassen (siehe H. G. Hüttel 1997). Für einen Zeitraum von über 1500 Jahren konnte man in Khyinga die erste stratigraphische Erforschung einer verschiedene Siedlungsphasen umfassenden Ortsanlage im Himalayaraum durchführen.

Die noch über 12 m hohe Ruine der das Muktinath-Becken beherrschenden Burg von Dzarkot (obwohl in „Ancient Nepal" als Schreibweise „Jharkot" gebraucht wird, behalten wir hier aus Gründen der Systematik die in der ersten Auflage benützte Schreibform bei) erwies sich nach Grabungen ab 1992 als eine tibetische Gründung aus der 2. Hälfte des 15. Jhs. Von der Dzarkot-Burg aus konnte der Zugang zum Thorung La und damit der Pilger- und Handelsweg nach Muktinath und Manang kontrolliert werden. – 1992 fand man in drei Begräbnishöhlen bei Chokhopani, in denen die Toten mit ihrem Schmuck begraben wurden, Metallschmuck und Keramik, die Bezüge zu den anderen im Dzong-chu Tal entdeckten Höhlenwohnungen aufwiesen. Man vermutet, daß diese Höhlensiedlungen zu einer historischen Zeit entstanden sind, als Nepal ein bedeutendes Transitland für Tibet wurde. Dieter Schuh spricht in diesem Zusammenhang von einer „hochgradigen Zivilisation und Kultur".

Die sieben Dörfer mit 284 Haushalten und ca. 1200 Einwohnern (Kagbeni und Muktinath nicht eingerechnet) des Dzong-chu Tals weisen eine überdurchschnittliche Siedlungs- und Bevölkerungsdichte für den trockenen Hochhimalaya auf: etwa 40 Einwohner/km^2, im Vergleich zu 8 Einwohnern/km^2 als Durchschnitt im ganzen Mustang-Distrikt. Dazu kommen noch 40 Wüstungen. Dieses siedlungsfreundliche und leicht zugängliche Tal, das zudem eine hohe geostrategische Bedeutung durch die Kontrolle über die Bergpässe hatte, erwies sich auch als besonders gutes Fallbeispiel für die Siedlungsforschung, „eine in geographischer, historischer und siedlungsarchäologischer Hinsicht ideale Mikroregion" (H. G. Hüttel 1994, S. 66). Nach H. G. Hüttel ist das Muktinath-Tal eine „nach

Sprache, Religion und Brauchtum tibetische Exklave: tibetisch ist die Architektur, tibetisch die Tracht, die Dorforganisation, das Verwandtschaftssystem, das Heirats- und Totenbrauchtum" (desgl., S. 67). Inwieweit nun das Muktinath-Tal eine „Tibetische Siedlungskammer" ist und wann die Tibetisierung erfolgte, kann noch nicht genauer beurteilt werden. Soviel ist aber sicher: Reste der vortibetischen Bevölkerung haben sich wie die fünf Se-skad Dörfer um Tetang inselhaft erhalten; sie sind tibetisiert, dabei gleichwohl nicht zu Tibetern geworden .... (desgl., S. 67).

Ursprünglich zum mehr legendären als historisch und territorial genauer identifizierbaren Reich Se-rib gehörend wurde die Muktinath-Region nach dem 13. Jh. ein Teil des unteren gLo. Im Verlaufe der endgültigen Tibetisierung während der zweiten Hälfte des 15. Jhs. setzte der Mustang-König eine Art „Stellvertreter" zum Herrscher über das Muktinath-Tal, vielleicht sogar über das ganze untere Mustang ein, Kkro-bo-skyabs-pa aus Jumla, der in späteren Quellen sogar als König bezeichnet wird, und als Erbauer der Burgen von Dzong, Dzar und Kag gilt. Die Familie dieses einstigen Gouverneurs ist bis heute noch im Dorf Dzar seßhaft. Seit dem 16. Jh. lösten sich die Burgherren von Muktinath allmählich von den mit ihnen alliierten Schutzherren in gLo und noch im gleichen Jahrhundert gerät die gesamte Region samt der Festung in Kagbeni unter die Herrschaft von Jumla.

Die ***Burgen*** in Mustang boten Schutz und Zuflucht in Kriegszeiten (Garabdzong, Dankardzong; 2. Hälfte 16. Jh.), dienten als reguläre, ständig besetzte Burgen (Dzong, Dzarkot; Anfang 17. Jh.), waren Herrscher-„Palast" mit gleichzeitiger Kontroll- (Verwaltung, Handel) und Schutzfunktion, und wurden als Beobachtungstürme gebraucht, die untereinander in Sichtweite errichtet waren und Unterkünfte für Soldaten enthielten. Solche Beobachtungs- und Verteidigungstürme sind u. a. in Thini, Jomosom oder Dzarkot nachweisbar. Nach dendrochronologischen Untersuchungen konnten die erhaltenen Teile der Burgen und Türme in Kagbeni und Garabdzong ins 16. Jh., diejenigen in Dzarkot und Dankardzong ins frühere 17. Jh. datiert werden (C. G. Seeber 1994). Dieselbe Methode zur Altersbestimmung wurde auch 1991 für eine Untersuchung der Burg und von insgesamt 16 Gebäuden in Kagbeni von Niels Gutschow (1994, in Zusammenarbeit mit R. Kostka) angewendet. Die dendrochronologischen Daten lagen hier zwischen 1572 und 1886, im Falle der Burg 1568, 1586 und mehrfach vor 1622 (was auf eine Erneuerung der Anlage im frühen 17. Jh. hinweist). Interessant ist der 1991 gemachte Fund eines

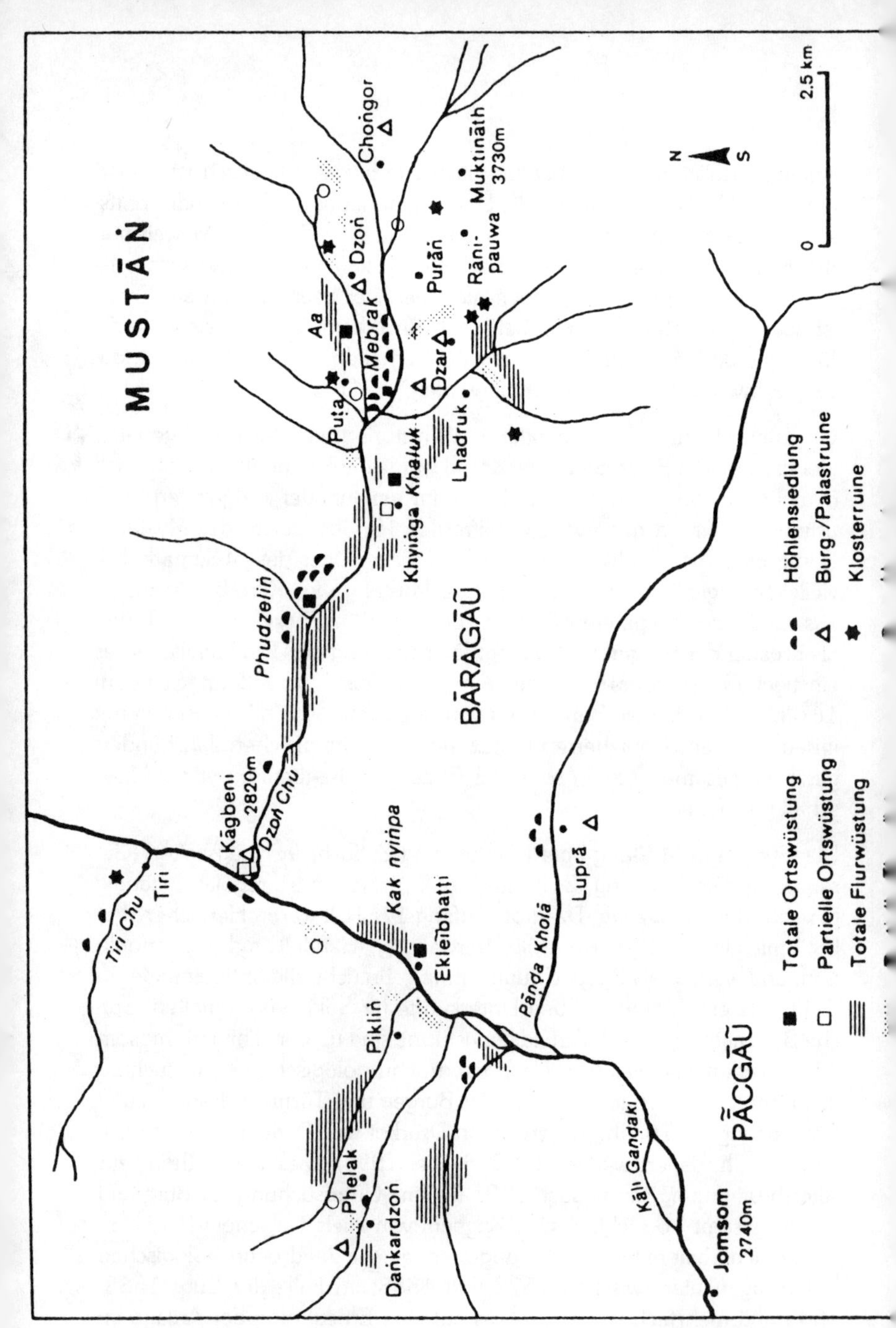

Übersichtskarte der Wüstungstypen und ihre Verbreitung in Süd-Mustang (aus: W. Haffner, Perdita Pohle, 1993, S. 14).

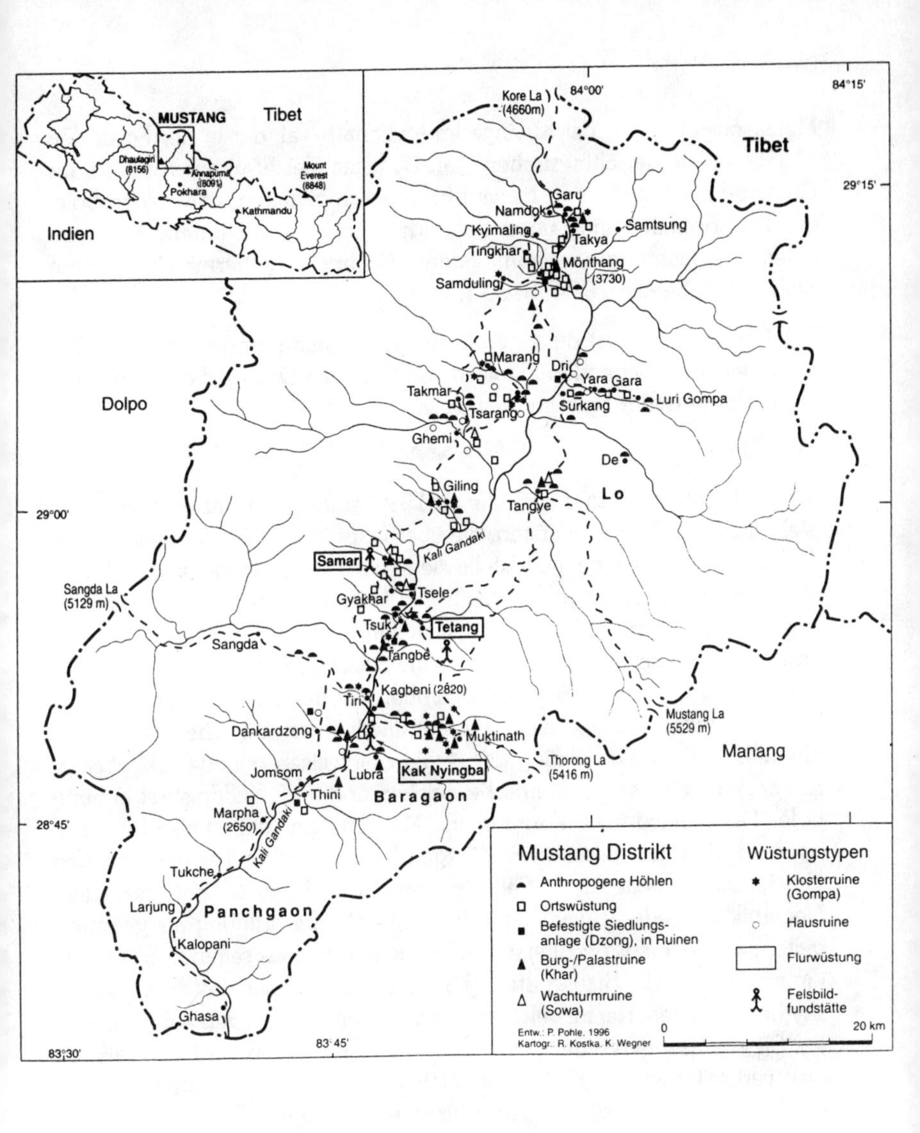

Die Lage der Felsbildfundstätten in Mustang (aus Perdita Pohle: 1997, S. 288).

Metallspiegels 1991 bei Khyinga im Muktinath-Tal, der in der Form den Metallspiegeln der chinesischen Han-Dynastie gleicht und vermutlich aus China oder Tibet stammt. Es wird für möglich gehalten, daß solche Spiegel der Kommunikation unter den einzelnen Burgen dienten, d. h. von einem Beobachtungsturm zum anderen Nachrichten übermitteln konnten (siehe C. G. Seeber 1994, S. 34 f.).

Der Ort Muktinath ist die eigentliche heilige Stätte im ganzen Tal, auch für die einst herrschenden Familien von Dzar und Dzong, die hier mit den Lama-Priestern der Nyingma-Schule zusammenkamen.

Sehr aufschlußreich sind auch die ab 1993 entdeckten ***Felsgravierungen*** (siehe Karte S. 183), die ersten, die überhaupt im nördlichen Nepal gefunden wurden. Die eine Fundstelle liegt bei Kak Nyingba im südlichen Mustang, direkt unten am Flußbett des Kali Gandaki. 1995 gelang der Nachweis weiterer Felsbilder mit Darstellungen von Tierhufen bei Samar und Tetang. Die mit einfachen Steinwerkzeugen in den Fels gehämmerten insgesamt 1160 Petroglyphen enthalten anthropomorphe Figuren, Reiter, Blauschafe, Yaks mit Jagdszenen, Hirsche, die auf die ehemals stärkere Bewaldung der Region hinweisen, Hunde und Pferde, ferner Äxte, diverse geometrische Zeichen und (z. T. buddhistische) Symbole. Die Hufabdrücke konnten ins Mesolithikum datiert werden, d.h. noch vor den neolithischen Siedlungen. Da der untere Teil des (von den Gravierungen bedeckten) Felsens von einer Kulturschicht (aus dem Neolithikum) bedeckt war, kann diese zeitliche Einordnung als gesichert gelten, – ein für solche Altersbestimmungen durchaus seltener Glücksfall. Gravierungen von Blauschafen (13 Darstellungen bei Kak Nyingba) im skythenzeitlichen Tierstil gehören etwa der Mitte des ersten Jahrtausends an. Sie repräsentieren den „eurasischen Tierstil", der in ganz Zentralasien weit verbreitet ist. Nach P. Pohle (1997) spräche der sakrale Charakter der Bilder für Ortsansässige, nicht für Durchreisende.

gLo blieb vermutlich bis zum Ende der Yarlung-Dynastie um 840 unter tibetischer Kontrolle und geriet während des 10. Jhs. unter die Oberhoheit der westtibetischen Ngari Korsum-Herrscher. Parallel mit der „buddhistischen Renaissance" um die Jahrtausendwende in Tibet dürfte auch der Buddhismus nach Mustang gekommen sein. Im 11. Jh. siedelten Bön-Anhänger in den Höhlen (R. Vitali 1999, p. 19). Etwa um die Mitte des 11. Jhs. unterwarf der „Ladakh-Chronik" des 14. Jhs. zufolge der westtibetische Herrscher Utpala (dessen Lebensdaten freilich nicht genau feststehen) gLo-bo bis zur Region von Muktinath („Chu-la-me-'bar"; L. Petech in D. Klimburg-Salter, Tabo – A Lamp for the Kingdom. Milano 1997, p. 238).

Nachdem sich gLo zuvor auf Kosten von Se-rib nach Süden ausgedehnt hatte, geriet es während der zweiten Hälfte des 12. Jhs. bis zum 14. Jh. unter die Herrschaft des südtibetischen Königreiches Gung-thang, das offenbar im Nordosten an Mustang angrenzte. Aus dieser Zeit dürften zahlreiche der heute noch als Ruinen sichtbaren Burgen stammen. Gungthang war dem „Klosterstaat" Sakya als Vasall lehnspflichtig, wodurch Mustang bereits damals in die Administration des Klosters Sakya einbezogen wurde. Nach Ende der Sakya-Dominanz bzw. der Herrschaft der Gungthang-Könige in der zweiten Hälfte des 14. Jhs. kam Mustang wieder unter die Kontrolle der Menshang (Men-zhang)-Nomadengruppen, aus denen die erste Dynastie des selbständigen Mustang unter König Amepal hervorging. Unter ihm wurde Mustang eine führende Macht im westlichen Tibet. Nach anderer Schreibweise handelt es sich bei diesen ehemaligen Nomadenstämmen um die sMos-thang-pa (K. H. Everding), woraus sich die spätere Bezeichnung Mustang für das gesamte Königreich abgeleitet habe. Als gegen Ende des 14. Jhs. nach zeitweisem Verlust der Kontrolle über gLo dieses Gebiet für Gungthang zurückerobert wurde, belehnte man die (aus dem westtibetischen Guge stammende) Familie der siegreichen Feldherrn, nämlich General Shes-rab blama und dessen Sohn Chos-ryong-bum, mit gLo. Der Enkel des letzteren, Amepal (A-mda-pal), begründete dann die eigentliche Dynastie von gLo.

Die Menshang hatten noch bis Jahr 1441 die formelle Souveränität über das nördliche Mustang (gLo-bo), während Amepal offiziell als Herrscher lediglich ein Dzong-Gouverneur (rdzong-dpon) in Tsarang war (R. Vitali 1997, p. 1031). Der den Quellen zufolge 1388 geborene Amepal „regierte offiziell bis 1427, als er von Künga Sangpo zum Mönch ordiniert wurde, während einer Reise des letzteren nach Westtibet, oder bis 1436, als Ngor-chen seinen zweiten Besuch in Mustang machte" (R. Vitali 1997, p. 1033). Sein 1420 geborener Sohn Agön Sangpo (A-mgon bzang-po) regierte bis 1472. Die weiteren königlichen Nachfolger waren Tsangspa bkra-shis-mgon (reg. ca. 1465-1480), A-seng-rdo-rje-brtan-pa (Ende 15. Jh.) und bDe-legs-rgya-mtsho (um 1500; nach L. Petech 1978).

Religion

In mehreren Publikationen hat sich der Bonner Indologe und Tibetologe Helmut Eimer und zuletzt auch Klaus-Dieter Mathes im Rahmen des Nepal-German Manuscript Preservation Projects mit der Erforschung des vom ersten Mustang-König Amepal in Auftrag gegebenen und unter der Leitung des eminenten Sakya-Meisters Ngorchen Künga Sangpo (sein Portrait findet sich auf dem rückseitigen Einband dieses Buches) 1436 bis 1447 hergestellten „Goldenen Kanjurs von Mustang" beschäftigt (H. Eimer 1994 und 1999, K. D. Mathes 1997). Offensichtlich sind die (in der Regel) 108 Bände der Originalausgabe, die zuweilen noch durch Dubletten von bestimmten Bänden ergänzt wurden, nicht erhalten. Die zwei heute noch erhaltenen Sammlungen dieses Kanons im Besitz des derzeitigen Raja Jigme Palbar Bista in Lo Manthang und im einstigen Palast von Tsarang gelten als spätere Abschriften des Originals (K. D. Mathes). Die 102 Bände des (nicht kompletten) Kanjur in Tsarang sind in goldener Schrift auf dickem schwarzen Papier von 63,5 x 20,5 cm Blattgröße beschrieben. Auch der unter Künga Sangpo im 15. Jh. geschaffene, ebenfalls in Gold geschriebene Tanjur, dem Kanon der Kommentare zum Buddhawert des Kanjur, ist verloren. Im Raja-Palast von Lo Manthang ist lediglich eine gewöhnliche Narthang-Druckausgabe des 18. Jhs. sowie eine unvollständige Sammlung erhalten geblieben, deren Blätter mit goldener und silberner Schrift alternierend beschrieben sind. Ein weiterer „Gold-Tanjur" wird im Schloß von Tsarang aufbewahrt.

Die Entstehungszeit dieser für den tibetischen Buddhismus grundlegenden heiligen Schriften fällt mit der eigentlichen „formellen" Übernahme und der systematischen Verbreitung des Buddhismus in Mustang während des 15. Jhs. zusammen, d. h. im Sinne einer verbindlichen „Staatsreligion" zu Beginn der Herrscherdynastie von gLo. Freilich bestätigen einige neuere Funde religiöser Kunst (siehe folgender Abschnitt dieser Nachträge) das bereits im Kapitel „Der Buddhismus in Mustang" Gesagte, wonach durchaus parallel zu den historischen Entwicklungen in Tibet bereits im 12. und 13. Jh. die buddhistische Lehre sich in Mustang ausbreitete, jedoch in jener vordynastischen Periode lediglich verschiedene monastische isolierte Stätten bildete, die „am Rande Tibets" vorerst nur sporadisch die einheimische Bevölkerung erreicht haben dürften, bevor dann nach 1400 die unter König Amepal geförderte Missionierung durch den Abt des tibetischen Klosters Ngor, Künga Sangpo, einsetzte.

Was die Vitalität des tibetischen Buddhismus im heutigen Mustang angeht, und wir meinen hierbei weniger die allgemeine Volkesfrömmigkeit, sondern die „Theorie und Praxis" auf der höheren monastisch-theologischen Ebene, haben selbst die politischen Verhältnisse in Tibet seit 1959 die Situation kaum beeinflußt. Auch zuvor kamen nur noch höchst selten, wenn überhaupt, gelehrte Lamas nach Mustang. Die durch die Entfernung von den klösterlichen Zentren in Tibet und auch durch die politische Eigenständigkeit isolierte „lamaistische Provinz" hätte längst den geistig-kulturellen Austausch mit Tibet gebraucht, zumal heute die Nepalisierung in Schrift und Sprache, Religion (Hinduismus, siehe im folgenden Abschnitt über die Thakali), Erziehung und gesellschaftlich-politischem Alltag die buddhistisch-tibetischen Traditionen in Mustang gefährdet, was auch dem Raja in Lo Manthang wohl bewußt ist.

„Die Leute erlauben ihren Kindern nicht, ins Kloster zu gehen. Wenn wir gestorben sind, wird es wohl mit dem tibetisch-buddhistischen Glauben im Thaksatsae zu Ende gehen", zitiert R. T. Rai (1994, p. 59) eine alte Nonne, die damit die religiöse Situation in der südlichen Region der Thakali-Bewohner charakterisiert, wo sich der kulturelle Einfluß des hinduistischen Kathmandutal-Nepals schon während der vergangenen Jahrzehnte stark bemerkbar machte. Dennoch kam es auch zur Neugründung einzelner buddhistischer Stätten wie z. B. der Rani-Gömpa in Tukche mit neuen 1963 ausgeführten Wandmalereien, oder den Nyingma Gömpas Kyipar am gleichen Ort, bzw. in Syang (1975). Auf Initiative des 14. Dalai Lama konnte Khamtrul Rinpoche bei seinem Besuch im oberen Mustang 1993 veranlassen, daß zwei Knaben zur religiösen Ausbildung nach Dharamsala, dem Sitz der tibetischen Exilregierung in Indien geholt wurden. Und kürzlich wurde auf Initiative des Upper Mustang Conservation and Development Projects (UMCDP) eine Klosterschule für junge Mönche in der Chöde-Gömpa in Lo Manthang eingerichtet, die gut geführt wird und auf reges Interesse stößt. Erst 1991 wurden neue Wandmalereien in der Geling Gömpa ausgeführt.

Neben dem traditionellen „Bön-Zentrum" in Lubra, wo 1961 und 1966 die Gömpa mit neuen Malereien geschmückt wurde (siehe auch Kapitel Religion) haben sich weitere Heiligtümer der Bön-Anhänger im südlichen

Thakkhola noch in Jomosom, Naprungkhung und Thimi erhalten, wo diese Lehre und Praxis einst die Hauptreligion gewesen ist (Vinding 1998, p. 307). R. T. Rai (1994, p. 21) nennt weitere Bön-Tempel für Dzarkot (Jharkot) und Nabrikot.

Religiöse Kunst

Mit der Abbildung auf Seite 69 hatten wir bereits auf die archaisch anmutenden Lehmfiguren mythischer Dorfahnen hingewiesen, die man noch in Dzarkot oder an den Stadteingängen von Kagbeni und Tangbe sehen kann, wo sie als „Großvater" im Norden und „Großmutter" im Süden Torgebäude zieren, in deren oberen Räumlichkeiten große Gebetsmühlen aufgestellt sind und eine interessante Koexistenz von vorbuddhistischen Effigies und buddhistischen Ritualschreinen dokumentieren.

1996 fand man ca. hundert Meter nordwestlich des Siedlungshügels von Khyinga das Steinrelief einer weiblichen Gottheit, eine etwas provinzielle von einem Stupa bekrönte Torana-Komposition, bei der es sich um die Darstellung einer Grünen Tara handelt, die stilistisch etwa auf die Zeit um 1300 zurückkehrt, aber nicht „zwischen dem 8. und 12. Jh. nach Chr. datiert werden" kann wie angenommen, „das bisher älteste zweifelsfreie Zeugnis buddhistischer Kunst in Mustang" (W. Wurster 1997, S. 398 f., Abb. 4). Daß man mit weiteren Funden dieser Art rechnen kann, zeigt eine 1992 entdeckte ca. 175 cm hohe bemalte Bodhisattva-Statue aus (?) den Begräbnishöhlen bei Chokhopani, von der mir leider noch keine Abbildung zugänglich war. R. T. Rai (1994, p. 37) berichtet von einem frühen Felssanktuarium der Vajrayana-Gottheit Mahakala (mGon-po beg-tse) in Narten (Thakkhola), die aus der „Milarepa-Zeit", also aus dem 11./12. Jh. stammen soll.

Peter Matthiessen und der Fotograf Thomas Laird stießen bei ihrer Erkundungsreise in Ober-Mustang bei Ghara auf ein bis anhin unbekanntes Felssanktuarium mit hervorragenden Wandmalereien und „sechs prächtigen vergoldeten Buddhas" im Stil der Malereien der Tempel in Lo Manthang des 15. Jhs., dem sie den Namen „***Sao Khola***" gaben, da sie „den tatsächlichen Namen dieses entlegenen Tals und die genauere Lage des Ortes geheim halten wollten, um den Ort [vor neugierigen ausländischen Besuchern] zu schützen" (P. Matthiessen 1995, p. 47, mit Abbildungen der Wandmalereien und Tonfiguren). Neben den tantrischen

Gottheiten dieses „Shrungma-Schreins“ in einer steilen Felswand finden sich hier weitere Wandmalereien, die dem 14. Jh. angehören dürften (p. 60).

1998 wurde im Tal des Yara Khola zwischen Dri (Dhi) und Luri – etwa eine Wegstunde östlich des Dorfes Gara (Yara) – eine weitere „Luri Gömpa“ entdeckt: das hoch in den Felsklippen und nur durch Klettern erreichbare Felssanktuarium ***Tashi Gelling***, das „kostbare Tal der Tugend“, wie diese fern jeder Siedlung gelegene heilige Stätte genannt wird (s. M. S. Slusser und Lila M. Bishop 1999). Wie die Luri Gömpa enthält diese nur ca. vier mal vier Meter große Höhle einen zentralen stuckverkleideten Stupa aus luftgetrockneten Lehmziegeln vom Mahabodhi-Typ (Changchub Chörten), einer der acht den Hauptlebensstationen Buddhas gewidmeten Stupas im Gedenken an Shakyamunis Erleuchtung in Bodhgaya. Die Bemalung des Stupakörpers ist verloren, am Sockel haben sich noch Darstellungen der vier Weltenhüter sowie der acht buddhistischen Glückszeichen erhalten. In sehr gutem Zustand ist die dekorative Bemalung der Decke, ebenso die Darstellung eines Sadakshari Avalokiteshvara und eines Mönches an den Seitenwänden. Die sehr wahrscheinlich ehemals vorhandenen An- und Vorbauten der Höhle sind zerstört. Motive und Stil der Malereien weisen auf newarische Maler hin. Stilistisch gleicht die Ausmalung derjenigen der nahen Luri Gömpa und gemessen an den tibetischen Wandmalereien jener Zeit am ehesten den späteren Malereien des Shalu-Klosters aus dem zweiten Viertel des 14. Jh. und den noch erhaltenen Malereiresten im Jonang-Kumbumstupa bei Phuntsholing in der Nähe von Lhatse (nach 1330).

Die Malereien der ***Luri-Gömpa*** wurden inzwischen von Helmut Neumann in einem reich farbig bebilderten Aufsatz publiziert (1994). Stilistisch dürften die Wandbilder aber im Vergleich mit den Malereien in Kloster Shalu und im Jonang-Kumbum-Stupa kaum vor der Mitte des 14. Jhs. und somit später als von Helmut Neumann angeommen entstanden sein, zumal die von letzterem herangezogenen Vergleiche (zwei Rollbilder in den Museen von Boston und Los Angeles) in eine deutlich frühere Zeit weisen.

Sehr gute Bauzeichnungen und Grundrisse zum Stupa der Luri-Gömpa von Niels Gutschow wurden im Anschluß an seinen diesbezüglichen Aufsatz 1994 in Heft 136 von „Ancient Nepal“ veröffentlicht.

Auch die Malereien in Luri sind wahrscheinlich von Newar-Künstlern geschaffen worden, obgleich es gerade im 14. Jh. in Südtibet oft schwierig ist, die Handschrift von einheimischen und von aus Nepal kommenden Malern zu unterscheiden, da die Tibeter wie z. B. im Kloster Shalu sehr schnell und auf künstlerisch hohem Niveau die elegante Formensprache der Newaris seit der zweiten Hälfte des 13. Jhs. übernahmen. Ob die rein tibetisch-buddhistische Ikonographie der Luri-Ausmalung aber auf tibetische Auftraggeber hinweist wie Neumann meint, erscheint fraglich. Obgleich kulturell-religiös gesehen damals schon Mustang ganz eindeutig zum tibetischen Raum und Einflußgebiet gehörte, kamen die Künstler – wie auch immer wieder nach Tibet selber – häufig aus dem Kathmandu-Tal, wo Malereien aus dieser Zeit leider nicht mehr erhalten sind. Neumanns vermeintliche Identifizierung des Lamas an der Seitenwand in Luri als Sakya-Mönch kann nur auf der allgemeinen Vermutung gründen, wonach damals schon die Sakya-Schule in Mustang dominiert hätte. Das ikonographische Programm der Ausmalung (Vajradhara, Vajrasattva, acht Mahasiddhas) und vor allem auch die eindeutige Ikonographie der bildlichen Ausstattung im Vorraum des Sanktuariums zeigen indes die Kagyüpa-Tradition an, in diesem Fall diejenige der Drukpa-Kagyüpa Schule. Die Inschriften in Luri wie in der Tashi Gelling-Höhle enthalten lediglich Mantras, aber keinerlei darüber hinausgehenden Hinweise.

Daß noch mit der Entdeckung weiterer ausgemalter Höhlenschreine dieser Art gerechnet werden kann, zeigt neben den bekanntgewordenen Sanktuarien von Tashi Gelling und „Sao Gömpa" auch die erst 1998 aufgefundene Minzhi (sMan-rtsi)-Höhle im Narsing Khola-Tal nahe dem Dorf Tshuk, deren Malereireste freilich nicht dem „ca. 12. Jh." (M. S. Slusser and L. M. Bishop 1999, p. 19, fig. 6) angehören, sondern ebenfalls dem 14. Jahrhundert.

Mit der Baugeschichte und der Ausmalung der beiden ***alten Tempel von Lo Manthang*** haben sich Roberto Vitali (1997; einige Daten auch in R. Powell 1999, p. 17) und Keith Dowman (1997) beschäftigt, letzterer auf Grundlage der zahlreichen von Thomas Laird gemachten Fotos. Nach Vitali bzw. den von ihm verwendeten Schriftquellen wurde der ***Jampa Lhakhang*** (Byams-pa Lha-khang) im Jahre 1447/49 während des dritten Mustang-Besuches von Ngorchen Künga Sangpo gegründet und erbaut (vgl. aber K. Dowmann 1997: errichtet zwischen Ngorchens zweiten und dritten Besuch 1424/35). Inschriften in diesem dreigeschossigen Tempel nennen dessen Errichtung sowie König Amepal und dessen Sohn Agön Sangpo als Gönner und Auftraggeber von Künga Sangpo. Eine Inschrift an der rückwärtigen Ostwand im ersten Oberstock rechts vom Eingang (unter dem roten Lokapala) beschreibt den religiösen Verdienst der königlichen Familie, von Amepal, seinem Sohn und Enkel Tshangpa Tashi und dessen Frau, die heiligen Darstellungen von Körper, Rede und Geist Buddhas – d. h. die Statuen, Malereien, religiösen Texte und Stupas – geschaffen zu haben (Dowman 1997, note 6 mit tibet. Text in Umschrift). Eine andere lange Inschrift links vom Eingang unter der Vajrahumkara-Gottheit gibt Auskunft über die Praxis des diamantenen Buddhismus und über Lehrer, die den dharma in Ngari (Westtibet) verbreiteten, ebenso über Künga Sangpos Propagierung des Buddhismus in gLo (Dowman 1997, note 7 mit tibet. Text in Umschrift).

Am bedeutendsten von der ganzen Ausstattung des Maitreya-Tempels (Jampa Lhakhang) sind die vierzig ***Mandala-Wandbilder*** im ersten Oberstock, 20 und 20 übereinander, von jeweils 125 cm Durchmesser, die noch von 14 kleineren Mandalas ergänzt werden, mit Bodhisattvas, Lamas der Übertragungslinien und Rankenwerk in den Zwischenräumen. Im Zentrum steht hier das Vajradhatu-Mandala, das „Mandala der Diamantsphäre“ mit dem vierköpfigen weißen Buddha Vairochana als Hauptfigur. Es ist das Mandala der Tausend Buddhas, links von der großen Maitreyastatue, durch eine Inschrift als das „Wurzel-Mandala des Mahayoga-Tantra“ identifiziert: „Wer immer dieses [Mandala] betrachtet oder wer immer auch einmal dessen Namen hört, wird vor den Beschwernissen des Daseins beschützt sein“ (Dowman 1997, note 10; siehe zur Ikonographie note 9). Dieselbe Inschrift bezeichnet auch Künga Sangpo als zu dieser Tantra-Überlieferung des Sarvatathagata Tattvasamgraha zugehörig, eine der Hauptlehren der Sakya-Tradition, wie sie auch in den Wandmalereien von Shalu und Gyantse in Tibet illustriert ist.

Das ikonographische Programm dieser Ausmalung ist demgemäß ganz von Tibet geprägt und es steht außer Frage, daß auch von dort die theologischen Auftraggeber kamen. Insbesondere verweist die Mandala-Ikonographie und – Ritualistik auf die Sakya-Schule und ganz spezifisch auf das von Ngor-chen – dem „großen [Meister] von Ngor“ – Künga Sangpo 1429 gegründete Kloster Ngor, das durch seine Mandala-Ausmalung und -Tradition in Tibet berühmt wurde. Wir können davon ausgehen, daß Künga Sangpo nicht nur den Bau des Jampa Lhakhang veranlaßte, sondern auch das ikonographische Programm der Mandalas konzipierte, weihte er doch auch nach der Fertigstellung die zwölf Mandalas der Yoga Tantra-Klassen (G. Tucci, Preliminary Report on Two Scientific Expeditions in Nepal. Roma 1956, p. 18).

David Jackson berichtet von einer Diskussion zwischen dem bekannten „Verrückten Heiligen aus Tsang" (gTsang-smgon Heruka, 1452-1507) und den Mönchen in Lo Manthang während der Fertigstellung der Ausstattung des „Goldenen Tempels" (gser-gyi lha-kang), mit dem der Jampa Lhakhang gemeint sein dürfte, anläßlich seines Besuches im Jahre 1498 (das genaue Jahr nach R. Vitali), in deren Verlaufe er auch fragte, wer wohl den Plan und die Komposition (bkod-pa) für die Malereien ausgeführt habe. Man antwortete ihm, daß der dafür verantwortliche Meister (zahl-bkod-pa) aus dem Pelkhor Chöde-Kloster von Gyantse komme (D. Jackson, A History of Tibetan Painting, Vienna 1996, p. 73). Dieser interessante Hinweis bestätigt die Kooperation von Tibetern und Newaris bei der Ausstattung der Tempel in Lo Manthang, wobei das ikonographische Konzept und die Gesamtplanung der Ausmalung in den Händen der tibetischen Meister lag, während die künstlerische Ausführung vorwiegend von Newaris besorgt worden sein dürfte.

Das nur mittels einer Leiter von der Eingangsfassade her erreichbare zweite Obergeschoß (also das 3. Stockwerk), eine atriumartige, halboffene Galerie mit 33 ikonographisch bisher noch nicht näher identifizierten Mandalas ist nach R. Vitali (in R. Powell 1999, p. 18) erst 50 Jahre später ausgemalt worden, da diese Wandbilder von dem „Verrückten Heiligen aus Tsang" bei seinem Besuch in Lo Manthang 1498 als gerade vollendet beschrieben werden. Obgleich diese weniger gut erhaltenen Malereien im Dekor und Kolorit einfacher gehalten sind als die Mandalas im darunterliegenden Hauptgeschoß, weisen sie doch in der Zeichnung keine ins Auge fallenden stilistischen Unterschiede auf, was nur die Kontinuität bestimmter Stilnormen in der tibetischen Kunst über längere Jahrzehnte unterstreicht.

Einer Inschrift unter dem Vajradhatu-Mandala zufolge wurden die Mandalas im ersten Obergeschoß von einem Newari mit dem vermutlichen Namen Devananda (hier tibetisch: Pelpo Dheba Lhaga) und seinem Atelier gemalt. Auf einem anderen Mandala nennt eine kleine Inschrift den tibetischen Künstler Chökyi Wangchuk (Dowman 1997, note 3). Es ist davon auszugehen, daß, wie die Inschrift bestätigt, die newarischen Maler in Mustang dominierten, aber auch tibetische Künstler angesichts der Auftragsfülle einer solchen umfangreichen Ausmalung und der aus Tibet kommenden theologischen Auftraggeber beteiligt wurden. Durch in Südtibet arbeitende Newaris, die dort nicht nur die tibetischen Maler beeinflußten, sondern auch selber von den dortigen ikonographischen und auch manchen künstlerischen Traditionen angeregt wurden, hatte die Kunst im tibetischen Kulturraum während des 14. und 15. Jhs. so verschiedene Anregungen integriert, daß es sowohl für die Wandmalereien als auch für die Rollbilder oft schwer zu sagen ist, ob sie „tibetisch" oder „nepalisch" sind. Dennoch folgt die Ausmalung der Tempel im kunstgeographisch letztlich zu Tibet gehörenden Lo Manthang in gewissen formalen Eigenheiten mehr dem newarischen Stil (durch die Herkunft des leitenden Künstlers ja auch inschriftlich bestätigt), was etwa ein Vergleich mit den ungefähr zur selben Zeit entstandenen Wandmalereien im Haupttempel und im Kumbum-Stupa von Gyantse deutlich macht. Insofern trifft auch Keith Dowmans Charakterisierung der Lo Manthang-Malereien als „tibeto-newarisch" durchaus zu, wobei allerdings zu betonen bzw. richtigzustellen ist, daß damit ein durch die tibetisch-buddhistische Ikonographie und auch durch betimmte künstlerische Eigenheiten der tibetischen Maltradition geprägte und umgeformte nepalisch-buddhistische Kunsttradition bezeichnet wird, während die hier insbesondere von Dowman angesprochene newarisch beeinflußte Kunst Tibets als „nepalo-tibetisch" gelten müßte.

Für den zweiten alten Tempel in Lo Manthang, den ***Thubchen Lhakhang*** (Thub-chen Lha-khang) müssen wir die in der ersten Auflage dieses Buches vorgeschlagene Datierung „gegen oder nach 1427" korrigieren. Roberto Vitali (in: R. Powell 1999, p. 46) konnte mit Hilfe von Schriftquellen das Baujahr der im Grundriß 28 mal 18 Meter großen, auf 49 Pfeilern (von 7,6 m Höhe) ruhenden Versammlungshalle, deren Nordwand 1815 neu errichtet wurde, auf das Jahr 1472 festlegen. Die Malereien gleichen stilistisch denjenigen im Jampa Lhakhang, - 30 Jahre Zeitunterschied ergeben hier noch keine veränderten Stil.

Auch das Baujahr des „neuen Tempels" von Lo Manthang, das ***Chöde Lhakhang (Chos-sde Lha-khang)***, konnte R. Vitali mit Hilfe von Textquellen präziser bestimmen, nämlich auf das Jahr 1710 (in: R. Powell 1999, p. 38). Dieser befand sich einst außerhalb der ehemals quadratischen (!) Stadtmauer, wie Vitali herausfand. Leider sind Vitalis Forschungen vor Ort und zu den von ihm benutzten Schriftquellen noch nicht publiziert. Sein Manuskript „gLo-sMos-thang: an architectural analysis of its two major temples“ von 1997 stand mir nicht zur Verfügung. Auch der Nepal-Wissenschaftler Niels Gutschow hat in Lo Manthang Bauuntersuchungen durchgeführt, die im einzelnen aber noch nicht publiziert worden sind.

Zu den Klöstern und ihrer Ausstattung im südlichen Mustang des Thakkhola hat Ratan Kumar Rai in seinem Buch „Along the Kali Gandaki“ (1994) außerordentlich viele genaue Angaben gemacht, wie sie in diesem Umfang bisher in keiner anderen Publikation zur Verfügung stehen.

Gesellschaft und Bevölkerung

Die Thakali im südlichen Mustang

Außer der knappen Übersicht über den kulturellen Wandel bei den Thakali von Susanne von der Heide (1994) befassen sich vor allem zwei neuere Buchveröffentlichungen mit den Einwohnern des Thakkhola im Süden Mustangs: „Along the Kali Gandaki“ von Ratan Kumar Rai (1994) und „The Thakalis“ von Michael Vinding (1998). Auf beide Publikationen gehen die folgenden Angaben zurück. Von den ca. 15 000 Thakalis (von der Heide) galten – auch nach dem eigenen Verständnis dieser zur tibetoburmesischen Sprachfamilie gehörenden Volksgruppe in Nepal (eine der 19 Hauptethnien) – die Thamang-Thakali bisher als die eigentlichen Thakali. Zwei weitere Untergruppen bilden die Marphali-Thakali im Raum von Marpha und die Yhulkasompa-Thakali in den Dörfern Thini, Syang und Chimang. Als die eigentliche Heimat der Thakali gilt das „Thak Sat Sae“ (oder Thasang), das Siedlungsgebiet der 13 Dörfer beiderseits des Kali Gandaki südlich von Jomosom. Wie die Gurung, Tamang, Sherpa und Bhotia (Sammelname für die Tibetischstämmigen, z. B. im nördlichen Mustang oder in Dolpo) sind sie mongolischer Abstammung und benutzen – zumindest der Tradition nach – die tibetische Schrift. „Tamang“ ist auch als Eigenbezeichnung der Thakali bekannt. Auch können sicher die Tamang der alten tibetischen Schriftquellen mit den Thakalis identifiziert werden.

Die Mehrheit der Thakalis lebt heute außerhalb ihrer traditionellen Heimat, dem Thakkhola. Viele wanderten bereits in den 1960ern und 1970ern aus, oft nach der Hauptstadt Kathmandu oder nach Pokhara.

Nach M. Vinding geschah das weniger aus rein existentiellen Gründen (Verlust des Salzhandel-Monopols nach 1959; siehe im Kapitel über die Thakalis!), sondern um den relativ hohen Lebensstandard zu halten.

Der Weg der Tamang Thakali führte von Reformen im frühen 20. Jh bis zur Identitätskrise in der Gegenwart. So legten sie im Zuge einer allmählichen Hinduisierung und „Sanskritisierung“ (R. K. Rai) seit dem 18. Jh. bestimmte tibetische Sitten ab, d.h. spezifische Formen der materiellen Kultur wie z. B. gewisse Kleidungen der Frauen, untersagten Glücksspiele, gaben buddhistische Totenrituale auf und benötigten dadurch auch keine Lamas mehr bei den Begräbniszeremonien. Die finanziellen Zuwendungen an den buddhistischen Klerus gingen spürbar zurück. Stattdessen übernahmen die Thakalis einzelne hinduistische Sitten und Glaubensformen, nicht ohne Widerstand in den eigenen Reihen, obgleich das weniger im Sinne einer systematischen Hinduisierung geschah, sondern weil man sich hier an der äußeren Tangente des tibetischen Kulturraums (für den auch das obere Mustang schon weit entfernt im Süden lag) allmählich von den tibetischen Kulturformen löste.

Hierfür hatte der langsame Niedergang des Lamaismus in Mustang seit dem 16. und 17. Jh. schon Vorschub geleistet und vielfach zu religiöser Indifferenz geführt. So wurden lokale buddhistische Gottheiten als Emanationen von Hindugöttern angesehen. Hindu-Priester betraute man mit bestimmten Ritualen. Auch Heiratssitten wurden von den Hindus übernommen, nepalesische Namen für die Familiengruppen eingeführt. Man wollte in den Augen der Kathmandu-Herrscher nicht zur tibetischen Minderheit (Bhotia) gezählt werden, sondern beanspruchte sogar – allerdings ohne Erfolg – die Zugehörigkeit zu den Thakuri, d.h. zur Kaste der hinduistischen Herrscher von Nepal. Und dies mit der Behauptung, man würde von einem Thakuri-Fürsten aus dem westnepalischen Semja abstammen, der sich später im Thakkhola niedergelassen habe. Als man 1993 bei einer Versammlung der Tamang Thakali National Association die Frage an sich selber stellte: „Sind wir Hindus oder Buddhisten?“, war dies ein deutliches Eingeständnis der Identitätskrise.

In den 1930er Jahren wurde die Narsang-Gömpa beim Dorf Khanti, nahe Tukche, in einen Hindu-Tempel umgewandelt (R. K. Rai 1994, p. 38). Freilich bauten die Thakalis auch nach 1950 noch vereinzelte neue buddhistische Gömpas oder beauftragten aus Tibet stammende Künstler mit der Neuausmalung alter Schreine (siehe hierzu R. K. Rai 1994, p. 38,

63). So kam es zuweilen zu einem erstaunlichen religiösen „Synkretismus“ oder besser gesagt zu einem „ökumenischen“ Nebeneinander, was historisch für die Thakali ein Nacheinander von buddhistischer Tradition und hinduistisch geprägter Gegenwart geworden war. So konnte z. B. in einer Tempelausstattung von 1975 eine hinduistische Mahalakshmi-Statue vor lamaistischen Wandmalereien aufgestellt werden!

Schon David Snellgrove (1961) und Christoph von Fürer-Haimendorf (1975) stellten einen erheblichen Niedergang des Buddhismus bei den Tamang Thakali im Thakkhola während der vorangehenden Jahrzehnte fest. „...Sie machen vom tibetischen Buddhismus keinen Gebrauch, der die gesamte Kultur ihrer Vorfahren repräsentiert.... Sie ziehen es vor, sich Hindus zu nennen, aber für sie bedeutet der Hinduismus nichts anderes als das Befolgen der Kastengesetze und der Vorurteile. Und es ist bezeichnend, daß während die buddhistischen Tempel verfallen, nicht ein einziger Hindu-Tempel errichtet wurde“ (Snellgrove 1961, p. 177). Für von Fürer-Harmendorf „hatte sich 1962 die kulturelle Situation völlig geändert“.

Die hier skizzierte allmähliche, historisch gewachsene Identitätskrise der Thakalis wurde in den 1960er Jahren noch durch zusätzliche Probleme verstärkt. Die Anwesenheit der zahlreichen Khampa-Flüchtlinge aus Tibet hatte in Mustang einige soziale und wirtschaftliche Unrast zur Folge und unterminierte auch die Autorität der Thakali-Führer.

R. K. Rai (1994) nimmt an, daß die Thakali in der Frühzeit Anhänger des schamanistisch geprägten „Schwarzen Bön“ waren und animistischen Bräuchen anhingen wie z. B. die Verehrung bestimmter deifizierter Bäume oder Vögel (Clan-Gottheiten), bis im Laufe des 11. oder 12. Jhs. der klassische „Weiße Bön“ (Bon dkar) und der Buddhismus nach Mustang kamen und damit auch die von Norden kommende Kultur Tibets. Ursprünglich seien die Thakalis weder Buddhisten noch Hindus gewesen. Zu den autochthonen Kulturtraditionen gehören vier Clan-Gottheiten, die bis heute in Sanktuarien bei Larjung und Kobang (südlich Thukche) verehrt werden, einem heiligen Ort für Bönpos und lamaistische Buddhisten. Insbesondere die kleineren, meist etwa zwei bis drei Meter Höhe nicht übersteigenden Schreine werden als „Khimi“ bezeichnet, dem Thakali-Wort für den Schrein einer Sub-Clan-Gottheit. Über diesen Clan-Gottheiten steht ein Schöpfer aller Götter und Elemente, Lha Ong-ba Gyapchen, eine frühe, vermutlich als selbstgeschaffen angesehene Gottheit, die eine Art Vairochana-Buddha im Thakali-Pantheon darstellt (Rai 1994, p. 27 ff.). Diese Clan-Gottheiten weisen auch, sicher unter dem Einfluß tibetisch-buddhistischer Vorstellung, kosmische Elemente auf. So werden mit ihnen bestimmte Farben und Weltenrichtungen assoziiert. Auch gibt es Equivalente zu den vier buddhistischen Weltenhütern (Lokapalas).

Von den neuen Tempelbauten des Thak Sat Sae, also der „Urheimat" der Thakalis, gehören acht (nach anderer Angaben sechs) zur Nyingmapa-Schule und eine zur Kagyüpa-Tradition. Die Nyingmapa gewannen vor allem im südlichen Mustang während des 19. Jhs. an Beliebtheit. Eines ihrer Hauptklöster ist die zur Ortschaft Thini gehörende, auf einem Bergvorsprung gelegene Kutsap Ternga-Gömpa (siehe im Reiseführerteil unter Thini) bei Jomosom, die 1668 von O-rgyan-dpal-bzang, einem Schüler des „Schatzentdeckers" (gTer-ston) bDud-'dul rdo-rje (1615-72), gegründet und 1684 durch Anbauten erweitert wurde (F. K. Ehrhard 1993, p. 26 ff.; siehe auch D. Snellgrove 1961, p. 186 f. und 179, p. 79-81). Die Mönche dieses Nyingma-Klosters waren auch die geistlichen Betreuer der lokalen Herrscherfamilie.

Umwelt, Politik und kultureller Wandel

Im Rahmen des 1986 etablierten Annapurna Conservation Area Projects (ACAP) wurde die ganze Region nördlich Pokhara einschließlich des südlichen Mustang zum größten Naturschutzgebiet im Himalayaraum erklärt. In einer zweiten Phase erweiterte man dieses Projekt auf das Thak Khola-Gebiet entlang des Kali Gandaki bis einschließlich Muktinath und Manang. 1992 wurde dazu für Mustang eigens das Upper Mustang Conservation and Development Project (UMCDP) gegründet, das neben einer Begrenzung des in diesem Jahr erstmals genehmigten Tourismus auf 2000 ausländische Besucher die Aufforstung und Bewässerung fördern, kleine Hydrokraftwerke und Brücken bauen, sich verändernde Flußläufe kontrollieren, Kräutergärten und Kinderhorte einrichten sowie Lehrprogramme für die Einheimischen konzipieren sollte (siehe S. von der Heide 1997). Auch Restaurierungen an den Tempeln von Lo Manthang, Tsarang und Geling wurden vom UMCDP in die Wege geleitet.

1996 begann man in Lo Manthang und Kagbeni mit der Elektrifizierung der Haushalte. Für die „Straßen"-Beleuchtung in Lo Manthang waren bereits die Masten gesetzt und die Kabel verlegt, lediglich das Generatorengebäude fehlte noch. Ein Fortschritt gewiß aus der Sicht der Bewohner, während der fremde Besucher diese Modernisierung des „heilen Mittelalters" eher bedauern mag. Der Mythos vom „verbotenen Königreich" paßt besser zu den Erwartungen desjenigen, der in zwei Wochen das Ende der Welt erleben und seinem Shangrila jenseits des Himalaya begegnen möchte. Noch ist der vom König ersehnte Flugplatz in Lo Manthang nicht gebaut und die Wege dorthin sind noch immer nach Fußetappen zu messen. Viel näherliegend und notwendiger scheint da vorerst die königliche Forderung nach einer Schule für tibetische Sprache in der von der Nepalisierung gefährdeten Hauptstadt, deren einmaliges Stadtbild wie kein anderes Bauwerk für das traditionelle Mustang steht und spätestens mit dem Beginn seiner Modernisierung auf die Liste des zu schützenden Welt-Kulturerbes gehört.

Vor der Einführung des Panchayat-Systems 1960 lag die politische Macht im Mustang-Distrikt bei zwei Familien, dem Mustang-Raja im nördlichen gLo sowie dem Subha (senior civil servant) von Tukche. 1963 gab es in Mustang die ersten Wahlen unter dem Panchayat-System, das 1980 mit großer Mehrheit (85 %) im Distrikt Mustang gegenüber einem Mehrparteien-System befürwortet wurde. 1991 erreichte der Kandidat der kommunistischen Vereinigten Marxistisch-Leninistischen Partei (Unified Marxist-Leninist = UMC) für das Repräsentantenhaus in Kathmandu die Mehrheit in Mustang von 2347 Stimmen. 1994 unterlag die linke Partei in Mustang mit 2749 Stimmen gegenüber 2969 Stimmen für den Kandidaten der Nepali Congress Party.

Praktische und touristische Hinweise

Das nach 1992 für Ausländer wieder gesperrte Gebiet nördlich von Lo Manthang gilt offiziell nach wie vor als unzugänglich. Wie die jüngste Erfahrung zeigte, sind gelegentliche Ausnahmen aber durchaus möglich, wenn man den eigenen Verbindungsoffizier entsprechend „überzeugen" kann. - 1992 wurden 557 Besuchsgenehmigungen an ausländische Touristen erteilt, 1325 waren es im darauf folgenden Jahr. Zu den 70 US Dollar Tagesgebühr bzw. mindestens 700 US Dollar (für eine zehntägige Reiseerlaubnis) an die Regierung kamen weitere 5 Dollar für das Trekking-Permit und 15 Dollar sogen. Conservations-Gebühr. 60 % dieser Ein nahmen sollen nach einer Aussage des Raja nach Mustang gehen (1996).

Einige Probleme hatten Reisende in letzter Zeit mit dem obligatorischen Verbindungsoffizier, den die Kathmandu-Regierung jeweils mitschickt. Obgleich diese ihre eigene Ausrüstung mitnehmen, verlangen sie jeweils relativ hohe Beträge (zwischen 300 und 800 US Dollar), was insbesondere das Budget von Kleinstgruppen (ab zwei Personen!) belastet. Während in den ersten Jahren einzelne Gruppenteilnehmer sich zusätzliche Pferde samt Begleiter ab Kagbeni anmieten konnten, sieht man in letzter Zeit auch schon gelegentlich ganze Gruppen, die mit Pferden die Reise ab Jomosom machen. An anderen Orten wie z. B. Lo Manthang, Tsarang oder Tsele wurden recht gut organisierte Zeltplätze eingerichtet, zum Teil mit kleinen Teestuben in den benachbarten Häusern, eine begrüßenswerte Verbesserung der touristischen „Infrastruktur". Daß sich seit Beginn des Tourismus in Mustang das „One-Rupee" bzw. „One-Pen-Syndrom" bettelnder Kinder einstellte, war zu befürchten. Als sinnvolle Unterstützung lokaler Bemühungen ist zu empfehlen, den Besuch der in Lo Manthang neu gegründeten Mönchsschule mit einer Spende zu verbinden!

1995 gab es in Lo Manthang die ersten Souvenirläden. Auf Anregung des UMCDP wurden verschiedene kunsthandwerkliche Gegenstände, so etwa auch „Geisterfallen" (sagho namgho) gebaut und zum Verkauf angeboten. In Lo Manthang gibt es jetzt das erste Hotel mit Doppelzimmern samt WC und Dusche (!), - direkt an der Stadtmauer. Filmen und Video ist, so heißt es, offiziell verboten. Dafür gibt es seit 1996, welch Fortschritt, Helikopterflüge von Kathmandu nach Muktinath – und auch bei Bedarf nach Lo Manthang -. samt einer guten Stunde Aufenthalt daselbst, für 200 Dollar. Lo Manthang, das Ziel aller Wege nach Mustang, haben die Senkrechtstarter bisher nur in Notfällen erreicht.

Noch ist der lange Weg zu Fuß das Ziel.....

Ergänzende ***Bibliographie*** für die erweiterte und überarbeitete 3. Auflage von 1999

Ancient Nepal. Journal of the Department of Archaeology: von dieser in Kathmandu erscheinenden, in unseren Bibliotheken kaum auffindbaren archäologischen Fachzeitschrift, die zahlreiche Beiträge zu Mustang publizierte, standen mir lediglich die drei Hefte 130-133/1992-92, 134/1993 und 136/1994 zur Verfügung.

Bach, Claus-Peter: Mustang. Blick in ein verborgenes Königreich im Himalaya. Wiesbaden 1993.

Baumann, Bruno: Mustang. Das verborgene Königreich im Himalaya. München 1993

Bielmeier, R.: A Preliminary Survey of the Dialect of Mustang. Journal of the Nepal Research Center, 8, Kathmandu 1988: 31-37.

Eimer, Helmut: Preliminary Notes on Ngor chen's Kanjur Catalogue. In: Tibetan Studies, ed. by Per Kvaerne, Oslo 1994: 230-236.

Eimer, Helmut: Zur Einordnung zweier Handschriften des tibetischen Pravrajyavastu aus Mustang in die kanonische Überlieferung Zentralasiatische Studien 28, 1999 (im Druck).

Eimer, Helmut (Ed.): the Early Mustang Kanjur Catalogue (dkar chag). A structured edition of the Mdo snyags bka' 'gyur dkar chag and bka' 'gyur ro cog gi dkar chag bstan pa gsal ba'i sgron me. (im Druck).

Everding, Karl-Heinz: Das westtibetische Kleinkönigtum Mang yul Gung thang. Studien zur Gründung und historischen Entwicklung des Kleinkönigtums im westlichen Tibet. Teil I: Die Chronik Gung thang rgyal rabs. Teil II: Studien zur Geschichte des Königreiches. Erscheinungsdatum voraussichtlich Ende 1999.

Dowman, Keith: The Mandalas of the Lo Jampa Lhakhang. In: J. Casey Singer/Ph. Denwood: Tibetan Art. Towards a definition of style. London 1997: 186-199.

Donner, W.: Mustang und kein Ende: Wiedersehen mit Mustang Nepal-Informationen, Nr. 73, 1994: 1-8.

Driesch, A. v. d.: Wildlife in ancient Khingar, Mustang. Ancient Nepal 138, 1995: 75-94.

Ehrhard, Franz Karl: Tibetan Sources on Muktinath. Ancient Nepal, no. 134, 1993: 23-41.

Gautam, Rajesh, Asoke K. Thapa-Magar: Tribal Ethnography of Nepal. 2 vols. Delhi 1994.

Gruber, Alfred: Mustang. Nepals verborgenes Königreich öffnet seine Tore. Vahrn 1994.

Gutschow, Niels: Structural Analysis of Dendrochronological Data. Ancient Nepal, no. 136, Kathmandu 1994: 23-50.

Gutschow, Niels: The Settlement Process in Lower Mustang (Baragaon), Nepal. Case studies from Kag, Khyinga and Te. Beiträge zur Allgemeinen und Vergleichenden Archäologie, Bd. 18, Mainz 1998: 49-146.

Gutschow, Niels: The Chörten of the Cave at Luri. Ancient Nepal, no. 136, 1994: 137-145.

Haffner, Willibald, Perdita Pohle: Settlement Processes and the Formation of States in the High Himalayas Characterised by Tibetan Culture and Tradition. Ancient Nepal, no. 134, Kathmandu 1993: 42-55.

Haffner, Willibald, Perdita Pohle: Siedlungsprozesse und Staatenbildungen im Tibetischen Himalaya. Spiegel der Forschung 1/1993: 10-15.

Hüttel, H.G.: Excavations at Khingar Mound 1991. Ancient Nepal, No. 134, Kathmandu 1993: 1-17.

Hüttel, H.G.: Archäologische Siedlungsforschung im Hohen Himalaya. Die Ausgrabungen der AKVA im Muktinath-Tal, 1991-1992. Beiträge zur Allgemeinen und Vergleichenden Archäologie, Bd. 14, Mainz 1993: 47-147.

Hüttel, H.G.: Archäologie am Rande der Ökumene. Archäologie in Deutschland, Heft 2, 1993: 10-15.

Hüttel, H.G.: Zwei Licchavi-Fundmünzen von Khyinga, Südmustang. Ein Beitrag zum Mananka-Problem. Beiträge zur Allgemeinen und Vergleichenden Archäologie, Bd. 17, Mainz 1997: 65-86.

Hüttel, H.G.: Archäologische Siedlungsforschung im Hohen Himalaya. Die Ausgrabungen der KAVA im Muktinath-Tal, Nepal 1994-1995. Beiträge zur Allgemeinen und Vergleichenden Archäologie, Bd. 17, Mainz 1997: 7-64.

Hüttel, H.G.; Iken Paap: On The Chronology and Periodization of Khyinga Settlement Mound. Beiträge zur Allgemeinen und Vergleichenden Archäologie, Bd. 18, Mainz 1998: 5-26.

Hüttel, H.G.: Burgen und Heiligtümer im Hohen Himalaya. Unveröffentl. Manuskript, soll im Sonderheft Beiträge zur Allgemeinen und Vergleichenden Archäologie, Januar 2000 erscheinen (4 Text-Seiten).

John, Gudrun: Mustang. Ein wiederentdecktes Königreich in Nepal. Hamm 1993.

Karmacharya, M.L.: People s Participation in the Management of Local Affairs in Southern Mustang in the 19th and 20th Centuries. Ancient Nepal, no. 136, Kathmandu 1994: 17-22.

Karmacharya, M.L.: Role of the Bhaladmis in the Management of Local Affairs in Southern Mustang in the 19th and 20th Centuries. Ancient Nepal, no. 138, Kathmandu 1995: 55-74.

Kollmar-Paulenz, Karénina: Besprechung von: M. Henss, Mustang. Fabri, Ulm 1993. In: Zentralasiatische Studien, Bd. 26, 1996: pp. 246-247.

Kostka, Robert: Cartographic activities in the Mustang District. Ancient Nepal, No. 134, Kathmandu 1993: 82-88.

Mathes, Klaus-Dieter: The Golden Kanjur of Mustang. Abhileka, 15, Kathmandu 1997: 127-131.

Marullo, C.: The Last Forbidden Kingdom – Mustang. The Land of Tibetan Buddhism. London 1995.

Matthiessen, Peter: East of Lo Monthang. In the Land of Mustang. Boston 1995.

Matthiessen, P.: Die Entdeckung eines Himmelreiches. GEO, Nr. 10, 1993.

Mishra, T.N.: The Archaeological Research in the High Mountains of Mustang District. Ancient Nepal, no. 136, Kathmandu 1994: 147-161.

Neumann, Helmut: The Wall Paintings of the Lori Gonpa. Orientations, Hongkong, October 1994: 79-91.

Ngor chen Kun dg•a bzang po•i rnam thar. (Biographie des Ngor chen Künga Sangpo, 1382-1456). Lam •bras bla ma•i rnam thar

(Biographie der Lamdre Lamas). Tibetischer Druck, vermutlich aus Kloster Derge, Osttibet; Datum dieser Ausgabe unbekannt. – *Zu einer 1976 in Delhi edierten Ausgabe der Künga Sangpo-Biographie siehe H. Eimer 1994, no. 8.*

Petech, Luciano: the 'Brigung-pa sect in Western Tibet and Ladakh. M. L. Ligeti (Ed.): Proceedings of the Csoma de Körös Memorial Symposium. Budapest 1978: 313-325.

Peissel, Michael: Mustang. A Lost Kingdom. *Nachdruck Delhi* 1992 der Originalausgabe London 1967.

Pohl, Ernst: Excavations at Garab-Dzong. Dist. Mustang. Preliminary report of the campaign 1994. Ancient Nepal, 138, 1995: 95-106.

Pohl, Ernst: Excavations at Garab-Dzong, Nepal. Report on the excavation campaign 1994-1996. Beiträge zur Allgemeinen und Vergleichenden Archäologie, Bd. 17, Mainz 1997: 87-134.

Pohle, Perdita: Geographical Research on the History of the Cultural Landscape of Southern Mustang. Ancient Nepal, no. 134, Kathmandu 1993: 57-81.

Pohle, Perdita: Wüstungen als Zeugen von Siedlungsprozessen im Tibetischen Himalaya (Süd-Mustang). In: K. Fehn et. al. (Hrsg.): Siedlungsforschung Bd. 12, Bonn 1994: 327-340.

Pohle, Perdita: Felsbilder in Zentralasien. Geographische Rundschau, Mai 1997, Bd. 49, Heft 5: 287-292.

Pohle, Perdita, W. Haffner (Ed.): Kagbeni. Contributions to the village's history and Geography. Gießener Geographische Studien 1999 (im Druck).

Pohle, Perdita: Historisch-geographische Untersuchungen im Tibetischen Himalaya. Felsbilder und Wüstungen als Quellen zur Besiedlungs- und Kulturgeschichte von Mustang (Nepal). Gießener Geographische Schriften, 76, 1999 (im Druck).

Powell, Robert: Earth Door - Sky Door. Paintings of Mustang. With an Introduction by Roberto Vitali. London 1999.

Rai, Ratan Kumar: Along the Kali Gandaki. The Thakalis, Bon dkar and Lamaist Monasteries. The Ancient Salt Route in Western Nepal. Delhi 1994.

Ramble, Charles: Civic Authority and Agrarian Management in South Mustang. Ancient Nepal, no. 136, Kathmandu 1994: 89-135.

Ramble, Charles, C. Seeber: Dead and Living Settlements in the Shöyul of Mustang. Ancient Nepal, 138, 1995: 107-130.

Ramble, Charles: The Classification of Territorial Divinities in Pagan and Buddhist Rituals of South Mustang. *(Keine näheren Angaben bekannt).*

Ramble, Charles: The Mustang villages of Kag, Te and Khyinga: an introduction to history, ethnicity and the idea of place. Beiträge zur Allgemeinen und Vergleichenden Archäeologie, Bd. 18, 1998: 147-182.

Records of the Survey of India, VIII, London 1873, p. 144, map V. Basierend auf einer Reise des indischen Pandit Haro Ram 1873 im Mustang-Tal. Hier zahlreiche Angaben über die Dörfer (nach T. Wylie, Geography of Tibet, Rome 1962, Note 116).

Schön, W. A. Simons: Siedlungsarchäologie im Himalaya. Archäologische Informationen 16, 193, H. 2: 253-260.

Schuh, Dieter: The Political Organisation of Southern Mustang during the 17th an 18th Centuries. In: Kölver, B. (Ed): Aspects of Nepalese Traditions. Stuttgart 1992.

Schuh, Dieter: Investigations in the History of the Muktinath Valley and Adjacent Areas. Ancient Nepal, no. 137, Kathmandu 1994: 9-92, and Ancient Nepal, no. 138, 1995: 5-54.

Schuurbeque Boeye, V. C. Marullo: The Last Forbidden Kingdom: Mustang-Land of Tibetan Buddhism. London 1995.

Shrestha, Sudha: Prähistorische Funde im oberen Kaligandaki-Tal. Nepal-Informationen Nr. 74, 1994, S. 144-146.

Simons, A., W. Schön, Sukra Sagar Shrestha: Preliminary Report on the 1992 Campaign of the Team of the Institute of Prehistory, University of Cologne. Ancient Nepal, no. 136, 1994: 51-75.

Simons, A., W. Schön, Sukra Sagar Shrestha: The prehistoric settlement of Mustang – First results of the 1993 archaeological investigations in cave-systems and connected ruined sites. Ancient Nepal,
no. 137, Kathmandu 1994: 93-130.

Simons, A. W. Schön: Cave Systems and Terrace Settlements in Mustang, Nepal. Settlement Periods from Prehistoric Times up to the Present Day. Beiträge zur Allgemeinen und Vergleichenden Archäologie, Bd. 18, Mainz 1998: 27-48.

Slusser, M.S. L.M. Bishop: Another Luri: A Newly Discovered Cave Chorten in Mustang, Nepal. Orientations, February 1999 18 – 27.

Starrach, Helmut: Mustang. Das geheimnisvolle Königreich. Künzelsau 1993.

Sturgeon, Phillip: Himalayan Echoes. A Septuagenarian's Traverse of Mustang and Inner Dolpo. Delhi 1998.

Thapa, Manjushree: Mustang Bhot in Fragments Kathmand u. Lalitpur 1992.

Thapa, Manjushree: Das Dilemma des Tourismus in Ober-Mustang. Nepal-Information, Nr. 72, Dezember 1993: 179-180.

Tripathee, C. P.: Archaeological Excavations at Khingar and Dzarkot. Ancient Nepal, no. 136, Kathmandu 1994: 77-79.

Vetsch-Lippert, Gabriele: Mustang. Blick in ein unbekanntes Himalaya-Land. Die Alpen, X, 1994: 464-467, 510-513.

Vinding, Michael: The Thakali. A Himalayan Ethnography. London 1998.

Vitali, Roberto: The Kingdoms of Gu-ge Pu-hrang. According to mNgaris rgyal rabs by Gu-ge mkhan-chen Ngag-dbang grags-pa. Dharamsala 1996. Hier insbesondere p. 484 ff., 511.

Vitali, Roberto: Glo-sMos-thang: an architectural analysis of its two major temples. Unpubliziertes Manuskript.

Vitali, Roberto: Nomads of Byang and Mnga-ris-smad. A Historical Overview of Their Interaction in Gro-shod, . Brong-pa, Glo-bo and Gung-thang from the 11th to the 15th Century. In: Tibetan Studies. Proceedings of the 7th Seminar of the International Association for Tibetan Studies. Ed. by H. Krasser et al. Vienna 1997, 2: 1031-1034.

Von den Driesch, Angela: Faunal remains from early houses in Khinga, District of Mustang. Ancient Nepal, no. 134, Kathmandu 1993: 18-22.

Von den Driesch, Angela: Wildlife in Ancient Khingar, Mustang. Ancient Nepal, no. 138, Kathmandu 19195: 75-94.

Von der Heide, Susanne: Kultureller Wandel bei den Thakali: Einflüsse und Auswirkungen der Migration. Nepal Information, Nr. 74, 'Dezember 1994: 119-121.

Von der Heide, Susanne: Cultural Identity and Nature Conservation in Nepal: The Annapurna Conservation-Area Project. An Initiative Worth Imitating. In: Perspectives on History and Change in the Korakorum, Hindukush, and Himalaya. Ed. by I. Stellrecht and M. Winiger, Köln 1997: 345-359.

Landkarten

Folgende acht Kartenblätter über Mustang werden 1999 vom Geographischen Institut der Universität Gießen herausgegeben:

- Die Kulturlandschaft von Süd-Mustang. Landnutzung und Wüstungen (The Cultural Landscape of Southern Mustang. Land Use and Abandoned Sites).
  Blatt 1 (Sheet 1): Dankardzong 1:12.500
  Blatt 2 (Sheet 2): Kagbeni 1:12.500
  Blatt 3 (Sheet 3): Muktinath 1:12.500
- Vier topographische Karten des gesamten Mustang Distriktes 1:50.000
- Satellitenbild-Karte von Mustang 1:200.000

Ferner erstellt im Auftrag der Deutschen Forschungsgemeinschaft Professor Robert Kostka (Graz):

- eine Übersichtskarte für den ganzen Distrikt Mustang auf Satellitenbasis im Maßstab 1:200.000 sowie Einzelkarten im Maßstab 1:50.000 für den Siedlungsbereich von Ghasa bis nördlich von Lo Manthang.

Register